教育部重点研究基地重大项目"国有企业引领高水平科技自立自强研究"

（项目号：22JJD790025）

李政 等——著

东北地区
经济高质量发展

振兴与突破

HIGH-QUALITY ECONOMIC
DEVELOPMENT IN NORTHEAST CHINA

REVITALIZATION AND
BREAKTHROUGH

社会科学文献出版社
SOCIAL SCIENCES ACADEMIC PRESS (CHINA)

序言　关于东北振兴战略几个问题的思考

2025 年春节后，《东北地区经济高质量发展：振兴与突破》的作者李政教授带着他的书稿到我办公室，邀请我为这本书写个序。我先听取了他的介绍，随后又粗略地读了一下书稿，认为李政教授等对东北地区经济高质量发展所做的系统研究总体值得肯定，同时也认为这本书对下一步东北振兴战略的实施具有一定的参考价值。下面，我结合近几年对东北振兴过程中几个问题的思考，谈谈自己的看法。

一　从中国式现代化的高度看东北振兴战略的重大意义

我认为东北振兴战略不同于一般意义上的区域发展战略，它是一项涉及全局意义的重大国家战略，特别是在当今世界面临百年未有之大变局的背景下，我们国家正处于以中国式现代化全面推进中华民族伟大复兴的进程中，东北振兴战略具有不可替代的重要作用。

中国式现代化，是中国共产党领导的社会主义现代化。回顾历史，在中国共产党的领导下，中国式现代化贯穿了新中国成立至今 70 多年的历程。在党领导的现代化建设过程中，东北地区扮演着十分独特且举足轻重的角色。东北地区是新中国最早启动工业化的地区，新中国成立之初，党的第一代领导人为开展社会主义工业化建设，在东北地区进行了大规模投资。"一五"时期，国家 156 个重点项目中有 56 个安排在东北地区，其投资额占了总投资额的 44.3%。东北工业基地的建立与发展，寄托着中国共产党人对社会主义现代化的理想和追求，展现了他们独立自主建设新中国的高瞻远瞩和深谋远虑。在此过程中，东北工业基地的发展为中国社会主义工业体系的建设做出了不可磨灭的重大贡献，东北地区的能源工业、基础原材料生产和重大装备制造等支撑着国家的经济建设和国防建设。与此同时，东北三省的经济发展水平一直排在全国前列。以辽宁省为例，由于其特殊的战略地位，辽宁省的经济总量（当年的衡量指标是工农业总产值）曾一度排名第一，被称为"辽老大"。改革开放后，东南沿海地区在改革政策的推动下，市场机制快速发育，经济迅速发展，而东北三省面临从传统计划经济向社会主义市场经济转型的痛苦过程，尽管东北人在转型过程中进行了大量艰苦的探索，但是由于体制机制的惰性和产业结构的僵化，其市场机制的发育相对缓慢，东北三省的经济总量在全国的排名逐渐落后。针对这种局面，2003 年 10 月，中共中央、国务院正式印发《关于实施东北地区等老工业基地振兴战略的若干意见》，以此为标志，国家正式启动了东北地区等老工业基地振兴战略。党的十八大后，习近平总书记高度重视东北老工业基地的振兴发展，多次强调东北振兴在国家大局中的战略地位，特别强调了东北地区在维护国家国防安全、粮食安全、生态安全、能源安全、产业安全方面担负着重大责任。在实现第二个百年奋斗目标，推进强国建设、民族复兴伟业的过程中，东北振兴的战略地位至关重要。

二　充分认识东北振兴战略的长期性和艰巨性

《关于实施东北地区等老工业基地振兴战略的若干意见》实施20 多年来，东北振兴战略稳步推进，东北地区的经济实力有了较大提升，人民群众生活水平显著提高，经济体制改革实现重大突破，产业结构调整取得明显成效，对外开放水平不断提高，营商环境持续改善。但同时我们应当看到，东北振兴也面临挑战，主要表现在20 多年来东北地区与发达地区之间的差距逐渐扩大。根据广东省和辽宁省《国民经济和社会发展统计公报》，2002 年广东省的 GDP 为

1.16 万亿元，辽宁省为 5458 亿元，前者是后者的 2.1 倍；而到了 2022 年，广东省的 GDP 接近 13 万亿元，已是辽宁省 2.9 万亿元的 4.5 倍。东北三省不仅与发达地区拉开了差距，在全国区域发展的几大板块中也已经落在了后面。根据国家统计局发布的数据，2006～2021 年，东北三省人均 GDP 与东部地区的比值从 0.66 下降至 0.50，而同期中部和西部地区人均 GDP 与东部地区的比值则分别从 0.45 和 0.40 上升至 0.66 和 0.60。

2023 年我率调研组到地处中部地区的湖南省做了一次调研。湖南省原来是一个农业大省，20 年前经济总量排在全国第 12 位，2023 年排在第 9 位；而 20 年前辽宁省排在全国第 6 位，2023 年则排在第 16 位。若干年前西部地区是我国最落后的地区，但近几年东北地区发展已经落在西部地区后面。西部地区 GDP 占全国的比重从 2006 年的 17.1% 上升到 2021 年的 21.1%，而同期东北地区的这一比重则从 8.5% 下降到 5.0%。① 与发达地区逐渐拉开差距，同时又落后于中西部地区，这是东北地区目前存在的客观问题。

如何看待过去 20 多年东北振兴在取得重要进展的同时，与其他地区的差距越来越大这一现象？我认为应当从以下两个方面来认识。一是从世界范围来看，凡是有老工业基地的地区，都面临长期艰巨的转型过程，像德国的鲁尔工业区，英国的曼彻斯特，法国的洛林大区，美国的匹兹堡、底特律地区等老工业基地或资源枯竭地区，基本上都经历了半个多世纪的改造与转型，有的地区已成功转型，有的地区还在继续转型，还有的地区尽管完成了转型任务，但其战略地位和经济功能已大不如从前。与这些地区长达半个多世纪的经济转型期相比，我国东北老工业基地的振兴任重道远，因此要做好长期作战的准备。二是从东北老工业基地自身来看，东北地区面临体制机制改革和产业结构调整的双重任务，由于长期形成的历史包

---

① 根据历年《中国统计年鉴》数据整理。

袱以及计划经济的惯性，市场机制在原有的计划经济基础上发育较为缓慢，与市场机制在资源配置中起决定性作用的目标还有相当大的差距。目前东北地区的体制改革已进入深水区，涉及的矛盾越来越复杂，改革任务十分艰巨。从产业结构调整的角度看，东北老工业基地之所以被称为"老"，是因为新中国成立初期，国家在东北地区建设的工业体系处于工业化早期水平，产业结构单一，重化工业占比过高，其中能源与基础原材料工业处于价值链前端，附加值不高，容易受某些资源枯竭的影响而增加成本，进而导致竞争力不足。总的来说，东北地区传统产业的改造和优化升级面临巨大的挑战，战略性新兴产业和未来产业发展起点较低，产业转型任务十分艰巨。

三 新时代东北全面振兴的战略重点

党的十八大以来，习近平总书记先后 10 余次到东北地区考察调研，主持召开座谈会并作重要讲话，对新时代东北全面振兴做出了新的重要指示。为贯彻落实习近平总书记关于东北振兴的重要讲话和指示批示精神，结合党的二十届三中全会精神，针对当前东北地区在振兴发展过程中存在的薄弱环节，我认为应重点从以下四个方面推进东北全面振兴取得新突破。

一是全面深化改革，与全国同步建设高水平社会主义市场经济体制。体制机制不灵活、经济发展缺乏活力和内在动力，是东北地区最大的短板。党的二十届三中全会为下一步东北振兴指明了根本出路，就是要全面深化改革，建设高水平的社会主义市场经济体制。要克服改革"疲劳感"，一以贯之、坚持不懈地深化改革，在建设高水平社会主义市场经济体制方面有所突破。具体来说，就是要进一步优化市场机制，使市场机制在竞争性领域的资源配置中发挥决定性作用，采取有效措施处理好政府与市场的关系，促进有效市场与有为政府的有机结合。要深化国资国企改革，进一步强化国有企业在维护国家"五大安全"和国民经济命脉等方面的核心功能，持续推动国有资本和国有企业做强做优做大。大力发展非公有制经济，克服当前存在的"市场准入障碍"和"挤出效应"，为民营企业健康发展创造良好环境。特别是要重点支持中小民营企业和民营科技企业发展，培育更多具有活力的市场主体。

二是树立开放前沿意识，推进全方位对外开放。要深刻理解东北地区作为开放前沿的战略地位和加快全方位对外开放的重要意义。东北地区地处东北亚区域的中心地带，向北与俄罗斯接壤，是我国的北大门；向东与朝鲜半岛相连，与日韩隔海相望；向南通过辽宁沿海连接太平洋，与亚太国家和地区沟通紧密；向内与京津冀和东部沿海省市相互依存，是畅通国内大循环、联通国内国际双循环的关键区域。东北海陆大通道是"一带一路"的重要线路，是我国沿海地区和日韩"北上西进"到欧洲的便捷通道。推进东北地区全方位开放，不仅仅是东北全面振兴取得新突破的需要，更是我国应对世界百年未有之大变局、开拓全方位高水平对外开放格局、维护国家安全、推动国际政治经济新秩序朝着更加公正合理的方向发展的需要。要加快对内开放，尽快融入全国统一大市场，链接国内国际双循环。要积极向北开放，抢抓俄罗斯向东向亚洲发展的机会，加强与俄罗斯在能源资源、贸易、投资、技术等方面的合作。要以《区域全面经济伙伴关系协定》（RCEP）为契机，深化与日韩的合作，巩固、提升与日韩已经形成的产业链和供应链。要加快推进东北海陆大通道建设，助力高水平对外开放。

三是以发展新质生产力推动产业结构调整与优化。东北地区具有发展新质生产力的优势和条件。一方面，东北地区的教育科技实力雄厚，拥有一批优秀的高等院校和科研院所，培养了大量优秀的创新型人才，并形成了一批科研成果，这是发展新质生产力的重要源泉。另一方面，东北地区是新中国最早建设独立自主工业体系的地区，拥有许多生产大国重器的制造业企业，同时聚集了大量自主创新的资源，这是构成新质生产力的重要部分。当前，我们要贯彻党的二十届三中全会精神，深化教育、科技、人才体制机制一体化改革，加强东北地区创新体系建设，形成适应新质生产力发展的新型生产关系，加快发展新质生产力，推动东北地区的产业变革，进而完成产业振兴的历史重任。

东北地区发展新质生产力，需要树立"赛道意识"，以"赛道转换"推动产业变革。首先是把"传统制造业改造赛道"转换到"智能制造新赛道"上，对传统制造业进行全产业链全覆盖的数字化赋能改造和人工智能应用，搭上第四次工业革命这趟车。其次是把"资源型经济赛道"转换成"新能源、新材料发展赛道"，东北地区的化石能源已失去优势，但是在风电、光伏、核电、氢能源、储能产业方面发展潜力巨大。最后是把"现存产业赛道"转换成"未来产业赛道"，积极鼓励支持原始创新和自主创新，加强尖端技术和颠覆性技术研发与产业化，争取在新兴产业和未来产业发展上后来居上。

四是统筹维护国家"五大安全"与推进东北振兴发展。习近平总书记在东北地区考察时强调，要"牢牢把握东北在维护国家'五大安全'中的重要使命"①，这赋予了东北振兴一项重大政治使命。东北地区要深刻理解这一重大使命，不断增强在振兴发展和维护国家安全中的政治自觉、思想自觉和行动自觉，把维护"五大安全"的目标落实到东北振兴的各项任务中。

全国政协十四届经济委员会委员

全国政协十三届经济委员会副主任

辽宁省政协原主席

2025 年 3 月

---

① 《奋力谱写东北全面振兴新篇章——习近平总书记在新时代推动东北全面振兴座谈会上的重要讲话提振信心催人奋进》，《人民日报》2023 年 9 月 10 日。

前　言

　　东北地区是新中国工业的摇篮，是我国重要的工业和农业基地以及最为重要的战略区域之一，在推进中国式现代化进程中发挥着不可替代的作用，其维护国家国防安全、粮食安全、生态安全、能源安全、产业安全的战略地位十分重要。早在 2003 年，国家就提出东北振兴战略，迄今已有 20 余年。在此期间，东北经济发展不断迈上新台阶。进入新时代，全面振兴、全方位振兴成为东北振兴的主旋律，其成效日益显著。继党的二十大报告提出推动东北全面振兴取得新突破之后，党的二十届三中全会通过的《中共中央关于进一步全面深化改革　推进中国式现代化的决定》进一步提出，完善实施区域协调发展战略机制，构建优势互补的区域经济布局和国土空间体系，健全推动东北全面振兴取得新突破的制度和政策体系。这些文件为新时代东北全面振兴指明了方向。

　　党的十八大以来，习近平总书记先后 10 余次到东北地区调研、3 次召开专题座谈会，就东北振兴发表重要讲话，做出一系列重要指示批示。从 2015 年长春座谈会的"东北老工业基地振兴"，到 2018 年沈阳座谈会的"深入推进东北振兴"，再到 2023 年哈尔滨座谈会的"新时代推动东北全面振兴"，会议主题持续推进、不断深化，充分体现了习近平总书记对东北振兴的高度重视。2025 年春节前夕，习近平总书记开年首次考察就来到辽宁，之后于 2 月 8 日，习近平总书记在吉林长春听取了吉林省委、省政府工作汇报，而就在此前一天，习近平总书记在黑龙江哈尔滨出席了第九届亚洲冬季运动会开幕式，并再次发表了一系列重要讲话。习近平总书记在一个月内足迹踏遍了东北三省，这充分体现了他对东北地区寄予厚望，为东北振兴发展倾注了巨大心血。2025 年是"十四五"规划收官之年，我们从习近平总书记的开年足迹可以感受到他对东北地区振兴发展的深深牵挂，对下一个五年东北地区发展以及进一步推动新时代东北全面振兴取得新突破的长远考量。

习近平总书记关于新时代东北振兴的一系列重要讲话和指示批示，深刻回答了新时代为什么要推动东北全面振兴、实现什么样的全面振兴、怎样实现全面振兴等一系列重大理论和实践问题，是新时代东北全面振兴取得新突破的根本遵循与行动指南。我们要系统把握东北全面振兴的立场、观点和方法，深刻领会其中蕴含的战略思维，以实际行动加快推动东北全面振兴取得新突破。

一　新时代推动东北全面振兴的必要性和重大意义

东北地区曾被誉为"共和国长子"，经济起步较早，为新中国的发展壮大做出了巨大贡献，强有力地支援了全国的经济建设。在新中国成立以来的大部分时间里，东北三省上缴中央财政的资金远超各省份平均水平，为国家建设资金的积累做出了突出贡献。东北地区也是新中国成立后最早形成的大经济区，区域和产业结构相对完整，是建立最早、规模最大的重工业基地。在计划经济时期和改革开放初期，东北地区经济曾一度领跑全国。但在改革开放之后，特别是在我国建立社会主义市场经济体制过程中，由于种种主观和客观原因，东北地区经济逐渐下滑。20 世纪末，东北地区因经济发展活力不足、经济增速低于全国平均水平、人口流失严重、营商环境不优等问题而出现"东北现象"，引起全社会广泛关注。与此同时，东北地区面对市场经济的自我发展信心不足。

党中央一直高度重视东北振兴问题。2003 年开始实施东北振兴战略，2016 年中共中央、国务院发布《关于全面振兴东北地区等老工业基地的若干意见》，标志着新一轮东北振兴战略正式启动实施。经过 20 多年的振兴发展，特别是近年来，东北地区经济社会发展有了一定好转，历史遗留问题得到了解决，人民生活明显改善，传统产业加快转型升级，战略性新兴产业不断发展，广大干部群众的精神面貌焕然一新。习近平总书记 2023 年在新时代推动东北全面振兴座谈会上强调：“2018 年 9 月在沈阳召开深入推进东北振兴座谈会以来，东北三省及内蒙古在推动东北振兴方面取得新进展新成效，国家粮食安全‘压舱石’作用进一步夯实，产业安全基础不断巩固，能源安全保障作用不断强化，生态安全屏障不断筑牢，国防安全保障能力稳步提升，改革开放呈现新气象。”① 但同时也要看到，相对于国内其他部分地区，东北地区经济发展仍然相对滞后，与其差距进一步拉大，敢闯善为、搏击市场的内生动力仍然没有完全形成，人口和人才外流较为严重，产业结构较为单一。在此背景下，东北全面振兴、全方位振兴势在必行，新发展阶段东北全面振兴一定要取得新突破。习近平总书记在关于东北全面振兴的重要论述中深入系统地阐释了新时代推动东北振兴的必要性和重大意义。

一是实现区域协调发展的必然要求。区域协调发展是推动高质量发展的关键支撑，是实现共同富裕的内在要求，是推进中国式现代化的重要内容。党中央十分重视区域协调发展，出台了一系列政策措施。党的二十届三中全会通过的《中共中央关于进一步全面深化改革　推进中国式现代化的决定》提出，“完善实施区域协调发展战略机制”。其中，东北全面振兴取得新突破是国家区域协调发展和总体战略布局中不可或缺的重要环节。东北地区②地域广袤、人口众

---

①　《习近平主持召开新时代推动东北全面振兴座谈会强调：牢牢把握东北的重要使命　奋力谱写东北全面振兴新篇章》，中国政府网，2023 年 9 月 9 日，https://www.gov.cn/yaowen/liebiao/202309/content_6903072.htm。

②　东北地区，简称东北，旧指辽宁省、吉林省、黑龙江省三省以及内蒙古东部四盟区域，今指东北三省及内蒙古东部五盟市。本书指东北三省，即辽宁省、吉林省、黑龙江省。

多，地理位置沿边临海，而且处于创新活跃度较高和经济增长潜力较大的东北亚地区，具有独特的区位优势。东北振兴战略实施20多年来，东北地区经济结构逐步优化，经济发展的新旧动能实现平稳转换，经济社会呈现良好发展态势，老工业基地焕发新生机。但与此同时，相对于国内其他一些区域板块，东北地区发展还面临诸多问题和挑战，而且由于历史和现实等复杂原因，与其在一些方面的差距仍有扩大趋势。为此，东北地区需要通过全面振兴来缩小差距，并把潜在优势变成现实优势，在补齐短板的同时实现重点领域的反超，进而形成新的增长极或经济支撑带。

二是构建新发展格局的必然要求。加快构建以国内大循环为主体、国内国际双循环相互促进的新发展格局，是一项关系我国发展全局的重大战略任务，是推动高质量发展的战略基点。加快构建新发展格局不仅是东北地区面临的重大机遇，还对加快推进东北全面振兴提出了更高的标准和新的要求。例如，以国内大循环为主体，要求东北地区更好地发挥关键设备、重要装备、基础零部件、重要资源和能源的战略储备与生产保障作用，以维护产业链供应链的稳定与韧性。这是因为东北地区拥有丰富的矿产资源，是重要的工业、农业、能源基地和装备制造基地，是国内大循环中连接断点、打通堵点的重要一环。推动国内国际双循环相互促进，要求东北地区加快提高对外开放水平，立足比较优势，通过全面振兴提高产品和服务质量以及产业国际竞争力，加快"走出去"步伐，着力打造成为我国向北开放的重要窗口和东北亚地区合作的中心枢纽，加强与周边国家基础设施互联互通，深度融入共建"一带一路"，建设开放合作高地，进而在畅通国内大循环、联通国内国际双循环中发挥更大作用。此外，东北地区还要通过全面振兴，加强与京津冀协同发展、长江经济带发展、长三角一体化发展、粤港澳大湾区建设等国家重大战略的对接，更好地融入全国统一大市场。

三是维护国家安全的必然要求。统筹发展和安全，增强忧患意识，做到居安思危，是我们党治国理政的一个重大原则。发展和安全犹如一体之两翼，需要统筹兼顾、同步推进。习近平总书记指出，要牢牢把握东北在维护国家"五大安全"中的重要使命。① 作为全国经济的重要增长极，东北全面振兴不仅是东北自身发展的需要、区域协调发展的需要，还是维护国家国防安全、粮食安全、生态安全、能源安全、产业安全的迫切需要。其中，粮食安全是"国之大者"，在维护国家粮食安全方面，东北地区责无旁贷。当前，世界百年未有之大变局加速演进，国内外风险挑战日益增多，东北地区维护国家安全的使命和责任更加重大也更加艰巨。只有实现全面振兴、全方位振兴，东北地区才能以经济、社会、文化、科技的发展，人口的集聚与增长，更好地承担维护国家"五大安全"的重大职责和使命，筑牢国家安全的北方屏障。

二　新时代推动东北全面振兴取得新突破的方向和路径

新时代东北全面振兴，强调的是全方位振兴，是符合新发展理念的振兴，是承担维护国家"五大安全"使命的振兴，是面向高质量发展、新发展格局、统筹发展和安全的振兴，是可持续的振兴，是抓住机遇、重振雄风、再创佳绩的振兴。东北地区要牢牢把握自身在维护国家"五大安全"中的重要使命，牢牢把握高质量发展这个首要任务和构建新发展格局这个战略任务，坚持创新驱动、结构优化、绿色发展，扬长避短、发挥优势，努力走出一条高质量发展、可持续振兴的新路子。

第一，东北全面振兴是坚持创新驱动的振兴，要因地制宜发展新质生产力。新时代推动东北全面振兴，要牢牢扭住自主创新这个"牛鼻子"。习近平总书记指出，老工业基地很多企业浴火重生的实践说明，无论是区域、产业还是企业，要想创造优势、化危为机，

---

① 《奋力谱写东北全面振兴新篇章——习近平总书记在新时代推动东北全面振兴座谈会上的重要讲话提振信心催人奋进》，《人民日报》2023 年 9 月 10 日。

必须敢打市场牌、敢打改革牌、敢打创新牌。要抓住新一轮世界科技革命带来的战略机遇，发挥企业主体作用，支持和引导创新要素向企业集聚，不断增强企业创新动力、创新活力、创新实力。① 要大力推进创新驱动发展，下好创新这步先手棋，激发调动全社会创新创业活力，加快形成以创新为主要引领和支撑的经济体系。② 要主动对接国家战略需求，整合和优化科教创新资源，加大研发投入，掌握更多关键核心技术。③ 要加强新型基础设施建设，加快建设产学研一体化创新平台。④ 要加强创新能力建设，强化创新链和产业链、创新链和服务链、创新链和资金链对接，把振兴发展的基点放在创新上。⑤ 要依靠创新把实体经济做实、做强、做优，坚持凤凰涅槃、腾笼换鸟，积极扶持新兴产业加快发展，尽快形成多点支撑、多业并举、多元发展的产业发展格局。⑥ 习近平总书记 2023 年 9 月在黑龙江调研并主持召开座谈会时曾提出"新质生产力"这一重要概念，产生了极大反响。习近平总书记提出："积极培育新能源、新材料、先进制造、电子信息等战略性新兴产业，积极培育未来产业，加快形成新质生产力，增强发展新动能。"⑦ 新质生产力是创新起主导作

---

① 《〈瞭望〉：敢打市场牌 敢打改革牌 敢打创新牌》，中国政府网，2013 年 9 月 8 日，https：//www.gov.cn/jrzg/2013-09/08/content_2483718.htm。
② 《习近平：保持战略定力增强发展自信 坚持变中求新变中求进变中突破》，中国政府网，2015 年 7 月 18 日，https：//www.gov.cn/xinwen/2015-07/18/content_2899441.htm。
③ 《习近平主持召开新时代推动东北全面振兴座谈会强调：牢牢把握东北的重要使命 奋力谱写东北全面振兴新篇章》，中国政府网，2023 年 9 月 9 日，https：//www.gov.cn/yaowen/liebiao/202309/content_6903072.htm。
④ 《习近平在吉林考察：坚持新发展理念深入实施东北振兴战略 加快推动新时代吉林全面振兴全方位振兴》，中国政府网，2020 年 7 月 24 日，https：//www.gov.cn/xinwen/2020-07/24/content_5529791.htm。
⑤ 《习近平：深化改革开放优化发展环境 闯出老工业基地振兴发展新路》，人民网，2016 年 5 月 25 日，http：//politics.people.cn/n1/2016/0525/c1001-28379616.html。
⑥ 《解放思想锐意进取深化改革破解矛盾 以新气象新担当新作为推进东北振兴》，人民网，2018 年 9 月 29 日，http：//politics.people.cn/n1/2018/0929/c1024-30319980.html。
⑦ 《习近平主持召开新时代推动东北全面振兴座谈会强调：牢牢把握东北的重要使命 奋力谱写东北全面振兴新篇章》，中国政府网，2023 年 9 月 9 日，https：//www.gov.cn/yaowen/liebiao/202309/content_6903072.htm。

用的先进生产力质态。东北地区拥有良好的科技创新资源，有各类科研院所约 500 家、高等教育院校 300 多家、高技术产业相关企业超 26 万家、战略性新兴产业相关企业超 40 万家。此外，东北地区布局建设了多个国家重大科技基础设施，有不少国家工程研究中心、国家工程实验室以及国家地方联合工程研究中心，科技资源存量较为丰富。对于东北地区而言，结合资源禀赋、产业基础、科研条件等，有选择地推动新产业、新模式、新动能发展，因地制宜发展新质生产力，将大有可为。一方面，东北地区应抓住新一轮科技革命带来的战略机遇，整合科技创新资源，发挥企业创新主体作用，支持和引导创新要素向企业集聚，加大研发投入力度，加快核心技术和关键共性技术攻关，促进产学研用合作和科技成果转化，激发调动全社会创新创业活力；另一方面，东北地区应在生产要素、基础设施、市场环境等方面创造更好的条件，推动商业模式、管理方式、组织架构和体制机制等方面的创新，高度重视技术创新与其他创新要素的协同作用，在深化体制机制改革中激发经营主体创新创业以及投资新兴产业的活力和动力。

第二，东北全面振兴是坚持结构优化的振兴，要构建具有东北特色优势的现代化产业体系。构建体现特色优势的现代化产业体系是东北地区实现高质量发展的必然选择。习近平总书记强调，要以科技创新推动产业创新，加快构建具有东北特色优势的现代化产业体系。推动东北全面振兴，根基在实体经济，关键在科技创新，方向是产业升级。[①] 习近平总书记在参加十二届全国人大五次会议辽宁代表团的审议时指出，东北要重点抓好产业转型升级，形成具有持续竞争力和支撑力的工业体系，推动形成战略性新兴产业和传统制造业并驾齐驱、现代服务业和传统服务业相互促进、信息化和工业

[①]　《习近平主持召开新时代推动东北全面振兴座谈会强调：牢牢把握东北的重要使命　奋力谱写东北全面振兴新篇章》，中国政府网，2023 年 9 月 9 日，https://www.gov.cn/yao-wen/liebiao/202309/content_6903072.htm。

化深度融合、军民融合发展的结构新格局。① 东北地区土地、农业、矿产等资源条件较好，农业、制造业等产业基础比较雄厚，在机械制造、钢铁、军工、化工等方面拥有较强实力，要围绕区域特色产业链布局创新链、人才链和资金链。农业方面，作为世界三大黑土区之一，东北地区要始终把保障国家粮食安全摆在首位，提高粮食综合生产能力，确保平时产得出、供得足，极端情况下顶得上、靠得住。以发展现代化大农业为主攻方向，把发展农业科技放在更加突出的位置，大力推进农业机械化、智能化，给农业现代化插上科技的翅膀，加快建设现代农业大基地、大企业、大产业，培育高素质的现代农民和农业人才队伍，走出一条集约、高效、安全、持续的农业发展道路。工业方面，东北地区要增强工业核心竞争力，加快形成战略性新兴产业和传统制造业并驾齐驱、信息化和工业化深度融合的产业发展格局，打造国家先进制造业集群。服务业方面，东北地区要加快推动服务业高质量发展，大力发展生产性服务业，加强金融对实体经济的有效支撑，实现现代服务业和传统服务业相互促进。习近平总书记强调，东北地区要大力推进产业结构优化升级，加快培育新兴产业，发展服务业，扩大基础设施建设。② 长期以来，东北地区工业结构比较单一，传统产品占大头，"原字号""初字号"产品居多。因此，东北地区结构优化升级要多策并举，"加减乘除"一起做。要把装备制造业做大做强，加快培育战略性新兴产业，大力发展服务业，改造提升传统产业，扩大基础设施建设。同时，还要改造升级"老字号"，用新理念、新机制、新技术让老企业焕发新活力，促进食品等传统产业向中高端迈进；深度开发"原字号"，聚焦石油、煤炭、粮食和重点矿产等资源，推动产业链条向下游延伸，

① 金晨：《习近平五年四赴"东北"团 "长子"要做好"加减乘除"》，人民网，2017年3月8日，http://politics.people.com.cn/n1/2017/0309/c1001-29134150.html。

② 《习近平：保持战略定力增强发展自信 坚持变中求新变中求进变中突破》，中国政府网，2015年7月18日，https://www.gov.cn/xinwen/2015-07/18/content_2899441.htm。

提高资源精深加工比重；培育壮大"新字号"，积极培育新能源、新材料、先进制造、电子信息、人工智能、空间技术等战略性新兴产业和未来产业，发展现代生物、大数据等新兴特色产业，发展冰雪经济和海洋经济。

第三，东北全面振兴是坚持绿色发展的振兴，要走可持续振兴的新路子。良好的生态环境是东北地区经济社会发展的宝贵资源，也是振兴东北的一个优势。东北地区要把保护生态环境摆在优先位置，坚持绿色发展，不断筑牢北方生态安全屏障。一是大力发展生态经济，实现经济发展和生态保护的"双赢"。生态就是资源，生态就是生产力。东北地区拥有十分丰富的生态资源，要在追求经济发展的同时，将生态保护放在首位，坚定不移地走生态优先、绿色发展之路。二是坚持绿色低碳导向，积极推广清洁能源和可再生能源的应用。东北地区要大力发展循环经济，并通过节能降耗等措施降低资源消耗和环境污染。三是加快绿色技术创新和能源转型，大力发展新能源产业，推进"风光氢储"协同发展。东北地区是我国重要的风电基地之一，拥有丰富的风能资源，近年来风电产业快速发展，未来发展空间巨大。要继续把现代能源经济这篇文章做好，紧跟世界能源革命新趋势，延长产业链条，提高能源资源综合利用率。还要贯彻绿水青山就是金山银山、冰天雪地也是金山银山的理念，充分利用东北地区的独特资源和优势，推进寒地冰雪经济加快发展。

第四，东北全面振兴是营商环境良好、主体充满活力的振兴，必须进一步全面深化改革开放。2025年春节前后，习近平总书记在辽宁考察时再次强调，"东北全面振兴，归根到底靠改革开放"。①新时代推动东北全面振兴，要按照习近平总书记的要求，以改革开放的重要突破增强国内外对东北全面振兴的信心，激发东北地区发

---

① 《习近平春节前夕赴辽宁看望慰问基层干部群众》，求是网，2025年1月24日，http://www.qstheory.cn/20250124/49a2c6641dba495a97f9cd054d3fe367/c.html。

展的内生动力与活力。首先，东北地区要继续全面深化改革。一方面，要继续深化国有企业改革。东北地区国有经济要进一步增强核心功能、提升核心竞争力，努力实现质量更高、效益更好、结构更优的发展。习近平总书记强调，国有企业地位重要、作用关键、不可替代，是党和国家的重要依靠力量。同时，国有企业要改革创新，不断自我完善和发展。① 另一方面，要大力发展民营经济。东北地区要坚持和落实"两个毫不动摇"，在坚持做强做优做大国有企业、坚定不移高质量发展国有经济的同时，鼓励、支持、引导非公有制经济继续发展壮大，鼓励、支持、引导民营经济健康发展，实施更多面向中小企业的普惠性政策，形成多种所有制企业共同发展的良好局面。东北地区要支持民营企业发展，必须发扬企业家精神，激发各类市场主体活力，其中关键在于优化营商环境。要坚持把优化营商环境作为必须下好的"先手棋"、拿下的"关键仗"，向破坏营商环境的人和事"宣战"，不断清除侵蚀营商环境的作风顽疾、腐败毒瘤，打造营商环境"升级版"。要进一步优化政治生态，良好的政治生态是最重要的营商环境。东北地区要坚定改革信心，在谋划地区改革发展思路上下功夫，在解决突出矛盾问题上下功夫，在激发基层改革创新活力上下功夫。习近平总书记强调，要重点从有利于深化供给侧结构性改革、有利于加快培育经济增长新动能、有利于激发各类市场主体活力、有利于增强人民群众获得感、有利于调动保护广大干部群众积极性等方面完善改革思路，做实改革举措，释放改革活力，提高改革效能。② 其次，东北地区要不断提高对外开放水平，以开放促进改革与创新发展。新时代推动东北全面振兴，对外开放是必由之路。习近平总书记强调，东北"要增强前沿意识、开

---

① 《解放思想锐意进取深化改革破解矛盾　以新气象新担当新作为推进东北振兴》，人民网，2018 年 9 月 29 日，http：//politics. people. com. cn/n1/2018/0929/c1024-30319980. html。

② 《解放思想锐意进取深化改革破解矛盾　以新气象新担当新作为推进东北振兴》，人民网，2018 年 9 月 29 日，http：//politics. people. com. cn/n1/2018/0929/c1024-30319980. html。

放意识"。① 东北地区是我国向北开放的重要门户，在我国加强东北亚区域合作、联通国内国际双循环中的战略地位和作用日益凸显。要积极参与共建"一带一路"，打造好我国向北开放的重要窗口和东北亚地区合作中心枢纽，建设开放合作高地；要深入推进东北振兴与京津冀协同发展、长江经济带发展、粤港澳大湾区建设等国家重大战略的对接和交流合作，使南北互动更加顺畅。最后，东北地区要加快建设现代化基础设施，加强内外联通。要系统布局建设现代基础设施体系，加快建设油气管道、高铁网和铁路网、新型电网和电力外送通道、新一代移动通信和数据网，加强同京津冀协同发展、长江经济带发展、长三角一体化发展、粤港澳大湾区建设、西部大开发等国家重大战略的对接，促进东北地区更好地融入全国统一大市场。此外，东北地区还要加快提高人口整体素质，以人口高质量发展支撑东北全面振兴。要大力发展普惠托育服务和基础教育，优化创新产业环境，加大人才振兴政策支持力度，打造更多创新创业平台，更好地留住人才、引进人才。

三　新时代推动东北全面振兴取得新突破的总体要求、基本原则和方法

推进东北全面振兴，是一项伟大而艰巨的任务。要坚持正确的原则和方法，统筹政府和市场、当前和长远、全面和重点、整体和局部，将东北振兴战略更好地融入国家发展格局，谱写振兴新篇章。

（一）　新时代推动东北全面振兴取得新突破的总体要求

一是坚持"两个牢牢把握"。东北地区要牢牢把握在维护国家国防安全、粮食安全、生态安全、能源安全、产业安全中的重要使命，

---

① 《习近平主持召开新时代推动东北全面振兴座谈会强调：牢牢把握东北的重要使命　奋力谱写东北全面振兴新篇章》，中国政府网，2023 年 9 月 9 日，https://www.gov.cn/yao-wen/liebiao/202309/content_6903072.htm。

牢牢把握高质量发展这个首要任务和构建新发展格局这个战略任务。其中，当好国家粮食稳产保供"压舱石"、维护国家粮食安全是东北地区的首要担当。"两个牢牢把握"是东北地区的政治使命和首要任务。二是做到"三个相结合"。东北地区要坚持目标导向和问题导向相结合，坚持锻长板和补短板相结合，坚持加大支持力度和激发内生动力相结合。"三个相结合"强调的是工作原则和思维方法，是我们化战略为战术、化理念为行动、化蓝图为现实的基本遵循。三是咬定目标不放松，敢闯敢干加实干。东北地区要持之以恒，弘扬改革创新精神，要敢担当、敢作为，要脚踏实地、埋头苦干。这是工作方法和态度。四是走出一条高质量发展、可持续振兴的新路子。这是目标和落脚点。东北地区要把保护生态环境摆在优先位置，坚持绿色低碳发展。习近平总书记强调，生态就是资源、生态就是生产力。[①] 东北地区要巩固提升绿色发展优势，贯彻绿水青山就是金山银山、冰天雪地也是金山银山的理念，使天更蓝、山更绿、水更清；要充分利用独特资源和优势，推进寒地冰雪经济加快发展。五是解放思想。习近平总书记强调，要解放思想、转变观念，增强市场意识、服务意识，克服形式主义、官僚主义。[②]

（二）新时代推动东北全面振兴取得新突破的基本原则和方法

一是加强党的领导和干部队伍建设。习近平总书记强调，坚持和加强党的全面领导是东北振兴的坚强保证。[③] 因此，东北地区要把党的领导贯穿到新时代推动东北全面振兴的全过程、各领域、各环

---

① 盛玮、徐辉冠、郭煦：《生态就是资源、就是生产力》，求是网，2020 年 7 月 9 日，http://www.qstheory.cn/dukan/hqwg/2020-07/09/c_1126215779.htm。
② 《习近平主持召开新时代推动东北全面振兴座谈会强调：牢牢把握东北的重要使命 奋力谱写东北全面振兴新篇章》，中国政府网，2023 年 9 月 9 日，https://www.gov.cn/yaowen/liebiao/202309/content_6903072.htm。
③ 《解放思想锐意进取深化改革破解矛盾 以新气象新担当新作为推进东北振兴》，人民网，2018 年 9 月 29 日，http://politics.people.com.cn/n1/2018/0929/c1024-30319980.html。

节，加强东北地区各级党组织和领导班子建设，加强党风廉政建设，进一步优化政治生态，以新风正气振奋发展信心。要加快建设一支高素质干部队伍，提高领导能力和专业化水平。要大兴调查研究之风，提高党员、干部特别是领导干部科学谋划工作、解决实际问题、抓好工作落实的能力。领导干部要带头转变作风、真抓实干，出真招、办实事、求实效，防止和克服形式主义、官僚主义。

二是坚持政府有为、市场有效。东北地区要进一步处理好政府和市场的关系，构建高水平社会主义市场经济体制，做到既"放得活"又"管得住"。一方面，要发挥有为政府作用，创新政府管理服务体制，增强政府创新观念和创新理念，提高政府治理能力和服务意识，建立与现代经济发展相适应的管理服务体系；另一方面，要充分发挥市场在资源配置中的决定性作用，创造更加公平、更有活力的市场环境，不断提高资源配置效率和效益，发挥经营主体的主观能动性，激发市场创新活力。打破各种各样的"卷帘门""玻璃门""旋转门"，围绕打造市场化、法治化、国际化一流营商环境深化改革，坚持和落实"两个毫不动摇"，促进各种所有制经济协同发展，形成既相互竞争又相互促进的发展格局。

三是坚持尊重规律、发挥优势。东北地区产业体系完备，尤其是重工业基础好，实力雄厚，在国家现代化建设进程中具有举足轻重的地位，但同时也面临人才外流现象较为突出、创新资源较少和产业融合度不高等问题。必须尊重经济规律，立足本地实际，找准市场需求，有效整合资源，改变产业结构偏重的现状，加快经济结构优化升级。聚焦人口这个关键要素，优化顶层设计，健全各类激励措施，加大对年轻人才的培养和吸引力度，广泛吸纳高素质人才投身东北地区创业发展。同时，应发挥区域比较优势，推动产业和人口向城市群集中，增强优势区域综合承载力和辐射带动力。

四是坚持问题导向和系统思维。2018年，习近平总书记在深入推进东北振兴座谈会上的讲话中指出制约东北地区发展的"四个短板"，即体制机制短板、经济结构短板、开放合作短板、思想观念短板。① 另外，制约东北地区发展的还有"三个重要因素"，即市场经济意识不强、运用市场能力不够、市场主体活力不足。② 这些问题的提出和解决是东北全面振兴的重要突破口。新时代推动东北全面振兴是一个系统工程。为此，东北地区应落实习近平总书记提出的"四个着力""六个必须坚持"等系统解决方案，从统筹推进"五位一体"总体布局、协调推进"四个全面"战略布局的角度去把握东北全面振兴，瞄准方向、保持定力，扬长避短、发挥优势，一以贯之、久久为功。

五是坚持突出重点、统筹推进。推动东北全面振兴取得新突破，必须坚持突出重点和整体推进相结合。东北地区资源禀赋相似、人文历史相近、经济联系紧密，彼此间既要加强交流合作，强化区域整体协作，推动改革举措形成合力，又要注重把改革矛头指向矛盾和问题最突出的地方，将着力点放在制约生产力发展的突出问题上，把激发各类经营主体活力放到重要位置，加大教育、医疗等民生领域改革力度，以重点突破带动其他领域振兴发展。

六是坚持人民至上，大力发展民生。习近平总书记强调，"转型发展，民生为要"③，让老百姓过上好日子是我们一切工作的出发点和落脚点。新时代推动东北全面振兴，要大力做好和扎实推进保障及改善民生工作，注重关心生活困难群众，让群众得到看得见、摸得着的实惠。要更加关注补齐民生领域短板，让人民群众共享东北振兴成果。

---

① 梁启东：《新时代东北振兴的根本遵循——深入学习贯彻习近平总书记考察辽宁和深入推进东北振兴座谈会重要讲话精神》，《沈阳日报》2018 年 10 月 18 日。

② 于迅来、潘锐、黄鹭、陈婷婷：《改革之问，吉林这样作答！》，新浪网，2024 年 10 月 16 日，https://news.sina.com.cn/zx/gj/2024-10-17/doc-incsvmwf6499788.shtml。

③ 《习近平考察黑龙江：转型发展 民生为要》，中国共产党新闻网，2016 年 5 月 25 日，http://cpc.people.com.cn/n1/2016/0525/c64094-28378081.html。

　　七是坚持完善政策、狠抓落实。东北全面振兴既不是单一的经济发展问题，也不是单个的区域问题，不可能毕其功于一役。东北地区要深刻认识振兴发展的艰巨性、复杂性，发扬钉钉子精神，一锤一锤敲。要结合新形势新任务新要求，坚持深化改革，完善支撑东北全面振兴的政策体系，制定有针对性、可操作的政策举措，精准发力，科学统筹，推动东北地区实现全面振兴、全方位振兴。

目　录

Ⅲ　产业篇

Ⅳ　专题篇

I

总 论 篇

第一章　东北地区经济高质量发展的背景与展望

2003 年 10 月，中共中央、国务院发布《关于实施东北地区等老工业基地振兴战略的若干意见》，标志着东北振兴战略正式启动。2023 年 10 月，中共中央政治局会议审议《关于进一步推动新时代东北全面振兴取得新突破若干政策措施的意见》，为东北地区走出一条高质量发展、可持续振兴的新路提供了指引。东北振兴战略实施20 余年来，形成了与我国经济发展趋势相对应的两个不同阶段。东北振兴在不同阶段取得了许多发展成果，但也面临不少困难和难题。在进入全面建设社会主义现代化国家新征程后，东北振兴要取得新突破就必须走经济高质量发展之路，这是实现东北振兴的要求，也是国家对东北的新希望。

第一节　东北振兴 20 余年历程的两阶段特征

东北振兴 20 余年的历程可划分为两个特征鲜明的阶段，其分界节点为 2012 年，即以中国特色社会主义进入新时代为重要标志。事实上，认识东北振兴阶段性发展的关键是，要弄清两阶段振兴的特征是什么，为什么两阶段振兴会呈现不同特征。

第一阶段是 2003~2012 年。2003 年，东北振兴战略的启动，正值"非典"后我国经济全面恢复时期，而且我国进入了一个重工业再发展阶段，因此东北地区获得了巨大的发展机会。2001 年，我国加入 WTO，获得了更加广阔的对外开放空间。外需增长推动了重工业快速发展，再加上"非典"后经济恢复引起的国内市场扩张，给重工业发展提供了巨大机遇。由于东北地区有着重工业的深厚积累，也有着重工业发展的优势，因此，在国家大力发展重工业的新形势下，东北地区进入了改革开放后难得的发展时期。在第一阶段，东北地区经济增长速度与全国平均经济增长速度相当，个别年份还超过了全国平均水平，这是改革开放后东北地区不曾有的经济增长速度。这表明，第一阶段的东北振兴与国家经济发展高度相关，东北地区也因此取得了经济快速发展的成就。由此可以想到一个道理：一个地区经济发展程度如何，与国家经济发展大势密切相关。东北地区曾在计划经济时期有过辉煌的发展史，究其根源，也与国家当时的发展形势有关。在新中国的工业化进程中，东北地区的工业基础、资源和地缘优势得以充分发挥，不仅为新中国的工业化和经济建设做出了巨大贡献，也成就了东北地区领先全国的经济地位。但是，改革开放后，我国开启了经济建设新的实践，由计划经济向社会主义市场经济转变，由重工业发展向轻工业发展（主要是消费品工业）转变，东北地区因此进入了相较于东南沿海地区的增长滞后期，逐渐拉开了与东南沿海经济快速发展地区的差距，在全国经济格局中的地位逐渐下降。第一阶段的东北振兴提升了东北地区经济增长速度，关键原因是东北地区又一次契合了国家经济发展的新形势，这一阶段的发展是契合了国家重工业化新趋势、发挥了自身重工业优势的结果。但这也导致了第一阶段东北振兴的另一个特征，即放缓了结构调整和经济转型的步伐，给后续发展带来了一定负面影响。

第二阶段是 2012 年至今。进入东北振兴第二阶段，我国经济发展形势发生重大转变。从外部看，2008 年国际金融危机使世界经济遭受重创，发达国家更是经济萧条，显现出明显的衰弱态势。这使我国对外经济发展空间被压缩，特别是对外贸易的增长态势发生逆转。为应对国际金融危机，我国推出"四万亿"经济刺激计划，国内经济因此得到快速恢复，但之前积累的产能过剩问题进一步凸显，我国对经济转型的要求更加迫切。2014 年，习近平总书记在河南考察时指出，"我国发展仍处于重要战略机遇期，我们要增强信心，从当前我国经济发展的阶段性特征出发，适应新常态"，"新常态"这一表述准确判断了我国经济的新趋势，说明了经济转型和动力重塑成为我国之后的主要任务。在这样的背景下，东北振兴遇到了新的考验，跟随全国步伐启动经济转型和塑造新动力成为新的紧迫任务。然而，之前在重工业化中获得发展新机遇的东北地区经济转型的进程缓慢，在经济转型和动力重塑的新形势下显示出不太适应的状态，经济增速持续下滑。如此，第二阶段东北振兴显示出来的最大特点是，东北地区的经济增长速度出现整体性下降，在 2012 年之后处于全国较为靠后的位置，加快经济增长、追赶发达地区的任务变得更加艰巨。

第二节　东北振兴取得的成就和面临的困难

东北振兴 20 余年历程中经历的第一阶段和正在进行的第二阶段，各自呈现不同的特点，表现出不同的发展状态。如何评价东北振兴 20 余年的历程？首先，应肯定 20 余年来东北振兴所取得的成绩是显著的。其次，要充分了解东北振兴过程中面临的困难，以此寻求进一步发展的突破口。

简单梳理东北振兴以来的发展成果，可从宏观、微观几个指标来判断。从宏观经济指标来看，根据《中国统计年鉴 2004》《中国统计年鉴 2024》，东北地区经济发展在 20 余年的振兴中取得了很好的成绩。2003~2023 年，辽宁、吉林和黑龙江三省的 GDP 年均增长速度分别达 8.42%、8.76% 和 6.59%，均在 7% 左右，但相较于发达地区甚至全国平均水平仍有一定差距。可以看出，我们对东北地区经济增长速度的判断多出于相对视角。此外，从财政增长指标来看，东北地区的一般预算收入从 2003 年的 849.91 亿元增加到 2023 年的 5226.28 亿元，增长了 5.15 倍，也就是在 20 年里翻了两番多，年均增长率也超过了 9%。但如果把这个数据放在全国范围内比较就不算高，同样地，这也是相对性思维的结果。东北地区在 20 余年的振兴中为国家做出的安全方面的贡献则是值得充分肯定的。东北地区的国家大粮仓地位进一步夯实，根据各省份统计年鉴数据，2023 年我国粮食产量为 13908.2 亿斤，其中，黑龙江省粮食产量为 1552.6 亿斤，吉林省粮食产量为 837.3 亿斤，辽宁省粮食产量为 512.7 亿斤，东北地区粮食产量占全国粮食产量的 20.9%，有力保障了国家粮食安全。东北地区的装备制造业曾带给东北巨大荣光，为新中国工业化发展做出巨大贡献。现在东北的装备制造业虽然在支撑东北地区经济增长方面的能力下降了，但东北装备制造业比较特殊，集中于装备制造业甚至是制造业的基础环节，被称为"工业母机"，因此，东北的装备制造业也被称为"大国重器"。当前，东北地区的重型装备制造业正走出经营困境，在转型升级中找到发展的新方向，成为国家产业安全的重要保障。东北地区的能源优势在 20 余年的振兴中也发挥了积极作用，不仅为东北地区经济发展做出了贡献，而且为维护国家能源安全发挥了重要作用。客观来看，东北地区的能源在经历长期开发后面临资源枯竭和开发成本增加的问题。但东北地区除了继续发挥以传统能源支持国家建设的作用外，还把开发富集的新能源作为能源结构转型的方向，在能源转型和升级中继续承担起国家能源安全的责任。因此，正确看待东北振兴，既要看到自身经济发展的状态，又要认清东北背负的安全使命，这也是总结东北振兴 20 余年成绩应有的态度。

当然，我们必须看到东北振兴 20 余年历程中还有许多没有补齐的短板，必须正视东北振兴依然面临的困难。首先，发展的路径依赖问题仍然存在。东北地区在改革开放后步入相对全国经济增长较慢的道路，其中的一个原因便是改革相对滞后。这有客观原因，但事实上也是因为东北地区形成了一种路径依赖，即计划和政府在市场化改革中还在发挥较大作用。因此，在过去很长一段时间里，讨论东北地区经济发展时总会提及体制机制问题，人们认为是体制机制不灵活造成了东北地区经济增长相对缓慢的局面。时至今日，东北地区在不断深化改革中实现了体制机制的重大转变，但仍有一些因素制约了体制机制的活力。例如，民营经济偏弱使东北地区体制机制缺乏有力的支撑，因为民营经济不发达会使经济发展的责任更多地落在国有经济和政府的身上，从而又在一定程度上强化了国有经济和政府的作用。其次，经济结构调整步伐相对滞后。经济发展说到底是由一定的经济结构支撑的，不同的经济结构造就了不同的经济发展状态，不同层级的经济结构决定了经济发展所能达到的不同高度。东北地区在改革开放后的发展状态很大程度上取决于经济结构转型升级的程度。改革开放前东北地区经济形成了国有经济占主导和重工业占比较大的格局，这成为改革开放后东北地区经济增长较慢的重要原因。改革开放后快速增长的中国经济建立在非公有制经济快速崛起和消费品工业大发展的基础上，东北地区因此陷入与国家经济发展大势不甚匹配的境地，从而获得的改革红利相对较少，在全国经济格局中的地位逐渐下降。时至今日，东北振兴的关键仍然是转方式、调结构。中国经济步入高质量发展的新阶段，对经济结构转型升级提出了新要求，也对东北振兴取得新突破的结构调整升级提出了新要求，从而增加了东北地区经济结构调整的紧迫性。最后，生产要素集聚受到较大影响。经济发展的基础在结构，而且经济结构具有存量的性质。经济发展的快与慢决定于原有基础上的生产要素集聚情况，也就是必须有一定的要素流量来驱动经济发展。由于各种原因，在较长的一段时间里，东北地区的生产要素处于流出大于流入的状况。其中，人口的流出问题比较突出。对比第七次全国人口普查数据和第六次全国人口普查数据，东北地区常住人口减少超过 1000 万人。人口减少有生育率降低的原因，也有劳动力和人才流出的原因。这成为东北高质量发展、可持续振兴的一大制约因素，因此需要聚焦人口流动问题，以人口高质量发展支撑东北全面振兴。此外，东北地区在资本和技术要素的流动方面也存在类似的"顺差"问题，即流出大于流入。这些都是经济发展不可或缺的动力，必须采取有力措施来扭转或迟滞这种趋势的进一步扩展。

东北振兴 20 余年是一个有成长但也有曲折的过程。我国在开启全面建设社会主义现代化国家新征程后，要坚持走高质量发展之路。东北全面振兴要取得新突破，同样要实现高质量发展。因此，展望未来，东北全面振兴必须找到正确的路径，必须坚持加大支持力度和激发内生动力相结合，推动东北全面振兴取得新突破，谱写全面建设社会主义现代化国家的东北篇章。

第三节　经济高质量发展是东北全面振兴的必由之路

一　东北地区必然实现全面振兴的原因

习近平总书记在 2023 年 9 月考察黑龙江时指出，"东北资源条件较好，产业基础比较雄厚，区位优势独特，发展潜力巨大"。[①] 当前，推动东北全面振兴面临新的重大机遇。相信在强国建设、民族复兴新征程中，东北一定能够重振雄风、再创佳绩。有党中央的大力支持，有新的重大发展机遇，明确走经济高质量发展路径，东北全面振兴前景光明。

第一，东北在维护国家"五大安全"中承担着重要使命，这使东北全面振兴有了新方向。习近平总书记在黑龙江考察时指出，"牢

---

① 《奋力谱写东北全面振兴新篇章——习近平总书记在新时代推动东北全面振兴座谈会上的重要讲话提振信心催人奋进》，《人民日报》2023 年 9 月 10 日。

牢把握东北在维护国家'五大安全'中的重要使命"。① 这为东北全面振兴赋予了新的内容。东北全面振兴固然要加快地方经济增长、转型和升级经济结构、重塑经济增长动力,但维护好国家"五大安全"也是东北全面振兴的重要目标。2023 年 10 月 27 日,中共中央政治局召开会议,审议《关于进一步推动新时代东北全面振兴取得新突破若干政策措施的意见》,体现了党中央加大东北全面振兴支持力度的决心。该会议强调坚持加大支持力度和激发内生动力相结合,强化东北的战略支撑作用,要求有关部门制定出台针对性强的支持政策。未来的东北全面振兴应以维护国家"五大安全"为出发点,在得到中央大力支持的前提下形成强大内生动力,以此合力推动取得新突破。

第二,东北全面振兴面临新的重大机遇,使东北振兴有了新的突破点。习近平总书记在黑龙江考察时强调,"推动东北全面振兴面临新的重大机遇:实现高水平科技自立自强,有利于东北把科教和产业优势转化为发展优势;构建新发展格局,进一步凸显东北的重要战略地位;推进中国式现代化,需要强化东北的战略支撑作用"。② 任何一个地区的经济发展状况都与获得的符合国家发展大势的机遇大小有关。在全面建设社会主义现代化国家新征程上,我国未来发展的逻辑有重大改变。发展需要动力,我国进入新发展阶段必须转换动力,塑造创新这一新的动力源。在我国创新演进中,越来越强调科技自立自强的重要性,高水平科技自立自强是我国科技创新的目标。发展实质上是一种经济循环畅通和升级的结果,构建新发展格局是未来我国经济循环的主要遵循。构建新发展格局强调以国内大循环为主体,要求具有不同优势的各地区充分发挥作用,形成协

① 《奋力谱写东北全面振兴新篇章——习近平总书记在新时代推动东北全面振兴座谈会上的重要讲话提振信心催人奋进》,《人民日报》2023 年 9 月 10 日。
② 《奋力谱写东北全面振兴新篇章——习近平总书记在新时代推动东北全面振兴座谈会上的重要讲话提振信心催人奋进》,《人民日报》2023 年 9 月 10 日。

同发展的大格局。进入新时代，我国必须拓展中国式现代化道路，以中国式现代化全面推进中华民族伟大复兴。如此显示的中国经济未来发展逻辑强调的是自主和自强。在这样的发展逻辑中，东北地区具有的自主优势，不仅可以在我国未来发展中发挥更大作用，也可以让东北地区自身获得更大更多的振兴发展机会。

第三，东北地处东北亚中心和"一带一路"建设重要节点，这让东北全面振兴具有巨大的发展潜力。东北亚是世界经济增长多极格局中的重要一极，也是合作开发不甚充分的一极，其在未来的世界经济增长中具有很大的潜力，也有较好的发展前途。我国倡导的"一带一路"建设有着越来越广阔的前景，可以成为带动东北亚合作发展的重要引擎。同时，东北地区作为我国向北开放的新高地，在未来可以承担起更多连接欧亚的枢纽责任。随着国际地缘政治的变化，未来东北地区的区位优势将越来越凸显，由此开拓的发展空间会越来越大，并会成为东北全面振兴取得新突破的重点抓手。

二 经济高质量发展对于东北全面振兴的重要意义

东北地区的经济发展在国家的大力支持下取得了一定成绩，但也存在一些问题和困难。为了进一步推动东北振兴取得新的突破，我们需要实现经济的高质量发展。经济高质量发展是指在保持经济平稳增长的同时，注重提高经济的效益和竞争力，加快产业结构的优化升级，提升全要素生产率。经济高质量发展对东北全面振兴具有重要意义。首先，东北地区需要加大创新驱动力度。创新是推动经济高质量发展的关键因素。要加强科技创新，发挥科技在经济发展中的引领作用。要加强人才培养和引进，不断提升创新能力和竞争力。其次，东北地区需要加快推进产业转型升级。要加大技术改造和装备升级力度，培育和发展战略性新兴产业，推动传统产业实现智能化、绿色化、高端化发展。要加强与国内外优势企业的合作，引进先进技术和管理经验，提升产业的竞争力。再次，东北地区需要实施乡村振兴战略。要加大对农业农村的投入和支持力度，加强农业科技创新和农产品品牌建设，提高农业综合效益和农民收入水平。要推进农村土地制度改革，促进农村三次产业融合发展，实现农村经济的高质量发展。最后，东北地区还需要加强基础设施建设。要加大对交通、能源、水利等基础设施的投资力度，优化基础设施布局，提高基础设施的质量和效益。要发展数字经济，推动互联网、人工智能等新兴产业与传统产业融合发展，为经济高质量发展提供有力支撑。经济高质量发展是东北振兴取得新突破的必由之路。要以高质量发展为导向，加快推进创新驱动、产业升级、乡村振兴和基础设施建设。只有不断提升经济质量，才能实现东北地区的全面振兴。

第二章　东北地区经济高质量发展总体评价

第一节　东北地区经济高质量发展指标体系的构建

一　东北地区经济高质量发展指标体系设计思路

为精准测度东北地区各地级市经济高质量发展程度，一个完整、准确、可操作性强的指标体系是必不可少的。指标体系应基于东北地区的实际情况，综合经济、社会、环境等各个方面进行考量，其设计思路可概括为如下方面。

（一）以经济质量为核心，构建多维度的指标体系

为避免只依靠简单的经济增长指标组成片面的指标体系，应该将经济发展、社会民生、生态环境、城乡融合、科技创新等多方面因素都纳入指标体系之中，全面反映东北各地区经济高质量发展程度。

（二）科学设置指标权重

各个指标权重的设置直接关系到指标体系的科学性，所以应该遵循"以量取质，以质定量"的原则。通过熵值法来科学确定指标的权重，以最大限度避免主观因素的干扰，确保指标体系中各部分指标间的平衡性。

（三）结合地方特色，制定设计差异化的指标体系

东北三省虽然被外界视为一个整体，但各省份在文化、自然资源、产业发展等方面各具特色，因此在指标体系的设计过程中应该充分考虑各省份的地方特色，构建出既能充分体现内部差异性，又能展现共同性的指标体系。

（四）注重数据来源的科学性和精度

数据来源直接与指标体系的科学性高度相关，因此必须确保各个指标数据的真实性、公正性、精度以便后续分析。

总之，东北地区经济高质量发展指标体系的设计需要兼顾科学性、实用性、差异性和可追溯性，以在最大程度上保证所评价的东北各地经济高质量发展的结果客观合理。

二 指标体系构建

基于以上原则，我们构建的东北地区经济高质量发展指标体系如表 2-1 所示。

表 2-1 东北地区经济高质量发展指标体系

二级指标	三级指标		四级指标	指标属性
经济发展水平	经济发展稳定指数	1	GDP 增速	+
		2	财政收入占 GDP 的比重	+
		3	外资依存度	+
		4	外贸依存度	+
		5	人均社会消费品零售总额	+
	经济发展质量指数	6	数字经济指数	+
		7	劳动生产率	+
		8	土地生产率	+

续表

二级指标	三级指标	四级指标		指标属性
经济发展水平	经济发展质量指数	9	资本生产率	+
		10	消费拉动率	+
		11	人均人身险保费收入	+
社会民生改善水平	居民生活质量指数	12	城镇调查失业率	−
		13	人均可支配收入	+
	公共服务指数	14	人均拥有公共图书馆图书藏量	+
		15	移动电话普及率	+
		16	人均医院床位数	+
		17	养老保险参保人数比例	+
		18	医疗保险参保人数比例	+
		19	失业保险参保人数比例	+
		20	公路运输密度	+
	共同富裕指数	21	基尼系数	+
		22	城乡居民收入倍数	−
生态环境建设水平	资源节约指数	23	万元 GDP 耗水量	−
		24	人均用水量	−
	污染治理指数	25	单位 GDP 二氧化硫排放量	−
		26	单位 GDP 化学需氧量排放量	−
		27	生活垃圾无害化处理率	−
城乡融合水平	城镇化水平指数	28	城镇化率	+
		29	非农产业产值占 GDP 的比重	+
	乡村经济水平提升指数	30	二元对比系数	+
		31	二元反差指数	−
科技创新水平	创新环境指数	32	规模以上工业企业 R&D 经费增长率	+
		33	R&D 经费投入强度	+
	创新活力指数	34	全要素生产率	+
		35	人均技术市场交易额	+
		36	万人发明专利授权数	+

三　指标体系说明

东北地区经济高质量发展指标体系由经济发展水平、社会民生改善水平、生态环境建设水平、城乡融合水平和科技创新水平 5 个维度、11 个三级指标、36 个四级指标组成。

（一）经济发展水平维度

该维度主要是从经济增长速度、生产资料利用效率、经济增长对财政收入及居民消费的拉动作用等方面来评价各地区经济发展的质量水平。该维度又分为经济发展稳定指数和经济发展质量指数两个方面。

国家对经济发展稳定指数非常重视，并将其作为衡量经济发展的重要指标之一。中共中央、国务院发布了《国家新型城镇化规划（2014—2020 年）》等一系列规划文件，提出了许多经济发展的具体目标，以推动中国经济不断发展和进步。同时，国家也会根据经济发展稳定指数的变化情况对政策进行相应的调整和优化，以实现经济发展的平稳和可持续。参考以上文件，以 GDP 增速、财政收入占 GDP 的比重、外资依存度、外贸依存度、人均社会消费品零售总额来反映各地区经济发展稳定指数。通过对这些指标的综合评估，我们可以得出一个相对客观的经济发展稳定指数，用于比较东北各地区之间的经济发展差异和趋势。

在经济发展质量指数方面，国家也同样非常关注，认为经济发展不仅仅要看经济规模的增长，更要关注经济发展的质量和效益。国家在实施经济政策时，会将经济发展质量指数作为一个重要的参考指标，以确保经济发展既能保持高速增长，同时又能保持良好的质量和效益。经济发展质量指数是一个综合性指标，它综合考虑了经济发展的各个方面。我们构建的经济发展质量指数包括数字经济指数、劳动生产率、土地生产率、资本生产率、消费拉动率、人均人身险保费收入等指标，主要反映的是各生产要素对经济的带动作用。其中，数字经济指数参考赵涛等人的算法得出。[①] 土地生产率为第一产业增加值与地区耕地面积之比。资本生产率为 GDP 与全社会固定资产投资之比。消费拉动率的计算公式为：消费拉动率＝（当年社会消费品零售总额－上年社会消费品零售总额）／（当年现价支出法 GDP－上年现价支出法 GDP）×100%。

（二）社会民生改善水平维度

社会民生改善水平维度主要用来衡量一个国家或地区人民的生活水平和生活质量的变化情况。该维度评价内容涵盖多方面，包括人民收入水平、卫生医疗情况、社会保障、交通和文化娱乐等方面。通过对这些指标数据进行分析和综合评估，我们可以判断社会民生改善状况的变化趋势和成效。在"十四五"规划的预期目标中，民生福祉也是一个重要的衡量社会发展水平的标准，用以保障广大人民的利益和幸福。为全面反映社会民生改善情况，我们将其细分为居民生活质量指数、公共服务指数、共同富裕指数三个方面。

其中，居民生活质量指数包括城镇调查失业率、人均可支配收入，城镇调查失业率是指城镇劳动力失业人口占城镇劳动力总数的比例，失业率低意味着就业和社会稳定水平的提高。而人均可支配收入则是反映城市居民经济水平和消费能力的重要指标，它是全体居民获得用于消费和储蓄的可支配收入总和与城镇居民人口总数之比。这两个指标可以有代表性地表现一个地区的居民生活质量。公共服务指数包括人均拥有公共图书馆图书藏量、移动电话普及率、人均医院床位数、养老保险参保人数比例、医疗保险参保人数比例、失业保险参保人数比例、公路运输密度等几个指标。这些指标如实反映了基础设施建设水平、公共服务设施密度和公共服务覆盖范围

---

① 赵涛、张智、梁上坤：《数字经济、创业活跃度与高质量发展——来自中国城市的经验证据》，《管理世界》2020 年第 10 期。

等情况。共同富裕指数包括基尼系数和城乡居民收入倍数。该指数反映了一个地区的居民收入结构情况，以及城乡收入差距。基尼系数的计算参考了胡祖光的方法。[①]

（三）生态环境建设水平维度

生态环境建设水平指标反映了一个国家或者一个地区在生态环境建设方面的情况和表现。通过对该维度的评估，我们可以了解到环境保护和可持续发展方面的进展程度，帮助政府、学者和公众更好地了解生态环境的状况并采取相应的措施来改善和保护环境。该维度可以作为制定环境政策、监测环境变化、评估政府部门工作以及引导企业和公众行为的依据。

该维度细分为资源节约指数和污染治理指数。其中，资源节约指数包括万元 GDP 耗水量、人均用水量，该指数体现了创造财富过程中的耗水量以及人民生产生活活动中的人均用水消耗量。污染治理指数则选用单位 GDP 二氧化硫排放量、单位 GDP 化学需氧量排放量、生活垃圾无害化处理率等三个指标，分别反映了各地区工业污染物排放整治、污水整治、生活垃圾整治等方面的改善情况。

（四）城乡融合水平维度

该维度是反映城乡发展差距和城乡经济、社会协调发展水平的一个评价指标，政府可以针对这些差距提出促进城乡融合发展、实现城乡协调发展的政策和措施。具体来说，城乡融合水平维度的评价内容包括城乡收入差距、城乡就业和社会保障水平等。通过这些指标数据的比较和分析，政府可以了解城乡发展差距的现状和趋势，进而通过政策进行调整和优化，促进城乡融合发展，实现农村和城市共同发展、共同繁荣的目标。我们构建的城乡融合水平维度包括

---

① 胡祖光：《基尼系数理论最佳值及其简易计算公式研究》，《经济研究》2004 年第 9 期。

城镇化水平指数和乡村经济水平提升指数两个三级指标。其中，城镇化水平指数包括城镇化率、非农产业产值占 GDP 的比重两个指标，从人口结构和产业结构两个方面反映了城镇化进程。乡村经济水平提升指数由二元对比系数、二元反差指数构成。二元对比系数为第一产业与第二、第三产业的比较劳动生产率之比，该系数理论上处于 0~1，当为 0 时，表明第一产业的比较劳动生产率为 0，经济二元性最显著；而为 1 时，第一产业和第二、第三产业的比较劳动生产率相同，二元经济完全转变成了一元经济，经济的二元性消失。二元反差指数即第二、第三产业产值占 GDP 的比重与第二、第三产业劳动力占全部劳动力的比重之差的绝对值。二元反差指数理论上也为 0~1，是逆指标，二元反差指数越大，第一产业和第二、第三产业的差距越大，经济二元性越明显；当二元反差指数为 0 时，二元经济转变为一元经济，二元性消失。

（五）科技创新水平维度

该维度主要评价一个国家或地区的创新能力和发展动力，主要反映国家或地区的科技拉动经济能力、科技人力资源开发能力、科学技术水平等多个方面的能力和水平。这些指标的提高和发展，可以推动国家或地区的创新能力提高，加速经济转型升级和实现全面创新驱动发展，提高当地的竞争力，对于未来的可持续发展也具有重要意义。

该维度由创新环境指数和创新活力指数两个三级指标组成。其中，创新环境指数包括规模以上工业企业 R&D 经费增长率、R&D 经费投入强度两个指标，体现的是地区创新的外部环境水平。创新活力指数包括全要素生产率、人均技术市场交易额和万人发明专利授权数。该指数反映了一个地区科技创新产出情况，这是科技创新活力的主要表现方面。其中，全要素生产率是现代经济发展质量的核心因素，被视为经济长期持续增长的源泉，其内涵既包括了技术进步带来的边际产出，又包括了优化资源配置产生的效率改进。全要素生产率的计算参考的是张军和施少华的方法。①

四　数据来源及评价方法

第二至第五章选取东北三省的省级数据及东北各城市 2018～2022 年共 5 年的各项指标值构成面板数据。主要来源为《中国统计年鉴》、《辽宁统计年鉴》、《吉林统计年鉴》、《黑龙江统计年鉴》、《中国劳动统计年鉴》、《中国工业统计年鉴》、《中国城市统计年鉴》、《中国环境统计年鉴》、CSMAR 数据库和 Wind 数据库等。经济高质量发展指数权重的计算方法为熵值法。

第二节　东北地区经济高质量发展水平评价

一　东北地区经济高质量发展水平总体评价

经计算得出的 2018～2022 年东北地区经济高质量发展水平总体测度情况如表 2-2 所示。

表 2-2　2018～2022 年东北地区经济高质量发展水平总体测度情况

年份	辽宁	吉林	黑龙江
2018	0.401	0.258	0.158
2019	0.441	0.349	0.290
2020	0.039	0.263	0.195
2021	0.392	0.257	0.202
2022	0.458	0.282	0.252

从表 2-2 可见，自 2018 年党中央提出经济高质量发展的理念之

① 张军、施少华：《中国经济全要素生产率变动：1952－1998》，《世界经济文汇》2003 年第 2 期。

后，东北三省的经济高质量发展指数总体呈上升趋势。总体来讲，东北三省在经济高质量发展方面取得了一定的成绩，但也面临诸多挑战。通过采取有效的发展对策，东北三省有望在未来进一步提升经济发展的质量和效益，实现经济的可持续发展。

从表 2-3 中 2023 年的各省级行政区人均 GDP 排名可见，在衡量经济发展水平的关键性指标人均 GDP 的排名中，东北三省的排名并不高。其中，2023 年辽宁省人均 GDP 排在第 19 位，吉林省人均GDP 排在第 27 位，黑龙江省人均 GDP 排在第 30 位。

表 2-3　2023 年我国省级行政区人均 GDP 排名

单位：元

排名	省区市	人均 GDP	排名	省区市	人均 GDP
1	北京	200278	17	海南	72958
2	上海	190321	18	宁夏	72957
3	江苏	150487	19	辽宁	72107
4	福建	129865	20	四川	71835
5	浙江	125043	21	江西	71216
6	天津	122752	22	西藏	65642
7	广东	106985	23	云南	64107
8	内蒙古	102677	24	青海	63903
9	湖北	95538	25	河南	60073
10	重庆	94147	26	河北	59332
11	山东	90771	27	吉林	57739
12	陕西	85448	28	贵州	54172
13	安徽	76830	29	广西	54005
14	湖南	75938	30	黑龙江	51563
15	山西	73984	31	甘肃	47867
16	新疆	73774	—	—	—

资料来源：国家统计局。

东北地区的经济综合实力要优于各自的人均 GDP 排名情况，这是因为东北地区先前计划经济阶段积累的经济基础较好，仍有规模可观的科教文卫领域及人力资本领域的存量资产在发挥作用。例如，东北地区共 1 亿人左右，却拥有 11 所"双一流"大学，这些学校在当地人才培养、科学研究和社会服务方面持续发挥着积极的作用，促进了所在地的经济高质量发展。但是，这些存量资产如果得不到补充和强化，其优势将缓慢消散。横向比较来看，东北地区的经济发展水平不高，辽宁已明显落后于其他东部沿海省市，吉林、黑龙江的许多经济指标排名也处于较靠后的位次。这明显与东北地区曾经的经济地位和资源禀赋不相符。造成东北地区经济高质量发展水平相对较低的原因是多方面的，主要包括以下方面。

第一，产业结构调整不够到位。首先，东北地区的产业结构问题主要体现在，过去以重工业和资源型产业为主，经济发展方式比较单一，缺乏新兴产业的支撑，而且钢铁、石化、机械制造等传统重工业占比过高。这些产业虽然在一定程度上支撑了东北地区经济的发展，但因其资源密集型和劳动密集型特点，容易受到市场波动和环保政策的影响，且增长潜力有限。其次，制造业结构单一，东北地区的制造业主要集中在原材料加工以及简单装备制造领域，缺乏竞争力强、附加值高的高科技制造业产品。这导致东北地区制造业的发展相对滞后，无法生产可以满足市场需求的高质量产品，这制约了经济的可持续增长。最后，服务业规模较小。东北地区服务业的发展相对较慢，服务业在地区经济中的占比较低。这意味着东北地区在创新能力、科技含量和附加值较高的服务领域的发展基础较为薄弱，无法满足人民群众对高品质、多样化服务的需求。此外，基础设施建设不足。东北地区在交通、能源、信息技术等基础设施方面的投资较少，距离国内先进地区存在一定的差距。这限制了东北地区的发展潜力，影响了东北地区经济的竞争力和吸引力。

第二，技术创新能力有限。东北地区在科技创新方面投入相对不足，创新能力相对较弱，缺乏高技术含量的产品和先进制造业，这限制了东北地区经济的增长潜力和竞争力。例如，根据《2022年全国科技经费投入统计公报》，2022年辽宁、吉林、黑龙江三省的R&D经费投入强度分别为2.14%、1.43%、1.37%；而2022年全国R&D经费投入强度为2.54%，其中广东为3.42%、江苏为3.12%、浙江为3.11%、四川为2.14%、山东为2.49%、安徽为2.56%、湖北为2.33%、湖南为2.41%、重庆为2.36%。由此可见，东北地区的科技创新投入只能在全国处于中等偏下的位置。

第三，人口尤其是人才流失问题突出。根据2021年第七次全国人口普查数据，东北三省户籍人口为10346万人，较十年前减少约446万人；常住人口为9851万人，较十年前减少约1100万人。黑龙江、吉林、辽宁常住人口分别减少约646万人、338万人、116万人，降幅分别为16.87%、12.31%、2.64%，下降幅度高居全国第一、第二和第四。由于经济发展水平相对滞后，东北地区长期以来人才流失严重，高层次人才和技术人才流失导致了创新能力的不足，企业发展受到限制。例如，从2021届毕业生留存率来看，华东地区毕业生留存率最高，为80.24%，华南地区毕业生留存率为75.22%，华北地区毕业生留存率为70.87%，华中地区毕业生留存率为68.84%，西南地区毕业生留存率为57.21%，西北地区毕业生留存率为41.81%，而东北地区毕业生留存率仅为33.13%。[①]

第四，市场机制不健全，营商环境有待改善。东北地区在市场开放和市场化改革方面还存在一些瓶颈，市场机制不完善，没有形成有效的竞争机制和激励机制，这制约了经济高质量发展。同时，营商环境还有较大幅度改善的空间。2020年，北京大学光华管理学院和武汉大学经济与管理学院联合发布《中国省份营商环境研究报

---

① 《2021年毕业生流动数据发布，东三省毕业生流失严重！该如何破局？》，搜狐网，2021年10月20日，https://www.sohu.com/a/496109646_100019615。

告 2020》，其中吉林、黑龙江和辽宁的营商环境总体指数分别只排到了第 20、21 和 22 位。在由中国商报营商环境研究中心和智云产业研究院 2021 年发布的《2020 年中国 31 省市法治化营商环境指数排名分析报告》中，吉林、黑龙江和辽宁分别只排到了第 24、29 和 30 位。营商环境的落后，制约了本地企业的发展和外地企业投资的意愿，直接导致了经济高质量发展受到很大限制。

由于经济体制转轨带来的结构性矛盾的多年积累，东北地区处于经济周期中的低谷期，经济高质量发展总体水平不高。2018 年 9 月，习近平总书记考察东北地区时，明确了东北地区维护我国国防安全、粮食安全、生态安全、能源安全、产业安全的战略地位。其后，在党中央经济高质量发展战略指引下，东北地区经济发展逐步触底回升。目前，东北地区要走高质量发展的道路，需要全面推进改革开放，加强制度创新，优化营商环境。同时，也需要提高政府治理能力，推进依法治理，加强市场监管。通过综合施策，在经济、社会、环境等多个方面取得协同效应，实现可持续发展和人民群众的幸福指数提升。

二　东北地区经济高质量发展水平分维度评价

（一）经济发展水平维度评价

本节得出的 2018~2022 年东北地区经济发展水平维度测度情况如表 2-4 所示。

表 2-4　2018~2022 年东北地区经济发展水平维度测度情况

年份	辽宁	吉林	黑龙江
2018	0.277	0.026	0.085
2019	0.323	0.065	0.148
2020	0.301	0.102	0.145

续表

年份	辽宁	吉林	黑龙江
2021	0.392	0.163	0.093
2022	0.389	0.189	0.152

就计算结果而言，2018~2022年东北地区经济发展水平维度的指标数据总体呈现上升的态势。辽宁的测度情况相对好一些，这表明尽管近年来辽宁的经济受到体制、产业结构、地缘政治等方面的限制而发展较为迟缓，但是，辽宁在过去几十年中积累了较为完备的工业体系和技术创新能力。该地区的航空、机械制造、冶金、化工等传统产业长期以来具有一定的竞争力，并且辽宁积极推动创新驱动发展战略，加强科技创新和人才培养，大力支持科研机构和高校开展创新研究，鼓励企业加大技术创新投入力度。这些举措使得辽宁在高新技术产业领域取得了长足进展，推动了辽宁的经济增长。

由表2-5可知，近年来，东北地区的GDP增速不高。2018~2023年，东北地区的GDP增速多次低于全国平均水平。低速的经济增长反映出东北地区经济增长乏力、产业结构调整缓慢。而GDP增速较低的直接原因在于东北地区的固定资产投资资金到位增长率不高（见表2-6）。

表2-5　2018~2023年全国、东北地区GDP增速

单位：%

年份	全国	辽宁	吉林	黑龙江
2023	105.2	105.3	106.3	102.6
2022	103.0	102.0	97.9	102.6
2021	108.4	105.8	106.5	106.1
2020	102.2	100.6	102.3	100.9
2019	106.0	105.4	103.0	104.0
2018	106.7	105.6	104.4	104.5

资料来源：《中国统计年鉴》。

表 2-6　2018～2023 年全国、东北地区固定资产投资
资金到位增长率

单位：%

年份	全国	辽宁	吉林	黑龙江
2023	98.6	—	—	—
2022	100.5	95.0	94.7	100.5
2021	104.3	94.3	101.7	98.5
2020	107.3	105.4	109.5	101.3
2019	104.1	97.3	86.9	104.1
2018	103.4	103.2	101.8	99.7

资料来源：《中国统计年鉴》。

通常来讲，经济的发展离不开投资和消费的共同驱动。现阶段，我国的经济增长以投资拉动为主，消费拉动居于次要地位。固定资产投资资金到位增长率不高是近几年东北地区的共同现象。究其原因，主要包括以下几个方面。

第一，结构调整不顺利。东北地区过去主要依赖传统重工业，如钢铁、煤炭等行业，但随着国家经济结构调整和环境保护政策的推动，这些行业逐渐面临产能过剩、环境污染等问题。同时，吉林、黑龙江在新兴产业和高技术产业上的发展相对滞后，导致其产业结构不够优化，吸引力较低。

第二，地理位置劣势。相对于关内庞大的生产和消费市场而言，吉林、黑龙江地理位置相对偏远，交通、物流等方面的不便利性限制了外来投资和资金流动。吉林、黑龙江没有出海口，也缺乏像长江这样便捷的水路运输，这些都使得它们的对外贸易面临一些挑战。

第三，人口减少和老龄化。东北地区的人口数量逐渐减少，同时老龄化程度较高，这给劳动力市场和消费市场带来一定的压力，降低了投资的潜力。

第四，体制机制不灵活。东北地区在改革开放初期留下的一些体制机制和制度安排在当前经济发展的新常态下无法适用，其创新创业的环境有待改善、机制不够完善。

第五，不良舆论的影响。近年来，有一些房产类自媒体，为了吸引东北人购买当地房产，在各种平台上大肆散布不良舆论，在社会上产生了非常坏的影响，严重损害了整个东北地区的投资环境，减少了外来投资。

为了改变这种状况，东北地区可以加强产业结构调整和转型升级，加大对新兴产业和高技术产业的支持力度，通过提供良好的营商环境、加大政策扶持和引导外来投资力度，推动固定资产投资的提升。同时，加强基础设施建设，提高地区的自然资源开发和利用效率，培育创新创业的环境，这些也都是重要的措施。

经济发展的另一个驱动因素是消费，与投资增速相比，东北地区的消费拉动率同样不容乐观。2022 年，辽宁、吉林和黑龙江的消费拉动率在全国的排名分别为第 23、25 和 18 位，2020 年，东北地区该指标分别排在全国第 25、27 和 19 位。东北地区消费对经济拉动作用不强的原因可以概括为人口老龄化导致消费观念保守、经济增长缓慢导致消费信心不足、居民可支配收入增长缓慢抑制消费等。为提升消费对经济的拉动作用，提高经济高质量发展水平，东北地区需要采取一系列措施，包括提高居民收入水平、鼓励生育、深化供给侧结构性改革、加强市场化建设、引导居民转变消费观念等。同时，政府可以出台相应的政策措施，如鼓励消费、促进消费升级，从而推动经济持续健康发展。

（二）社会民生改善水平维度评价

本节得出的 2018~2022 年东北地区社会民生改善水平维度测度情况如表 2-7 所示。

表 2-7　2018~2022 年东北地区社会民生改善水平维度测度情况

年份	辽宁	吉林	黑龙江
2018	0.521	0.370	0.466
2019	0.785	0.634	0.759
2020	0.797	0.624	0.657
2021	0.511	0.386	0.405
2022	0.658	0.612	0.532

东北地区的社会民生改善水平要明显高于各自的经济发展水平。吉林该项指数的增长尤为迅速，5 年增长了 65.4%，表明了吉林通过全面脱贫、促进就业、扩大社会保险覆盖面等政策有效地改善了社会民生。东北地区社会民生改善水平优于经济发展水平的原因有多个方面。第一，东北地区在国家发展战略中具有重要地位，其发展受到国家的大力支持和关注。在实施东北振兴战略后，国家在东北地区积极推进精准扶贫，针对贫困地区和贫困人口实施有针对性的帮扶措施，包括产业扶贫、就业扶贫、住房扶贫等。这些政策帮助贫困地区和贫困居民脱贫致富，改善了他们的生活条件。第二，为促进就业，东北地区各级政府实施了一系列政策措施，例如鼓励创业、培训职工技能、提供就业岗位等。特别是在推动新兴产业和服务业发展方面，提供了更多的就业机会，帮助提升居民的收入水平。第三，东北地区拥有丰富的资源和独特的地理位置。东北地区是中国重要的粮食、石油、煤炭等资源的生产基地，同时也是中国与俄罗斯、朝鲜等国的重要贸易口岸，这为东北地区的经济发展提供了良好的条件，也决定了东北地区的社会民生改善水平的下限不会太低。第四，东北地区的产业结构也在逐步优化和升级。虽然传统重工业仍占主导地位，但新兴产业和服务业也在快速发展，这为该地区的经济多元化发展提供了新的动力，经济的发展也带来了社会民生改善水平的提高。第五，东北地区的文化底蕴比较深厚，人

才资源也比较丰富，这为该地区文化、教育、科技等领域的快速发展提供了有力支持，加快了东北地区社会民生的改善进程。综上所述，东北地区社会民生改善水平优于经济发展水平，可能是多种因素综合作用的结果。需要注意的是，虽然东北地区的经济发展取得了一定的成就，但仍需进一步深化改革，推动经济转型升级，增进民生福祉，以实现全面振兴的目标。

（三）生态环境建设水平维度评价

本节得出的 2018~2022 年东北地区生态环境建设水平维度测度情况如表 2-8 所示。

表 2-8　2018~2022 年东北地区生态环境建设水平维度测度情况

年份	辽宁	吉林	黑龙江
2018	0.791	0.635	0.399
2019	0.819	0.596	0.473
2020	0.751	0.753	0.451
2021	0.759	0.462	0.240
2022	0.832	0.612	0.459

从测度结果可见，2018~2022 年，东北地区的生态环境建设水平都要优于各自的经济发展水平。这说明东北地区近年来较为重视生态环境建设，因此生态水平有所提升。总体来讲，东北地区生态环境建设的基础是相当不错的，该地区拥有较高的森林覆盖率和丰富的野生动植物资源，人口密度也不是很大，因此，生态环境建设有一定优势。但是，目前东北地区的生态环境普遍出现了一些问题，如水土流失、污染物含量升高、洁净水资源短缺等。造成这些问题的原因是多方面的，主要有以下方面。第一，大气污染问题突出。东北燃煤需求量大，尤其是在冬季，燃煤污染问题尤为突出，再加上老旧低效锅炉大量存在，燃煤排放得不到有效治理，这都是造成东

北地区大气污染的重要原因。第二，生活污水、垃圾处理能力不强。东北的各个城市普遍存在生活污水处理能力不强、处理标准不够高的问题，造成生活污水处理率不足，或未经处理就直接排放到外界，对水环境造成污染。第三，产业结构偏重。东北的产业结构以重工业和传统制造业为主，这些行业在生产过程中产生大量的废水、废气、固体废弃物等污染物，尤其是一些老矿场几十年来积累的尾矿及矿坑体积巨大、治理难度大、处理成本高，也导致了环境污染问题的加剧。第四，城市扬尘问题突出。城市建筑工地、渣土运输遗撒等产生的扬尘，以及道路扬尘等，都导致了城市空气质量的恶化。针对以上问题，东北地区各级政府普遍加强了生态建设和环境保护，采取了一系列措施，如加强秸秆禁烧管理、推广清洁能源、加强城市扬尘治理、提高生活污水处理能力、调整产业结构等，以改善环境质量、提高污染治理水平，这些措施也将会显著提高东北各地的生态环境建设水平。

（四）城乡融合水平维度评价

本节得出的 2018～2022 年东北地区城乡融合水平维度测度情况如表 2-9 所示。

表 2-9　2018～2022 年东北地区城乡融合水平维度测度情况

年份	辽宁	吉林	黑龙江
2018	0.557	0.447	0.283
2019	0.512	0.397	0.238
2020	0.567	0.441	0.331
2021	0.507	0.377	0.202
2022	0.591	0.497	0.292

从测度结果可见，辽宁的城乡融合程度较好，吉林、黑龙江的城乡融合水平仍需要提高。三个省份的指标数据都总体呈现上升的态势。总的来说，东北地区由于工业化发展得较早，城镇化率一

直较高。2023 年，辽宁、吉林、黑龙江的城镇化率已达到 73.51%、64.72% 和 67.1%，在全国处于领先地位，但由于可吸纳的农村人口已基本转移进城，城镇化率增长速度已经明显放慢。东北地区的城乡融合水平优于其经济发展水平，这表明尽管东北地区近年来经济发展遇到一些困难，但是城乡融合程度还是较好的。

但是，目前东北地区城乡融合表现出一定的不均衡性，主要体现在以下方面。第一，土地资源的城乡分配不均衡。东北地区以城镇化为引领，推动城市建设和发展，导致土地资源过度向城镇集中，这不可避免地减少了农村发展现代农业的用地，而东北地区是我国最为主要的粮食生产基地，尤其适宜发展大规模机械化农业，农用地的减少不利于农业现代化、机械化的开展。第二，人力资本的城乡分布不均衡。东北地区工业化开始得较早，城镇化率较高。大量农业人口进城谋生导致城市虹吸了农村的人力资源，造成农村地区人力资本储备不足，限制了农村现代化的发展。第三，大城市与小城市的发展不均衡。东北的四大城市（哈尔滨、长春、沈阳、大连）普遍发展较为充分，对周边农村地区的带动作用较强。而小城市由于普遍面临资源相对匮乏、产业结构不够多元化、基础设施不完善等挑战，发展速度相对较慢，对周围农村的带动作用并不明显。

尽管存在上述不均衡性，东北地区在城乡融合发展方面还是取得了一些显著成效。政府积极推动城市建设和发展，吸引了大量的人口涌入城镇地区。各种经济活动和便利设施使得城镇生活更加吸引人。与此同时，农村地区的基础设施也在不断完善，促进了乡村居民的生活质量提升。未来，东北地区将继续推进城乡融合发展战略，加强农村基础设施建设和提升公共服务水平，推动城市建设与乡村振兴相结合，促进城市和农村地区共同发展，实现经济社会的全面进步。

（五）科技创新水平维度评价

经计算得出的 2018~2022 年东北地区科技创新水平维度测度情

况如表 2-10 所示。

表 2-10　2018~2022 年东北地区科技创新水平维度测度情况

年份	辽宁	吉林	黑龙江
2018	0.235	0.201	0.209
2019	0.244	0.320	0.262
2020	0.227	0.266	0.175
2021	0.249	0.263	0.243
2022	0.308	0.294	0.277

从测度结果可见，2019~2021 年东北地区的科技创新水平出现了停滞现象，甚至在吉林和黑龙江还有所下降。究其原因，首先在于东北地区的科技创新投入严重不足。例如，2022 年辽宁的 R&D 经费投入强度排在第 13 位，为 2.14%，低于全国平均值 2.54%。2022 年，辽宁的规模以上工业企业 R&D 经费增长率为 12.51%，也只排到全国第 16 名。科技投入的乏力导致辽宁的科技创新水平增长乏力，并直接反映在科技创新产出方面。吉林、黑龙江的科技创新水平也并不高，科技创新投入不足也是造成这一局面的主要原因。2022 年，吉林和黑龙江的 R&D 经费投入强度排在第 20 名和第 21 名（见表 2-11）。因此，东北地区应该把增加科技研发投入作为未来提高科技创新水平的主要措施。

表 2-11　2022 年各省区市 R&D 经费投入强度、规模以上工业企业 R&D 经费增长率

单位：%

排名	地区	R&D 经费投入强度	地区	规模以上工业企业 R&D 经费增长率	排名	地区	R&D 经费投入强度	地区	规模以上工业企业 R&D 经费增长率
1	北京	6.83	新疆	75.80	3	天津	3.49	宁夏	40.15
2	上海	4.44	海南	67.25	4	广东	3.42	甘肃	26.96

续表

排名	地区	R&D 经费投入强度	地区	规模以上工业企业 R&D 经费增长率	排名	地区	R&D 经费投入强度	地区	规模以上工业企业 R&D 经费增长率
5	江苏	3.12	青海	26.31	19	宁夏	1.57	贵州	12.03
6	浙江	3.11	黑龙江	21.98	20	吉林	1.43	广东	11.27
7	安徽	2.56	河北	19.21	21	黑龙江	1.37	重庆	10.93
8	山东	2.49	内蒙古	17.59	22	甘肃	1.29	天津	10.17
9	湖南	2.41	浙江	16.60	23	云南	1.08	吉林	9.05
10	重庆	2.36	山东	16.13	24	山西	1.07	四川	8.39
11	陕西	2.35	安徽	14.52	25	海南	1.00	北京	7.20
12	湖北	2.33	云南	13.71	26	贵州	0.99	陕西	6.90
13	辽宁	2.14	江苏	13.58	27	内蒙古	0.90	上海	5.84
14	四川	2.14	湖南	13.12	28	广西	0.83	江西	3.50
15	福建	2.04	湖北	12.52	29	青海	0.80	山西	3.41
16	河北	2.00	辽宁	12.51	30	新疆	0.51	广西	2.51
17	河南	1.86	河南	12.24	31	西藏	0.33	西藏	-38.98
18	江西	1.74	福建	12.19	—	—	—	—	—

资料来源：国家统计局。

其次在于产业结构单一且传统产业占比较高。东北地区长期以重工业为主导产业，如钢铁、煤炭、机械制造等，但随着时代的发展，这些产业面临产能过剩、技术更新换代慢等问题。例如，东北的一些钢铁企业，由于市场需求的变化和环保要求的日益严格，传统的生产技术和设备已难以满足新的要求。然而，企业在维持传统生产模式上投入大量资金，导致难以抽出足够的资源用于科技创新。该现象的另一个表现是新兴产业发展相对滞后，缺乏互联网、生物医药等新兴高科技产业的集群效应。与东部沿海地区相比，东北地区在吸引新兴产业投资、培育创新型企业方面存在差距，这使得科技创新的市场需求和应用场景相对有限。

　　最后在于市场活力不足。东北地区的市场经济发展程度相对较低，国有企业占比较大。国有企业在经营决策、资源配置等方面可能受到更多体制机制的约束，对市场变化的反应速度相对较慢。例如，一些国有企业在采购时，需要经过烦琐的审批流程，这可能导致新技术、新设备的应用滞后。还有，民营经济发展不够活跃，民营科技企业数量相对较少、规模较小。民营科技企业往往是科技创新的重要力量，它们在灵活性、创新意识等方面具有优势。但在东北，由于融资环境、市场准入等因素的限制，民营科技企业的发展受到一定程度的抑制。

第三节　新质生产力下东北地区经济高质量发展的前景、使命与任务

　　在新时代，坚持经济高质量发展对于要全面建成社会主义现代化强国、实现第二个百年奋斗目标的中国来说是一项不可或缺的要求。东北地区作为我国重要的农业、工业和能源基地，以及我国沟通东北亚地区的重要桥梁，在高质量发展体系中扮演着重要角色。自党的十八大以来，党中央多次发布关于新时期东北实现全面振兴的规划和政策，习近平总书记也多次在东北考察并发表重要讲话，就体制机制、生态环境、粮食生产和科技创新等议题提出了多项新战略、新指示和新部署，为推动东北全面振兴和全方位振兴提供了方向。在新时代推动东北地区的经济高质量发展过程中，以加快形成新产业、新科技、新业态为核心，实现全面发展是至关重要的。东北地区要实现全面振兴，走出一条高质量发展、可持续振兴的新路径，必须通过革命性创新和划时代突破，促进新产业的发展，实现以技术为驱动的产业升级，并加快形成新质生产力。经济高质量发展在实现东北全面振兴过程中起到重要作用。通过积极发展新产业、新科技和新业态，以及推动传统产业的转型升级，东北地区将不断增强发展的新动能，促进

经济的可持续发展，为全面建设社会主义现代化国家做出积极贡献。

一　新质生产力对于东北地区经济高质量发展的重要意义

2023 年 9 月，习近平总书记在黑龙江考察调研期间曾提到新质生产力的概念。新质生产力是指在信息技术和数字化的支持下，企业通过创新性的生产方式、商业模式和管理方式，提高生产效率、降低成本、改善产品质量、加快产品更新迭代的能力。新质生产力的核心是依靠科技创新、数字化转型和智能化应用，帮助企业提升竞争力，实现可持续发展。经济高质量发展是当前东北地区经济实现转型升级的必由之路。在这一背景下，习近平总书记所提出的新质生产力的重要意义凸显出来，其对于东北地区经济高质量发展具有极其重要的意义。

（一）新质生产力驱动创新创业

新质生产力是指企业在生产过程中运用新技术、新机制、新思维等创新要素，推动生产力整体水平和效益的提升。东北地区作为传统的工业基地，经济发展面临多个方面的挑战，而新质生产力的引入与应用正是推动东北地区经济高质量发展的关键所在。通过引入高新技术、智能制造等新质生产力，东北地区可以实现经济结构优化升级，推动传统产能转型，从而提升产业竞争力和创新能力。同时，新质生产力的发展，将为东北地区创造更多的创业机会。新技术和新产业的兴起，将为创业者提供更大的发展空间和更多的机遇，从而推动当地创业的蓬勃发展。

（二）新质生产力助力实现转型升级

东北地区目前难以摆脱对传统重工业的依赖，产业结构单一，创新动力不足。通过引入新质生产力，可以促进转型升级。例如，引入先进的数字化技术，可以推动传统工业的智能化改造，提高生产效率和质量。新质生产力还能帮助企业实现产业链的延伸和拓展，通过技术创新和品牌创新，提高产品附加值，增加经济发展的新动力。

（三）新质生产力助推绿色发展

东北地区在经济发展过程中，面临资源枯竭和环境污染的压力，而新质生产力的应用，可以帮助东北实现绿色发展，减少对传统能源的依赖，提高资源利用效率。通过推动清洁能源的开发和利用，东北地区可以优化产业结构，实现循环经济，迈向更加可持续的发展道路。

（四）新质生产力带动就业增长

东北地区经济高质量发展离不开就业的稳定增长。新质生产力的引入和应用，将为东北地区创造更多的就业机会。新兴产业的发展，可以吸纳更多的劳动力就业，提高就业率和就业质量。引入新技术和新机制也将提升劳动力的技能水平和就业竞争力，为劳动者提供更多的就业机会和更大的发展空间。

总之，新质生产力对东北地区经济高质量发展具有重要意义。通过推动创新创业、助力转型升级、推动绿色发展和带动就业增长，新质生产力将为东北地区带来更多的发展机遇。东北地区应积极推动新质生产力的引入和应用，加大创新力度，加快产业转型升级，实现经济高质量发展的目标。

二　新质生产力下东北地区经济高质量发展的前景

新质生产力带来的新产业的拓展不仅能直接带动本地经济增长，推动产业结构优化和产业竞争力提升，还能通过溢出效应、乘数效应和扩散效应，为东北地区经济的方方面面带来崭新的发展机遇，让人们看到东北实现全面振兴的光明前景。这些光明前景主要体现在以下方面。

（一）创新驱动的发展

创新是推动经济高质量发展的重要驱动力。在新质生产力的背景下，创新驱动发展将在东北地区具有重要的应用前景。一方面，通过创新驱动发展，东北地区能够打破传统产业的发展瓶颈，推动产业结构优化升级，提升经济发展的质量和效益。另一方面，创新驱动发展也能够有效提高东北地区的综合竞争力，在全球经济一体化的背景下，可以帮助东北地区积极参与国际竞争，实现更高水平的发展。新质生产力还将促使东北地区加大创新力度，培育创新型企业和科研机构，推动科技成果转化和产业升级。通过加强创新能力，东北地区能够提高企业竞争力，实现经济高质量发展。

（二）信息技术的应用

随着信息技术的不断发展，东北地区将迎来新的机遇。通过推动数字化转型，东北地区的企业和产业能够更好地融入全球价值链，提高生产效率和产品质量。应用大数据技术进行数据挖掘和分析，可以帮助东北地区企业了解市场需求、优化生产流程、提升管理效率，该技术能为企业决策提供科学依据。借助人工智能、物联网等技术，企业可以实现设备的自主诊断、预测维护、生产过程优化，提高生产效率和灵活性。东北地区企业还可以通过构建产业互联网平台，实现产业链上下游的信息共享和协同，促进产业协同发展，提高整体竞争力。总之，信息技术的应用将推动新兴产业的发展，为东北地区传统产业转型升级提供新的机遇和可能性，有利于加快推动产业结构调整与升级，提升区域经济发展水平，为东北地区的经济注入新的动力。

（三）绿色发展的机遇

环境保护和可持续发展是当前全球的热点问题，也是东北地区的挑战和机遇。东北地区作为中国的工业基地，过去一直依赖重工业发展，经济增长主要依赖资源能源消耗型行业。随着国家对环境问题的高度关注和经济结构的调整，东北地区开始加大绿色经济的发展力度。在新质生产力的推动下，东北地区有望实现绿色经济的转型，发展清洁能源和环保产业。这不仅将为东北地区创造新的经济增长点，还将提高区域的可持续发展能力。以辽宁省为例，该地区正在积极推动能源转型，发展新能源产业，建设风电、太阳能等清洁能源项目，并推广使用节能减排技术。辽宁省还大力发展循环经济，实现资源的综合利用，减少废弃物的排放。通过资源的高效利用、环境的改善和产业的优化升级，辽宁省将更好实现可持续发展。

（四）区域协同发展

通过引入新质生产力，东北地区可以推动产业升级和创新发展，加强与国内外的合作与交流。通过对外开放，东北地区可以吸引更多的外资和优质资源，提高经济发展的国际化水平。同时，引入新质生产力还将提升东北地区内部的协同发展水平，形成新的地区内部产业和技术联盟，提高东北各地的产业协作水平，推动区域协调发展。此外，引入新质生产力还将推动城乡之间的互联互通和共同发展。通过促进东北地区城乡一体化进程，以城带乡，实现协同发展和共同繁荣。

（五）人力资源优势的发挥

新质生产力是有别于传统生产力的新型生产力，它依靠科技创新发挥主导作用，关注高效能、高质量，区别于依靠大量资源投入、高度消耗资源能源的生产力发展方式。新质生产力与新兴产业、未来产业相互关联，通过积极发展、培育新兴产业和未来产业，以科技创新引领产业全面振兴，将带动东北地区新的经济增长点不断涌现。东北地区拥有丰富的人力资源，包括大量高素质的劳动力、科研人员和专业技术人才。新质生产力的快速发展为东北地区提供了新的机遇，有助于更好地发挥东北地区的人力资源优势。例如，新质生产力的发展将促使东北地区更加注重职业教育和人才培养，提高劳动力素质和技能水平。通过充分发挥人力资源优势，东北地区能够提供高素质的劳动力以支持高质量发展。同时，新质生产力的发展将带动东北地区经济结构的转型升级，为劳动力市场提供更多高薪、高技能的就业机会，吸引更多的人才回流，从而更好地发挥东北地区的人力资源优势。

总之，新质生产力将为东北地区经济的高质量发展带来新的机遇和挑战。通过信息技术的应用、绿色发展机遇的把握、创新驱动的发展、区域协同发展和人力资源优势的发挥，东北地区有望实现经济的转型和升级。我们对东北地区的未来充满信心，相信通过不断努力和创新，东北地区将实现经济高质量发展的目标。

三　新质生产力下东北地区经济高质量发展的使命与任务

（一）新质生产力下东北地区经济高质量发展的使命内涵

随着新质生产力的不断推动，东北地区承担着经济高质量发展的使命。该使命的内涵可以概括为，在新质生产力的大背景下，通过提升创新能力、加快数字化转型、加强生态环境保护、加强人力资本培养、推进区域协同等方式，东北地区可以充分利用新质生产力所带来的机遇，实现经济高质量发展，并最终实现东北全面振兴。

（二）新质生产力下东北地区经济高质量发展的任务

在新质生产力的大背景下，为实现经济高质量发展的使命，东北地区必须加快培育具有东北特色的新质生产力。这也是东北地区经济高质量发展的任务所在。

1. 任务内涵

那么，究竟什么是具有东北特色的新质生产力呢？我们认为可以从以下四个方面对其加以描述及总结。

第一，农业新质生产力的培育。东北地区是我国重要的粮食产区之一，农业是东北地区经济的重要支柱。在推进农业现代化的过程中，东北地区正在培育具有东北特色的农业新质生产力。这包括推广高效节水、节能的农业生产技术，培育适应东北气候条件的新品种，推动农业机械化和智能化等。通过这些努力，东北地区的农业生产效率不断提高，这为农民增收和农业可持续发展提供了有力支撑。

第二，制造业新质生产力的打造。东北地区拥有丰富的工业资源和雄厚的制造业基础，是我国重要的制造业聚集地之一。为了推动东北地区制造业的转型升级，东北地区正在积极打造具有东北特色的制造业新质生产力。这包括发展高端装备制造、先进材料、新一代信息技术等领域，加快建设智能制造、绿色制造等新兴产业，提高产品质量和技术含量。通过这些努力，东北地区的制造业逐渐实现由规模效应驱动向创新驱动的转变，这为东北地区经济发展注入了新的活力。

第三，服务业新质生产力的培育。随着经济的发展和城镇化的推进，服务业已成为推动东北地区经济增长的重要力量。为了培育具有东北特色的服务业新质生产力，东北地区正致力于提升服务质量和水平。这包括加强人才培养和技术创新，推动服务业与互联网、大数据等新技术的融合，培育新的消费模式和消费需求，提供更加个性化、多元化的服务。通过这些努力，东北地区的服务业产值增长迅速，成为引领东北地区经济转型发展的重要支撑。

第四，科技创新新质生产力的推动。科技创新是推动新质生产力发展的重要驱动力。在东北地区，加强科技创新已成为实现东北地区经济转型发展的关键。东北地区积极鼓励企业加大科研投入力度，加强产学研用结合，构建创新生态圈。东北地区还加强知识产权保护和创新成果转化，推动科技成果与产业结合，培育科技创新企业和高新技术企业。通过这些努力，东北地区的科技创新实力不断提升，为新质生产力的培育和发展提供了强大支撑。

2. 任务实现路径

如何加速培育具有东北特色的新质生产力呢？我们认为可以从以下方面入手。

第一，提升创新能力，推动产业升级。新质生产力的发展要求企业不断提升创新能力，推动产业升级。东北地区应鼓励企业加大研发投入力度，培养创新人才，建立健全创新体系。通过加强产学研合作，搭建平台，促进产业和科技创新深度融合，推动东北地区从传统产业向高技术产业转型升级，提高经济发展的质量和效益。

第二，加快数字化转型，优化经济结构。新质生产力的发展离不开数字化技术的应用。东北地区应加快数字化转型，优化经济结构。通过推动企业数字化升级，提升生产效率和质量，推动传统产业向数字化产业转型。加强数字基础设施建设，建立数字产业生态系统，培育数字经济新动能，推动东北地区经济高质量发展。

第三，加强人力资本培养，提高劳动者素质。新质生产力的发展离不开高素质的人力资本。东北地区应增加教育投入，提高职业教育质量，培养适应新技术和新产业需求的高技能人才。通过创新培训模式，提升劳动者的技能水平，提高劳动力素质。只有拥有高素质的劳动力，东北地区才能更好地适应新质生产力的发展要求。

第四，加大对小微企业和创业者的扶持力度。小微企业和创业者是新质生产力的重要组成部分，加大对其的扶持力度有助于推动东北地区产业转型升级。东北地区应加强金融支持，提供优惠融资和贷款政策，降低创业者和小微企业的融资成本。鼓励创业孵化器的建设，提供场地和服务支持。加强对小微企业的培训和指导，帮助它们提升管理和经营能力。

第五，推进区域协同，拓展市场空间。新质生产力的发展需要通过区域协同来实现规模效应与优势互补。东北地区应加强与其他地区的合作，拓展市场空间。通过建设东北亚经济区或产业链合作区，实现资源共享、优势互补，促进东北地区与周边地区的互利合作。加强对外开放，吸引国内外优质资源，推动东北地区经济高质量发展。

第六，优化营商环境，吸引企业投资。营商环境是吸引企业投资的关键因素，优化营商环境有利于培育具有东北特色的新质生产力。东北地区应简化行政审批程序，提高办事效率。降低企业税负，减少企业成本。加强环境保护和生态建设，为企业提供良好的发展环境。

总之，加速培育具有东北特色的新质生产力是一项复杂的系统性工程，需要多项举措同时进行。培育具有东北特色的新质生产力的过程也是实现东北地区经济高质量发展的过程，二者相互促进、交织融合，有力促进东北再次崛起。

区域篇

第三章　辽宁省经济高质量发展研究

第一节　辽宁省各市经济高质量发展水平评价

辽宁省作为东北地区经济发展的重要组成部分，对其各市的经济高质量发展水平进行评价，不仅有利于全面分析各市在东北地区的经济高质量发展中的地位与潜力，还能为因地制宜地制定相应的发展政策和规划提供有力支撑。

一　辽宁省各市经济高质量发展水平总体评价

近年来，辽宁省积极推进经济高质量发展，取得了显著成效。辽宁省各市在经济转型升级、创新发展、绿色发展、社会民生改善等方面均取得了积极成效。

在经济转型升级方面，辽宁省加快了产业转型升级的步伐，尤其是加大了装备制造、电子信息等支柱产业的创新力度。产业结构的转型升级加强了对经济稳定增长的支撑。以重工业城市鞍山为例，近年来鞍山对传统钢铁产业不断进行技术改造，并且对产业结构也进行了多元化调整，有效降低了钢材市场价格波动对整体经济的冲击，展现了其在产业结构调整方面的积极成效。同时，辽宁省其他城市也在不断承接新产业。如辽宁省的葫芦岛市、阜新市和朝阳市的指标数据均出现了上升趋势，其中朝阳市进步最为显著，这说明辽西承接京津冀产业转移政策正在发挥效力。辽宁省各市还大力发展现代服务业，推动金融、旅游、物流等产业快速发展。这些举措有效地提升了辽宁省的经济质量和效益。

在创新发展方面，辽宁省各市高度重视科技创新，加大了科研投入力度，支持企业研发创新。例如，沈阳作为辽宁省的省会城市，高校和科研机构众多，其研发投入占比较高。沈阳的一些高新技术企业如芯源微、拓荆科技、天晴航空航天科技在半导体、航空航天等领域不断加大研发投入力度，推动了技术创新和产业升级。近年来，营口、盘锦等城市在制造业领域有较多的技术创新，盘锦的一些化工企业在新型化工材料研发方面取得了积极成果。此外，辽宁省还积极引进人才，为创新发展提供了有力支撑。在此背景下，辽宁省的高新技术产业发展迅速，成为经济增长的重要引擎。

在绿色发展方面，辽宁省各市在经济发展过程中，始终坚持绿色发展理念，加大了环境保护力度，坚决淘汰落后产能。同时，辽宁省还积极推进清洁能源发展，推动能源结构优化。这些举措为辽宁省实现经济高质量发展目标奠定了坚实的基础。例如，以石油化工为支柱产业的盘锦在石油开采、加工过程中不断降低单位 GDP 能耗，通过采用先进的节能技术和设备，实现了较高的绿色发展水平。本溪是传统的重工业城市，在治理钢铁、煤炭等行业带来的环境污染的过程中，不断增加环境治理投入，使环境治理投入占 GDP 的比重不断提高，空气质量和水质量等不断得到改善。

在社会民生改善方面，在旅游、特色农业等产业发展的带动下，本溪、丹东、营口等城市居民收入持续增长。阜新、抚顺等资源型城市，在产业转型过程中一直保持较低的失业率，说明其在创造就业机会、稳定民生方面取得了成效。在推动经济发展的过程中，辽宁省还注重区域协调发展，如积极支持辽西北等地区发展。辽宁省通过加大基础设施投入力度、优化产业结构等措施，促进区域间经济协调发展，提高了全省经济发展的整体水平。2018~2022 年，辽宁省各市的经济高质量发展水平总体测度情况如表 3-1 所示。

表 3-1　2018~2022 年辽宁省各市经济高质量发展
水平总体测度情况

地区	2018 年	2019 年	2020 年	2021 年	2022 年
沈阳	0.470	0.488	0.476	0.503	0.482
大连	0.553	0.484	0.512	0.519	0.518
鞍山	0.229	0.218	0.229	0.315	0.308
抚顺	0.216	0.209	0.214	0.291	0.194
本溪	0.229	0.205	0.225	0.333	0.249
丹东	0.198	0.194	0.197	0.218	0.207
锦州	0.178	0.170	0.176	0.243	0.232
营口	0.240	0.239	0.217	0.294	0.248
阜新	0.152	0.153	0.154	0.227	0.182
辽阳	0.202	0.217	0.201	0.298	0.172
盘锦	0.259	0.261	0.296	0.377	0.287
铁岭	0.131	0.127	0.136	0.147	0.198
朝阳	0.116	0.114	0.122	0.197	0.234
葫芦岛	0.142	0.135	0.143	0.206	0.185

注：沈抚改革创新示范区于 2017 年成立，由于相关统计数据不完整，暂不考虑该
示范区。下同。

二　辽宁省各市经济发展水平维度评价

2018~2022 年辽宁省各市经济发展水平维度测度情况如表 3-2
所示。从中可见，辽宁省各市经济发展水平维度测度情况与经济高
质量发展水平总体测度情况相关度较高，这意味着必须通过提高经
济发展水平才能提升经济高质量发展总体水平。2018~2022 年，在
辽宁省 14 个城市中共有 11 个城市的水平有所上升，3 个城市下降。
其中，抚顺、丹东降幅较小，表明经济结构尚在调整之中，但基本
面较好。而辽阳下降了 50% 以上，这与其支柱企业忠旺集团近年来
出现巨额亏损有关。鞍山、铁岭水平的上升则说明了其产业结构调

整较为成功，锦州、朝阳、葫芦岛水平的显著上升，说明它们受到了京津冀的产业转移溢出效应的影响。

表 3-2 2018~2022 年辽宁省各市经济发展水平维度测度情况

地区	2018 年	2019 年	2020 年	2021 年	2022 年
沈阳	0.763	0.753	0.687	0.808	0.844
大连	0.833	0.812	0.887	0.716	0.915
鞍山	0.604	0.576	0.388	0.521	0.632
抚顺	0.545	0.514	0.388	0.346	0.406
本溪	0.421	0.467	0.437	0.317	0.507
丹东	0.496	0.416	0.359	0.283	0.395
锦州	0.387	0.392	0.291	0.295	0.615
营口	0.545	0.591	0.391	0.550	0.599
阜新	0.250	0.283	0.257	0.316	0.337
辽阳	0.652	0.499	0.454	0.449	0.320
盘锦	0.560	0.611	0.575	0.677	0.688
铁岭	0.223	0.281	0.095	0.215	0.248
朝阳	0.249	0.157	0.123	0.251	0.457
葫芦岛	0.286	0.228	0.236	0.379	0.439

辽宁省各市近年来 GDP 增速放缓主要是因为，该地区多是传统的工业城市，工业在经济中占比较大，特别是重工业。例如，沈阳的机械制造，大连的造船、石化，鞍山、本溪的冶金，锦州、抚顺的石化，等等。重工业在过去几十年一直是辽宁省经济的支柱。然而，随着时代发展，传统重工业面临设备老化、技术落后、产能过剩等问题，存在技术研发投入不足、产品更新换代慢等现象，导致市场竞争力有所下降，从而影响了整个工业板块的增长速度，进而拖慢了 GDP 的增速。此外，辽宁省各市的民营经济缺乏活力也是 GDP 增速不高的原因。民营企业在创造就业、推动创新和增加经济活力方面有着重要作用，但辽宁省各市的民营经济发展相对缓慢。

民营企业面临融资难、市场准入门槛相对较高等问题。例如，一些民营企业在银行贷款时，由于缺乏足够的抵押物或者信用评级较低，难以获得足够的资金支持扩大生产或进行技术创新。在市场准入方面，部分行业仍然存在对民营企业的限制，这使得民营企业难以进入一些高利润、高增长潜力的领域，从而影响了经济的整体活力和GDP 的增长速度。

三 辽宁省各市社会民生改善水平维度评价

2018~2022 年辽宁省各市社会民生改善水平维度测度情况如表 3-3 所示。从中可见，辽宁省各市 2022 年的社会民生改善水平较 2018 年都有所提高。这表明，近年来辽宁省各市的社会民生都在持续改善之中。究其原因，第一，辽宁省积极出台各项就业政策，如针对高校毕业生的就业创业扶持政策。政府通过提供创业补贴、创业培训等方式，鼓励大学生自主创业，以创业带动就业。例如，在沈阳、大连等地，当地政府设立了大学生创业园区，为创业大学生提供免费或低成本的办公场地、设备设施等资源，同时还提供创业导师指导服务，以提高创业的成功率。对于下岗失业人员，辽宁省各级政府实施再就业援助计划。通过开展职业技能培训，提高下岗失业人员的就业能力，并且举办招聘会等活动，为他们提供就业机会。抚顺等老工业城市针对传统产业转型下岗的工人，开展了与新兴产业需求相匹配的技能培训，如电子商务、家政服务等方面的培训，帮助他们重新走上工作岗位。

表 3-3 2018~2022 年辽宁省各市社会民生改善水平维度测度情况

地区	2018 年	2019 年	2020 年	2021 年	2022 年
沈阳	0.920	0.980	0.885	0.974	0.956
大连	0.929	0.887	0.843	0.983	0.944
鞍山	0.458	0.583	0.458	0.525	0.492

续表

地区	2018 年	2019 年	2020 年	2021 年	2022 年
抚顺	0.457	0.496	0.431	0.470	0.504
本溪	0.482	0.496	0.506	0.543	0.515
丹东	0.332	0.365	0.397	0.384	0.396
锦州	0.359	0.377	0.340	0.348	0.374
营口	0.438	0.505	0.437	0.524	0.506
阜新	0.438	0.286	0.226	0.281	0.568
辽阳	0.438	0.530	0.307	0.391	0.550
盘锦	0.564	0.636	0.556	0.837	0.613
铁岭	0.162	0.179	0.142	0.183	0.212
朝阳	0.162	0.153	0.107	0.343	0.292
葫芦岛	0.208	0.153	0.184	0.241	0.256

第二，辽宁省就业形势的不断好转。随着辽宁省经济结构的不断调整和新兴产业的发展，就业规模持续扩大。制造业在向高端制造、智能制造转型的过程中，虽然取消了一些传统岗位，但同时也创造了许多新的就业岗位，如工业机器人操作与维护、高端装备制造研发等。服务业的快速发展也吸纳了大量劳动力，特别是现代服务业中的金融、物流、信息技术服务等领域，为不同学历和技能水平的人群提供了广泛的就业选择。

第三，辽宁省的社会保障体系不断得到完善。辽宁省不断加大养老保险制度的宣传和推广力度，将更多的人群纳入养老保险体系。不仅养老保险参保人数稳步增加，而且针对农村居民和灵活就业人员等群体推出了不同的养老保险政策。例如，农村居民养老保险参保率逐年提高，是因为通过发放补贴等方式，政府有效鼓励了农民积极参保，提高了农村居民的养老保障水平。

第四，辽宁省的医疗保障体系逐步健全。辽宁省在医疗保障方面不断加大投入力度，使基本医疗保险实现了较高的覆盖率，城市居民和农村居民都能够享受到基本医疗保障服务。同时，医疗保险报销范围不断扩大，一些重大疾病的治疗药物和诊疗项目被纳入报销范围。例如，辽宁省积极响应国家政策，将更多抗癌药物纳入医保报销范围，让更多癌症患者能够减轻医疗负担，提高了患者的医疗可及性。辽宁省的基层医疗卫生服务体系也得到了完善。在全省范围内建设了众多社区卫生服务中心和乡镇卫生院，配备了基本的医疗设备和医护人员，方便居民就近就医，提高了医疗卫生服务的可及性和公平性。

总之，这些举措都有效地提高了辽宁省的社会民生改善水平，也为辽宁省经济的高质量发展提供了有力保障。

四　辽宁省各市生态环境建设水平维度评价

2018～2022 年，辽宁省各市生态环境建设水平整体呈现两极分化的趋势，各市之间存在较大差异（见表 3-4）。沈阳、大连、鞍山、本溪、丹东、营口、盘锦、铁岭、葫芦岛的生态环境建设水平总体呈上升趋势，而其他城市则呈下降趋势。生态环境有所改善的城市所取得的成绩是持续不断践行绿色发展理念的结果。这些城市持续推动产业结构调整和转型升级，努力实现经济与生态环境保护的协调发展。绿色产业、循环经济和低碳发展已成为这些城市发展的重要方向。同时，这些城市持续加大环境治理力度，不仅开展大气、水、土壤污染防治行动，加强环境监管，严厉打击环境违法行为，还积极探索生态补偿机制，推动生态受益地区与生态保护区之间的协调发展，比如通过生态补偿资金的投入，促进生态环境保护与恢复，提高当地生态环境建设水平。而生态环境建设水平下降的城市则原因各异。例如，阜新以煤炭等传统能源产业为支柱，而这些产业在煤炭开采、加工过程中，会产生大量的污染物，如煤矸石的堆积不仅占用土地资源，而且煤矸石中的有害物质可能会渗入土壤和水体，加剧环境污染。同时，煤炭燃烧会释放大量的二氧化硫、氮氧化物和颗粒物等大气污染物，导致空气质量下降。而辽阳的化工产业在发展过程中，如果环保措施落实不到位，化工企业排放的废水可能含有大量的化学物质，如重金属、有机物等，会污染河流、湖泊等水体资源，其废气排放也会对周边大气环境造成污染。阜新、朝阳等地市水资源相对短缺，而水资源的不合理利用，如过度开采地下水，会导致地下水位下降，引发地面沉降等地质灾害，同时也会影响地表植被的生长，破坏生态平衡。一些河流由于上游水资源过度开发利用，下游出现断流现象，河流生态系统遭到破坏。由此可见，改善辽宁省各市的生态环境还需要加大投入力度，并不断开展综合治理，只有持之以恒地努力才能保证经济走上绿色可持续发展之路。

表 3-4　2018~2022 年辽宁省各市生态环境建设水平维度测度情况

地区	2018 年	2019 年	2020 年	2021 年	2022 年
沈阳	0.739	0.667	0.643	0.674	0.960
大连	0.814	0.821	0.830	0.887	0.981
鞍山	0.472	0.470	0.399	0.605	0.639
抚顺	0.693	0.651	0.469	0.675	0.576
本溪	0.616	0.670	0.532	0.781	0.746
丹东	0.494	0.405	0.452	0.469	0.523
锦州	0.564	0.489	0.416	0.479	0.436
营口	0.284	0.203	0.399	0.461	0.642
阜新	0.613	0.607	0.573	0.657	0.471
辽阳	0.532	0.615	0.529	0.846	0.482
盘锦	0.584	0.526	0.611	0.664	0.775
铁岭	0.332	0.407	0.444	0.666	0.551
朝阳	0.211	0.232	0.324	0.621	0.111
葫芦岛	0.379	0.396	0.390	0.629	0.610

五　辽宁省各市城乡融合水平维度评价

2018~2022 年，辽宁省各市城乡融合水平维度测度情况如表 3-

5 所示。从中可见，沈阳、大连、营口、鞍山、抚顺、盘锦、本溪的城乡融合水平较高，其他城市还有很大的提升空间。城乡融合水平较低的城市主要是因为经济发展相对较慢，地区生产总值和居民收入水平较低。这导致了城市和农村之间的差距较大，城乡融合程度难以提高。还有一个重要原因在于这些城市的产业结构以农业为主，工业和服务业发展相对滞后。这使得城市和农村之间的经济联系不够紧密，城乡融合程度不高。另外，辽宁省的城市基础设施相对较好，而农村地区的基础设施建设有待完善。这使得城乡之间的差距拉大，城乡融合程度难以提高。总之，辽宁省部分城市城乡融合程度低的原因主要是经济发展水平、产业结构、人口流动、教育资源和基础设施等方面的差异。因此为了提高城乡融合程度，辽宁省需要加大农村地区的发展力度，优化产业结构，提高农村居民收入水平，改善农村基础设施和教育资源，促进城乡经济、文化、社会等方面的均衡发展。

表 3-5　2018~2022 年辽宁省各市城乡融合水平维度测度情况

地区	2018 年	2019 年	2020 年	2021 年	2022 年
沈阳	0.820	0.808	0.925	0.933	0.916
大连	0.812	0.794	0.976	0.941	0.936
鞍山	0.456	0.571	0.524	0.619	0.712
抚顺	0.624	0.501	0.606	0.599	0.686
本溪	0.618	0.491	0.582	0.597	0.587
丹东	0.385	0.305	0.553	0.554	0.448
锦州	0.303	0.238	0.390	0.369	0.478
营口	0.755	0.614	0.705	0.732	0.794
阜新	0.471	0.382	0.525	0.534	0.386
辽阳	0.371	0.269	0.508	0.419	0.297
盘锦	0.491	0.390	0.667	0.614	0.611
铁岭	0.262	0.225	0.336	0.309	0.182

地区	2018 年	2019 年	2020 年	2021 年	2022 年
朝阳	0.135	0.103	0.214	0.181	0.251
葫芦岛	0.137	0.125	0.258	0.231	0.262

六　辽宁省各市科技创新水平维度评价

2018~2022 年，辽宁省各市科技创新水平维度测度情况整体呈现上升趋势（见表 3-6）。其中，大连、沈阳、鞍山指标较高，说明这些城市的科技创新能力较强，科技活动较为活跃。但是与发达省份的同等体量城市相比，辽宁省各市的科技创新水平还是相对较为落后。其最主要原因是科技创新投入不足，还有就是在新兴产业如大数据、人工智能、新能源等领域，沈阳、大连、鞍山等龙头城市的创新生态还不够完善，与发达地区相比，缺乏具有国际影响力的科技领军企业来带动产业发展。同时，新兴产业的创新创业氛围不够浓厚，相关的创业孵化平台、科技金融服务等还不够完善。例如，在人工智能领域，辽宁省各市的企业数量较少，规模也相对较小，缺乏像百度、科大讯飞这样的行业巨头来引领技术创新和产业集聚。为扭转这一局面，辽宁省各级政府应加大对科技创新的财政支持力度，为科研机构和企业提供更多的研发资金，鼓励技术创新和研发活动。同时，引导社会资本进入科技创新领域，建立多元化、多层次的科技创新投入体系，还要引导企业自主进行技术创新和产品革新，提高企业的核心竞争力，培育一批具有创新意识的企业家，推动企业成为科技创新的主体。

表 3-6　2018~2022 年辽宁省各市科技创新水平维度测度情况

地区	2018 年	2019 年	2020 年	2021 年	2022 年
沈阳	0.779	0.790	0.827	0.793	0.836
大连	0.835	0.893	0.946	0.904	0.930

地区	2018 年	2019 年	2020 年	2021 年	2022 年
鞍山	0.533	0.680	0.738	0.773	0.784
抚顺	0.527	0.536	0.537	0.558	0.642
本溪	0.461	0.275	0.346	0.359	0.538
丹东	0.578	0.527	0.546	0.561	0.637
锦州	0.429	0.395	0.530	0.449	0.521
营口	0.361	0.397	0.399	0.428	0.488
阜新	0.335	0.424	0.301	0.394	0.435
辽阳	0.426	0.363	0.369	0.462	0.474
盘锦	0.421	0.448	0.438	0.605	0.652
铁岭	0.323	0.314	0.330	0.343	0.422
朝阳	0.338	0.378	0.336	0.417	0.356
葫芦岛	0.508	0.352	0.468	0.416	0.698

第二节　辽宁省各市经济高质量发展水平时空特征分析

作为东北三大省份之一，辽宁省拥有优越的地理位置、丰富的资源和多元化的产业发展，是东北地区的经济引擎，在整个东北地区的振兴和发展中具有重大战略地位。近年来，辽宁省在经济、社会和生态等方面都取得了显著成效，为进一步推动经济高质量发展奠定了坚实的基础，有望为整个东北地区的振兴做出更为显著的贡献。

一　辽宁省各市经济高质量发展时序特征分析

2018~2022 年，辽宁省各市经济高质量发展指数的变化趋势总体可分为两个阶段：2018~2019 年，辽宁省各市的经济高质量发展水平在总体上呈现下降趋势；2020~2022 年，辽宁省各市的经济高质量发展指数在总体上呈现上升趋势。2019 年，疫情冲击、经济增速减缓、生态环境建设不到位、城乡融合水平降低和创新能力不足等对经济高质量发展产生了不利影响，导致辽宁省大部分地市的经济高质量发展指数出现下滑。2020 年，经济高质量发展指数略微提高，这主要归因于各市城乡融合水平和科技创新水平的提高。这说明辽宁省经济高质量发展需进一步协调城乡发展，加大对企业或机构的技术创新投入与政策支持的力度。2021～2022 年，各市的经济高质量发展指数高于 2020 年，主要是因为社会民生改善水平和生态环境建设水平的提高。经济发展、城乡融合和科技创新相关指标存在不同程度的上下波动。由此可见，继续推进生态环境建设、完善社会民生改善与保障制度、鼓励创新发展、积极进行城乡一体化建设是辽宁省各市在未来推动经济高质量发展的关键要点。

（一）经济发展呈现稳中向好的发展态势

辽宁省全省坚持科学发展观，高效统筹经济社会发展。2018～2022 年，从辽宁省各市经济高质量发展指数的总体测度情况可以直观地看出辽宁省多数城市的经济高质量发展指数总体呈上升趋势。为促进经济快速增长，辽宁省各市积极开展促消费活动，推出覆盖多个行业的补贴，消费市场呈现加快恢复态势。在对外开放方面，辽宁省制定《辽宁省人民政府关于优化口岸营商环境促进跨境贸易便利化工作的实施意见》，不断推进跨境贸易的高质量发展。辽宁省各地市的外贸依存度在 2020 年出现小幅度下降，随后在 2021 年又出现了回升。由此可见，辽宁省具有较好的外贸发展环境与基础，应进一步鼓励与重点国家地区的外贸合作、提升开放平台引资质量，充分发挥沈阳市、大连市、营口市等自由贸易试验区的带动作用。

（二）社会民生明显改善

近年来，辽宁省在社会民生发展方面取得了一定的成效。在收入方面，2018~2022 年辽宁省 14 个城市的人均可支配收入呈现逐年上升趋势，城乡居民收入倍数差逐年缩小，这些数据体现了社会民生改善工作的有效进行。2023 年，辽宁省城镇居民人均可支配收入和农村居民人均可支配收入分别达到了 45896 万元和 21483 万元，比 2018 年增长了 22.91% 和 46.58%。2023 年，大连市城镇居民人均可支配收入和农村居民人均可支配收入分别达到了 53689 元和 26430 元，比 2018 年增长了 23.28% 和 46.00%。2023 年，沈阳市城镇居民人均可支配收入和农村居民人均可支配收入分别达到了 53650 元和 24197 元，比 2018 年增长了 21.78% 和 46.38%。

在就业方面，辽宁省通过出台创业支持政策、投资职业技能提升项目、开展劳务输出等举措来促进就业和改善劳动力市场。然而，从辽宁省各市的城镇调查失业率来看，就业形势不容乐观。2023 年，全省 14 个城市的平均城镇调查失业率为 5.3%，相较于 2018 年增长了 1.4 个百分点，增幅明显。辽宁省各市在现有的综合性就业政策的支持下，继续增加创业孵化基地数量，推动互联网产业发展，以提供更多的就业岗位，全力促进高校毕业生多渠道就业创业。

在社会保障发展方面，辽宁省的养老服务体系、医保体系和公共服务体系仍面临巨大的挑战。随着人口老龄化的发展，养老问题不容忽视，辽宁省应将这一问题置于城市发展过程中的关键位置。然而，对于一些社会民生改善水平相对滞后的城市，如铁岭市和葫芦岛市，养老服务体系等的发展受到城乡收入、医疗保障和公共设施等因素的限制。2021 年，朝阳市养老保险参保人数比例大幅提高，使该市社会民生改善水平明显提高。但辽宁省各市的社会民生改善水平发展不均衡、各市之间差距较大的问题亟须关注。

（三）生态环境建设工作取得积极进展

辽宁省正在坚定不移地走保护生态环境的绿色发展之路，在推动全省各市生态文明建设和生态环境保护方面取得了新进展、新成效，2018~2022年，辽宁省不少市生态环境建设水平有所上升。近年来，辽宁省通过关闭高污染工厂、控制工业排放、建立自然保护区等措施改善环境质量，全省在污染排放、资源利用和环境保护等方面取得了显著成效。结合现实情况，在大气环境质量改善方面，各市单位GDP二氧化硫排放量持续减少，2022年沈阳市、大连市和盘锦市的单位GDP二氧化硫排放量均低于2吨/亿元。由此可见，较好的经济基础能够为地区生态环境建设提供更多的支持。而2022年阜新市、本溪市和朝阳市的单位GDP二氧化硫排放量均高于10吨/亿元，这意味着大气环境工作仍不可松懈，应继续加大空气质量监管力度。在垃圾无害化处理方面，辽宁省14个城市的生活垃圾无害化处理率均为100%，表明辽宁省在城市污染治理方面已经达到了较高的水平。在污水处理方面，2022年辽宁省14个城市的污水处理厂集中处理率表现得不尽如人意，诸如河北、内蒙古、山西、吉林等北方省份该指标普遍在95%以上，一些城市能达到100%。而辽宁省较为重要的城市，即沈阳和大连却未能达到100%。不仅如此，营口为92.59%、丹东为91.4%，而抚顺仅为89.45%，在全东北名列倒数第二。因此，提升污水处理能力对辽宁省生态环境建设显得极为重要。总之，辽宁省各市应加强环境保护法规的制定与执行：制定和完善地方性环境保护法规，严格执行国家环境保护标准，确保各项环保措施得到有效实施。同时，还要鼓励和支持绿色技术的研发与应用，推动产业结构和能源结构的优化升级，减少污染物排放，以此提高生态环境建设水平。

（四）城镇化发展不断优化，城乡融合水平有所提高

城乡融合发展是东北振兴的重要推动力，辽宁省在城乡建设高质量发展新路上发挥着引领作用。"十三五"时期，辽宁省持续深化户籍制度改革，实现近百万人的农业转移人口进城落户。从城镇化率的统计数据来看，2018~2023年辽宁省各市的城镇化率逐年提升，

其中沈阳市和大连市的城镇化率最高。2023 年，沈阳市城镇化率为 85.12%，大连市为 82.93%。沈阳市作为省会城市，在通过工业发展推动城镇化进程的同时，制定城市化政策鼓励人口向城市迁移。大连市通过完善城市基础设施和公共服务设施，吸引农村人口的迁入，其新兴产业的不断发展为更多的人提供就业创业机遇，具有较强的人口吸纳能力。2023 年其他一些城市的城镇化率为：本溪 70.37%、抚顺 68.95%、盘锦 77.4%、鞍山 53.4%、丹东 46.01%、营口 53.14%、辽阳 68.4%、锦州 42.3%、阜新 42%、葫芦岛 56.62%、朝阳 51.68%、铁岭 43%。为加快城乡融合，辽宁省各市普遍采取的政策包括大力发展现代农业、农产品加工业和农村旅游业等产业，推动城乡产业互动融合。同时，各市还加强农业科技创新和农业现代化建设，提高农业生产效率，促进农民增收。加强基础设施建设，优化城乡交通、能源、水资源等资源的配置，推动城乡资源共享，提高城乡发展的协同性。

（五）科技创新发展效果逐渐显现

东北地区工业体系完备但科技创新活跃度较低，因此深入推动科技创新发展能够为高质量发展蓄势赋能。分析 2018~2022 年辽宁省各市科技创新水平维度的测度情况可以看出，14 个地市的科技创新水平整体呈现上升的趋势。仔细分析各项评价指标可见，各市存在明显差异。首先，在科技人员的投入方面，大连市的规模以上工业企业 R&D 人员数量远远超过其他城市，沈阳市虽然仅次于大连市，但二者之间存在较大的差距，而且同发达地区城市的数据相比，差距更大。由此可见，辽宁省各市研发人员不足。在拥有丰富科教资源的前提下，辽宁省应优化人才吸引计划，增加科技创新平台。其次，在科研资金投入方面，各市之间差距明显，2022 年沈阳市、盘锦市和大连市的 R&D 经费投入强度均超过 2%，而排在辽宁省最后一名的铁岭市的 R&D 经费投入强度低于 0.5%，该市科技创新水平较低的主要原因就是 R&D 的经费投入强度较低且科技产出不高，而足够的科研资金和人力资本是科技创新水平提高的基本保障。再次，多数地区的企业 R&D 与全社会 R&D 之比和 R&D 经费投入强度的发展情况相一致，企业的科技创新是地区科技创新能力提升的重要支撑。辽宁省大力鼓励产业创新，制定"双百计划""壮大科技型企业群体"等决策加快推进全省科技型企业的发展，为科技强省建设提供强劲动力。最后，辽宁省各市的万人发明专利授权数的数据显示，沈阳市和大连市依旧是全省的科技产出的主力军。总体来看，辽宁省具有创新基础好、产业雄厚的优势，但创新的投入和产出存在一些问题有待解决。应坚持创新在现代化建设全局中的核心地位，把科技创新作为辽宁省振兴发展的战略支撑，面向世界科技前沿、面向经济主战场、面向国家重大需求、面向人民生命健康，深入实施科教兴省战略、人才强省战略、创新驱动发展战略，塑造发展新优势，建设高水平创新型省份。

二 辽宁省各市经济高质量发展空间特征分析

（一）城市经济高质量发展不均衡

2018~2022 年，辽宁省各市总体的经济高质量发展空间格局基本稳定。2018~2022 年，辽宁省各市整体的经济高质量发展指数有不同程度的提高，但不同区域之间存在显著差异。[①] 分析各个城市的空间分布可知，经济高质量发展指数较高的城市多位于辽宁省的东部和南部，经济高质量发展指数较低的城市多位于辽宁省的西部和北部。

（二）沈阳都市圈内部发展不均衡

沈阳市作为辽宁省的中心城市，且位于东北地区的核心位置，

---

① 蒲雨池等：《空间治理视域下辽宁省高质量发展的空间关联性分析》，《地域研究与开发》2023 年第 3 期。

拥有良好的经济发展基础和政策优势，从该市在五大维度的发展趋势来看，未来应利用好高校和研究院所的人才和技术资源，进一步提高科技创新水平。《数字沈阳发展规划》对沈阳市科技发展提出了更高更具体的要求，旨在提高沈阳市未来产业数字化和智能化的发展效率。沈阳市对沈阳都市圈的城市（鞍山、抚顺、本溪、阜新、辽阳、铁岭）有很强的辐射和引领作用，但周边城市受到沈阳的辐射影响强弱不一。为了更好地发挥沈阳市对周边城市的带动作用，沈阳及周边各市应继续推进 GDP 增长、居民收入与消费提高、对外开放、就业与社会保障完善等措施，着力形成经济稳健、区域协调发展、产业融合的新格局。鞍山市的经济高质量发展主要得益于经济发展和科技创新，该市能够充分利用区位优势和产业发展基础优势，从技术创新入手，提高产业生产效率。本溪市的科技创新水平仍有较大的提升空间，应进一步加大对科技创新人才和资金的投入力度，促进企业、国家农业科技园区、医疗研究机构等的科技成果转化。辽阳市紧邻沈阳市，应完善城乡融合发展政策并积极依靠科技创新实现产业转型升级。抚顺市、铁岭市、阜新市近几年的经济高质量发展迟缓，应该尽快进行产业结构调整，向新能源、新材料、现代化农业等领域转型升级。

（三）沿海地区城市经济发展优势明显

辽宁沿海经济带包括大连市、丹东市、锦州市、营口市、盘锦市和葫芦岛市 6 个沿海城市所辖行政区域，《辽宁沿海经济带高质量发展规划》中强调推动辽宁沿海经济带高质量发展是促进辽宁振兴发展、推动东北振兴取得新突破、高水平参与东北亚区域合作的关键举措。6 个城市在经济发展、社会民生改善和科技创新方面取得了一定的成绩。大连市拥有区位优越、经济基础雄厚、资源丰富等综合优势，2018~2022 年一直位居东北 GDP 第 1 名，应充分发挥辐射带动作用，推动辽宁沿海经济带整体发展。丹东市作为边境城市，具有对外贸易和物流合作的优势，其经济发展水平有巨大的提升潜力。科技创新水平的提高是丹东市经济高质量发展指数提升的关键因素，但是在转变生产模式的同时，要注意深入推进生态环境建设的重点工作。锦州市在各个维度上的发展较为均衡，但锦州市的生态环境建设水平较为滞后，减少碳排放和治理城市污染应作为以后工作的重点。另外，该市在科研发展的人员投入、资金投入和教育支出方面有显著的成效，是其经济高质量发展的动力。盘锦市经济发展较好，虽然该市在不断加大石化装备、铝制品装备和海工装备等产业的科技投入与政策支持力度，但其智能制造项目建设仍不完备，数字化产业和产业数字化仍是该市发展要点。营口市地处沿海，经济发展水平在很大程度上会受到大连市的带动影响。社会民生改善水平和城乡融合水平的提高是影响该市经济高质量发展的重要因素，这反映出在以人为本的高质量发展背景下，人口就业、收入、公共设施和社会保障是推动经济高质量发展的关键力量。但该市科技创新和生态环境建设相对滞后，减缓了经济高质量发展的速度。葫芦岛市应尽快补齐社会民生改善水平、城乡融合水平不高的短板，充分发挥产业丰富的优势，促进经济进一步高质量发展。

（四）辽西及辽北地区经济发展相对滞后

辽宁省西部和北部地区的经济高质量发展程度较为落后，该区域包括阜新市、朝阳市和铁岭市。这些城市拥有的煤炭、石油、天然气等资源很好地推动了当地工业和能源产业的发展，这也是该区域经济增长的重要支撑。阜新市受到区位条件一般、人才流失、科研资金不足、城乡发展不协调等因素的限制，经济发展水平未明显提高，该市发展潜力尚未被充分挖掘和利用。朝阳市近年来的经济实力有显著提升，其新兴产业产值、居民消费、城乡居民收入、城市环境治理、科研投入等方面都有明显的改善，但面临生态环境建设和城乡融合发展的挑战。虽然铁岭市在生态环境建设方面的工作效果较为显著，但该市在城市管理方面应继续加强以公共环境为主的治理、辽河生态的保护和水利工程的建设。除此以外，铁岭市应充分利用产业资源优势，增加对科技项目的投资，鼓励高新技术企业的发展与扩大，加大对铁岭经济开发区的支持力度。从阜新市、朝阳市和铁岭市的经济高质量发展指数数据可以看出，辽宁省西部和北部地区的多数城市距离省会较远，这些城市因城乡发展不协调、城镇调查失业率较高以及相对滞后的经济发展而面临人才流失的问题，因此制定吸引人才和人才留存的政策、提供更好的教育和生活条件是解决问题的关键。另外，辽西和辽北地区城市的科技创新水平与辽南和辽中地区城市之间存在较大差距，而企业创新能力不足就难以应对市场竞争，因此这些城市应大力推动绿色产业发展，加大创新投入力度，以促进产业升级和转型，加快经济高质量发展的步伐。

第三节　案例：朝阳市经济高质量发展情况①

一　朝阳市经济高质量发展成效

党的十八大以来，朝阳市积极推动经济走高质量发展路线，经济发展取得重大成就，经济总量从 2012 年的位列全省第 11 名上升到 2023 年的第 7 名。经济高质量发展的成效主要体现在以下方面。

（一）科创主体创新能力持续提升

朝阳市引进一批创新主体，加强重点领域项目、平台、人才、资金一体化配置，支持企业成为技术创新决策、研发投入、科研攻关、成果转化的主体，激发各类主体创新激情和活力，提升整体科技创新水平；围绕京津冀、长三角、珠三角地区高校、科研院所及

---

① 本部分数据来源于朝阳市人民政府官网及内部资料。

科技型企业优势科技资源，采取"部门招商"和"以商招商"相结合的方式，结合朝阳市重点产业创新发展"一县一业"需求，依托龙头骨干企业，引进链上高科技企业项目开展合资合作。全力实施"苗企—科技型中小企业—高新技术企业—雏鹰企业—瞪羚企业"梯度培育工程。"十四五"以来，朝阳市注册科技型中小企业达 920家，高新技术企业达到 179 家，其中规上高新技术企业有 114 家，雏鹰企业、瞪羚企业达到 87 家。朝阳市还充分发挥朝阳市科技金融担保有限公司的支撑作用，累计为 317 家各类创新主体，提供科技金融担保 6.4 亿元。充裕的科研资金促使企业自主创新能力不断提高，推动科技型企业数量和质量同步提升。"十四五"以来，朝阳市各级政府培育朝阳晟博粉末冶金制品有限公司、辽宁恒杰宠物用品有限公司等 68 家企业晋升国家高新技术企业；支持辽宁博艾格电子科技有限公司、朝阳市金麟铁精粉有限公司等 35 家企业晋升省级瞪羚企业；助力朝阳金美镓业有限公司、朝阳美乐电子科技有限公司等 16 家企业晋升省级雏鹰企业。2022 年，朝阳市 416 家规上企业中，申报 R&D 经费的企业有 110 家，其中，规上高新技术企业达 98家，占比 89.09%，同比增长 24.05%。

（二）人才引进、培养战略取得重大进展

朝阳市实施以"大学院所进园区进企业"为统领的系列人才工程，加强各类人才队伍建设，优化人才发展环境，打造人才服务体系。自 2021 年以来，柔性引进高层次人才 3250 人，培养技能型人才 26446 人、农村实用人才 14039 人。2021 年以来，朝阳市 300 余家域内企业与 100 余所省内外高校及科研院所开展合作，落地转化科技成果 357 项。朝阳市还积极衔接国家和省级各类人才引进计划，积极向上争取人才培养项目，如中共中央组织部 5 名博士服务团成员到朝阳市挂职副市长和副县长，朝阳市选派 3 名青年"西部之光"访问学者，赴农业农村部规划设计研究院、中国矿业大学（北京）

和北京协和医院研修学习。向上争取省科技特派团、驻朝科技特派团达 37 支。2022 年，朝阳市实施"兴辽英才计划"举荐遴选工程，组织开展"千名专家进园区"活动，充分发挥本土专业技术人才作用，引导本土专家组建团队下沉一线对接产业项目，助力产业发展，共对接项目 868 个，参与专家达 7507 人次。朝阳市还实施"乡村人才振兴"工程，围绕主导产业，以"基层农技人才+外省大学及科研院所+企业"的模式进行产学研合作。培育农村实用人才 14039 人，培训农村实用人才和农民技术员 28599 人次，配备农业技术员 3469 人。

（三）绿色发展取得积极成效

围绕水环境改善，朝阳市加强对集中式饮用水水源的保护，加快入河排污口综合整治，严格落实河长制，不断提升水环境质量。2022 年，朝阳市 13 个国控断面优良水体比例达到 100%，达到考核要求，县级以上集中式饮用水水源地水质达标率为 100%。同时，经过积极整治，朝阳市空气质量明显改善。朝阳市组织 700 余家工业企业开展了重污染天气绩效评级，督促责任单位编制了"一厂一策"应急减排方案。2022 年，北京冬奥会、冬残奥会期间朝阳市空气质量达标率为 100%，是全省唯一未发生污染天气的城市。2022 年，细颗粒物（PM2.5）平均浓度为 $27\mu g/m^3$，优良天数达 344 天，优良天数比例为 94.2%。此外，朝阳市的能源和矿产资源的节约利用水平不断提高。近年来，朝阳市强化了大宗固体废弃物综合利用示范基地建设，使各示范基地吸收的主要大宗固体废弃物，如尾矿（共伴生矿）、煤矸石、粉煤灰、冶金渣（钢铁废渣）、化工渣（工业副产石膏）、工业废弃料（建筑垃圾）、农林废弃物（秸秆）和城市生活垃圾等综合利用率达到 64%。

（四）坚持共享发展，民生保障体系进一步完善

在民生保障方面，朝阳市同样进步明显，主要体现在以下方面。

第一，人民收入水平不断提高。2021年11月1日，朝阳市最低工资标准由1480元/月上调为1580元/月，小时工资由15元/小时上调为15.9元/小时。这显著提升了朝阳市人民的收入水平。第二，高质量就业的促进机制不断完善。截至2023年2月末，朝阳市城镇新增就业2359人，完成年度计划1.5万人的15.73%；城镇失业人员再就业3587人，完成年度计划1.9万人的18.88%。朝阳市还积极争创省级创业型城市和公共就业创业服务示范城市，具有朝阳特色的"一中心，多基地"双创赋能生态链条正在形成，就业创业工作始终保持全省领先。截至2023年6月末，朝阳市举办各类招聘会376场，集中发布岗位信息11.86万条，实现就业0.69万人；就业困难人员实现就业734人，完成年度计划2100人的34.95%。

（五）坚持开放发展，"向京向海"战略初见成效

朝阳市坚持陆海统筹，深度融入双循环新发展格局，全力推进国家级承接产业转移示范区建设和融入京津冀协同发展战略先导区建设，对内对外开放合作取得新突破。这些进展主要体现在以下方面。

1. 全力推进国家级承接产业转移示范区建设

2020年以来，朝阳市人民政府办公室印发《朝阳市承接产业转移示范区发展规划（2021—2025年)》和《朝阳市承接产业转移示范区2022年工作方案》，全力推进朝阳市承接产业转移示范区建设。累计争取中央预算内资金1.02亿元。借助进博会、广交会、辽洽会等开放合作平台，相继签约377个高质量项目。

2. 主攻双循环格局下高质量承接优质产业转移

朝阳市坚持南方北方"双区并重""走出去、请进来""双向发力"，以京津冀、长三角、珠三角地区为重点，加大区域合作力度，加强重点项目跟踪洽谈和重大项目推介，在更大开放格局中实现产能互补、优势互补，签约引进华润集团年产30万立方米啤酒生产基地、通美晶体砷化镓晶片半导体材料、华源电力抽水蓄能电站、金

风科技风电产业基地、晶澳朝阳综合新能源产业基地、上海经易半导体电子材料生产等项目。2023 年上半年，引进外省资金实现232.74 亿元，完成全年目标 378.5 亿元的 61.5%，同比增长 14.7%。

3. 全力推进融入京津冀协同发展战略先导区建设

朝阳市牢牢把握"成为辽宁开放合作的西门户和新增长极"这一定位，以建立"三大基地"为目标，成立由市委、市政府主要领导任"双组长"，市政府分管领导任副组长的朝阳市融入京津冀协同发展战略先导区领导小组，构建市县两级协同推进体系，全力推进先导区建设，累计争取上级专项资金数额位列辽西三地市第一。截至 2023 年 6 月，已经实现 35.6% 的优质农产品供给京津冀市场；朝阳市 A 级旅游景区接待京津冀地区游客人数增长 10 倍；清洁能源装机占比达到 70.5%。

4. 创新对外开放新模式

2021 年以来，朝阳市深入开展了"资金困难情况调研""优化便企"等稳外资专项活动，不断提升外资服务水平。严格落实商务服务员制度。加强与市场监管局等审批部门的沟通联系，为境外投资者办理备案、增资手续提供便利，为有效促进外商投资提供良好的营商环境。2021 年，朝阳市实际使用外资 2393 万美元，位居全省第 7名；2022 年，朝阳市实际使用外资 2659 万美元，增速达 11.1%，位居全省第 6 名；2023 年，朝阳市实际使用外资 5030 万美元，同比增长 89.2%，总量位居全省第 5 名，增速位居全省第 4 名。朝阳市紧紧围绕"1+3+N"重点区域，充分利用长三角、珠三角外资招商活动和投洽会、东博会等多种平台，开展外资招商活动 30 余次，通过外商内招、外资内引等方式，高质量引进中电国际、华润电力、全兴体育用品等 16 家外商投资企业，合同外资额达 3.74 亿美元。

二 朝阳市经济高质量发展面临的制约

目前，朝阳市发展不平衡不充分问题依然突出，开放水平有待提高，科技创新能力有待增强，生态绿色发展格局有待巩固。

（一）产业结构调整还需发力，现代化产业体系还不完善

朝阳市的产业发展比较滞后，多点支撑的产业结构尚未形成。工业方面，产业结构偏重、偏铁、偏矿，规模以上工业企业中"老字号""原字号"企业占比高达90%以上，且产业链条不长、精深加工不足，"一业独大、低端主导"的局面尚未根本扭转。

（二）研发投入强度较低，科技创新能力不高

朝阳市科技创新能力还有待提升，缺少有效支撑产业发展的重大科技创新平台，省级专业技术创新中心仅25家，占全省的比重仅为3%，各类创新平台对企业技术创新支撑能力不足，对产业发展带动作用较弱。财政科技投入不足和企业创新主体地位不突出导致朝阳市研发投入强度较低。

（三）跨区域对内合作水平有待提升，对外开放水平还不高

辽冀蒙区域性物流中心建设水平不高。经济规模不足千亿元，难以支撑起物流快速发展。园区发展理念落后，项目建设规模较小。综合物流运输体系尚未形成、航空物流发展滞后、航线网络覆盖面窄、货运能力不足等问题明显，高铁物流尚未取得实质性发展成果；公路运输占比较大，传统运输仍是主流，甩挂运输、多式联运等发展缓慢，无缝衔接的综合物流运输网络体系尚未形成。与京津冀地区的对接合作更多着眼于单向输出，缺乏顶层合作交流的载体，尚未形成双向融通的合作模式，在产业链、价值链和供应链上未真正与京津冀地区实现嵌入式融合发展。朝阳市在推进"转身向海"战略过程中，对外开放水平的提升成效还不明显。进口产品以橡胶、矿石等为主，产品结构单一，进口情况容易受国际价格波动影响。出口产品中矿山机械设备制造类居多，产品附加值不高、产品质量不稳定。

（四）生态环境保护与治理还存在薄弱环节，生态系统仍然脆弱

受地形、气象等因素，加之经济结构偏重、能源结构偏煤、交通运输结构偏公路等因素影响，朝阳市空气质量持续改善的压力较大。朝阳市气候干旱少雨，生态补水不足，水体自净能力差，污水处理能力不足，河流水质达标压力大。生态环境治理成效尚不稳固，森林草原生态系统整体仍较脆弱，土地质量问题依然严峻。

三　推动朝阳市经济高质量发展的建议

（一）进一步优化政治生态，营造良好营商环境

朝阳市委、市政府引导党员、干部树立正确的政绩观，激发干事创业热情，解放思想、转变观念，增强市场意识、服务意识，克服形式主义、官僚主义，全面构建亲清统一的新型政商关系。要善于运用法治思维和法治方式解决问题、化解矛盾、协调关系，加强诚信建设，加强知识产权保护，常态化开展扫黑除恶，为各类经营主体创造稳定、透明、规范、可预期的法治环境。要抓紧化解地方债务风险，加快中小型金融机构风险处置，优化金融监管体制，重塑健康金融环境。

（二）继续深化综合改革，形成多种所有制企业共同发展良好局面

朝阳市要继续深化国有企业改革，实施国有企业振兴专项行动，提高国有企业核心竞争力，推动国有资本向重要行业和关键领域集中，强化战略支撑作用。创新央地合作模式，促进央地融合发展，更好带动地方经济发展。支持、鼓励、引导民营经济健康发展，实施更多面向中小企业的普惠性政策，形成多种所有制企业共同发展的良好局面。深入推进金融机构改革化险，支持朝阳银行按照"好

银行"标准在全省立标打样，推动农信机构改革如期完成。深化财税体制和预算管理制度改革，建立权责清晰、财力协调、区域均衡的财政关系。深化农村综合改革，巩固和完善农村基本经营制度，稳慎推进农村宅基地"三权分置"改革，全面激发农村发展活力。推进要素市场化改革，健全要素市场运行机制。

（三）通过科技创新加快构建具有朝阳特色优势的现代化产业体系

朝阳市要通过自主创新，在巩固存量、拓展增量、延伸产业链、提高附加值上下功夫。一是推动传统制造业数字化、网络化、智能化改造，加快形成"新质生产力"，推动产业链向上下游延伸，形成较为完善的产业链和产业集群。二是深入实施"工业强市"战略，着力打造现代钢铁冶金、有色金属新材料、非金属新材料、畜牧产品精深加工、种植产品精深加工、林果产品精深加工 6 条产业链，推动"原字号"由短拉长。三是着力打造汽车整车、汽车零部件、环保装备制造、智能装备制造、机械装备制造、纺织服装 6 条产业链，推动"老字号"由硬变软。四是着力打造半导体新材料、电子信息、数字经济、清洁能源、生物医药和医疗器械 5 条产业链，推动"新字号"由小做大做强。

（四）加快建设现代化基础设施体系，提升对内对外开放合作水平

一是加快建设现代化基础设施体系，强化对内合作。要系统布局建设现代基础设施体系，加快论证和建设油气管道、高铁网和铁路网、新型电网和电力外送通道、新一代移动通信和数据网，加强同京津冀协同发展等国家重大战略的对接，更好地融入全国统一大市场。重点推动朝阳成为紧密联系京津冀城市群和沈阳都市圈的新枢纽、京津冀居民休闲旅游康养的后花园、京津冀科技成果转化基

地、京津冀东北部重要生态屏障。二是全面提高对外开放水平。要增强前沿意识、开放意识，加强与东部沿海和京津冀的联系，深度融入共建"一带一路"，加强中蒙俄经济走廊建设和中日韩经贸合作。加快自贸区、保税区建设，提高口岸通关能力和便利化程度。

（五）进一步推动乡村全面振兴

一是要一以贯之巩固脱贫成果。持续开展脱贫成果"回头看"，及时发现问题、解决问题，让脱贫成果更加稳固、成效更加可持续。二是要千方百计增加农民收入。通过招商引资、培育新型农业经营主体等方式，为农村群众提供多种就地就近就业机会。三是要统筹实施乡村建设行动。科学编制村庄布局规划，推动农村基础设施和公共服务向均等化、一体化方向转变，全面补齐农村基础设施和基本公共服务短板。稳步有效推进农村"厕所革命"，持续改善农村人居环境。

（六）推进减污降碳，加强生态环境建设

一是继续推进国家低碳城市和气候适应型城市建设，把"碳达峰、碳中和"纳入生态文明建设总体布局，精准制订行动方案，严格落实"能耗双控"及碳排放控制要求，确保完成"能耗双控"任务，力争在全省率先实现碳达峰。大力发展循环经济和低碳经济，加快推进抽水蓄能电站、源网荷储一体化和多能互补、生活垃圾焚烧发电等重大项目建设，打造京津冀地区重要的清洁能源供应基地。

二是严格落实"河湖长制"，深化水环境综合治理，确保13个国控断面优良水体比例达到考核标准。做好农用地和污染耕地安全利用工作，加强固体废弃物管理、农业面源污染治理，使畜禽规模养殖场粪污资源化利用率在90%以上。支持喀左县争创国家生态文明建设示范区，统筹山水林田湖草沙系统治理，全力推进北方防沙带建设、国土绿化试点示范项目建设，全力做好矿山生态修复、全域土地综合整治工作。

第四章　吉林省经济高质量发展研究

第一节　吉林省各市经济高质量发展水平评价

一　吉林省各市经济高质量发展水平总体评价

吉林省地处我国东北地区中部，总面积为 18.74 万平方公里，2023 年末全省总人口 2339.41 万人。近年来，吉林省的经济发展出现了增长的趋势，2023 年，吉林省 GDP 达 13531.19 亿元，同比增长 6.3%。2018～2022 年，吉林省各市经济高质量发展指数总体呈上升趋势。从测度结果表 4-1 可见，长春市作为省会和副省级城市不仅经济高质量发展水平较高，而且 2022 年经济高质量发展指数相较于 2018 年总体上升了 23.86%。其余城市经济高质量发展指数上升幅度分别为：吉林市 15.04%、四平市 26.72%、辽源市 2.13%、通化市 13.87%、白山市 0.67%、松原市 16.57%、白城市 6.73%。基本上，人口规模越大的城市，经济高质量发展水平提升得越快。究其原因，经济发展速度与人口规模有关，人口规模越大则人力资本越丰厚，市场也越大，更容易集聚要素资源。随着产业链分工不断细化，为了更好地获得要素资源和低成本优势，越来越多的大型企业将总部和研发、金融等管理服务部门布局于人口规模较大的大城市，同时把生产制造部门布局到具有低要素成本优势的边缘城市，从而在地理空间上形成了大城市专注于发展产业价值链中高端环节、边缘城市主要发展产业价值链中低端环节的分工格局，导致大城市与边缘城市经济发展不均衡。

表 4-1　2018~2022 年吉林省各市经济高质量发展水平总体测度情况

地区	2018 年	2019 年	2020 年	2021 年	2022 年
长春	0.306	0.342	0.391	0.437	0.379
吉林	0.206	0.206	0.215	0.273	0.237
四平	0.131	0.125	0.143	0.191	0.166
辽源	0.141	0.145	0.151	0.171	0.144
通化	0.137	0.132	0.128	0.156	0.156
白山	0.150	0.151	0.153	0.203	0.151
松原	0.181	0.189	0.198	0.221	0.211
白城	0.104	0.109	0.116	0.142	0.111

注：由于缺乏数据，未统计延边朝鲜族自治州。下同。

二　吉林省各市经济发展水平维度评价

吉林省各市的经济发展水平维度数据呈现长春"一枝独秀"的局面。如表 4-2 所示，2018~2022 年，长春的经济发展水平远高于其他城市。究其原因，在于长春优越的地理位置和雄厚的实力。长春不仅是吉林省的地理中心和交通中心，也是长期以来吉林省的政治中心。政治中心的地位使其在资源分配、政策制定等方面具有天然的优势。政府机构的集中有助于吸引各类人才、资金和技术资源。例如，众多的政府部门和相关附属机构需要大量的办公设施、服务设施等的建设，这带动了建筑、服务业等相关产业的发展，并且在政策引导下，一些重点项目也更容易优先在长春布局。长春还拥有众多高校和科研机构，如吉林大学、长春理工大学、长春光学精密机械与物理研究所、长春应用化学研究所等。这些高校和科研机构为长春的高新技术产业发展提供了强大的人才和技术支持。长春在光学、生物工程等高新技术领域取得了一定的成果，并形成了相关的产业。例如，长春在光电产业方面，依托科研力量，发展了光电子器件、激光技术应用等产业，进一步提升了长春的产业竞争力，而省内其他城市的科研教育资源相对较少，难以在高新技术产业发展方面与长春竞争。

表 4-2　2018~2022 年吉林省各市经济发展水平维度测度情况

地区	2018 年	2019 年	2020 年	2021 年	2022 年
长春	0.687	0.701	0.823	0.688	0.713
吉林	0.594	0.508	0.378	0.314	0.460
四平	0.340	0.220	0.233	0.135	0.309
辽源	0.138	0.173	0.192	0.093	0.199
通化	0.330	0.268	0.093	0.175	0.257
白山	0.261	0.204	0.197	0.132	0.241
松原	0.580	0.363	0.285	0.261	0.435
白城	0.064	0.112	0.069	0.166	0.062

不仅如此，在其他方面如外贸领域，除长春市外贸依存度较高外，其他各市的外贸依存度均未超过 50%，其中吉林市、白城市、辽源市的外贸依存度排名较为靠前，分别达到了 37.28%、24.88%、23.9%；四平市、松原市的外贸依存度均不超过 10%，分别为 5.22%、8.19%。外贸欠发达也使长春市之外的城市发展乏力，难以与长春市及一些沿海城市竞争。

三　吉林省各市社会民生改善水平维度评价

吉林省各市社会民生改善水平在不断提高之中，如表 4-3 所示，2018~2022 年，各市该项指标均有所上升。长春市和吉林市该维度水平最高，显示了其较强的社会服务能力。近年来，吉林省人民政府从就业创业、养老服务、基础教育、医疗服务、文化及基层组织建设等方面加强民生实事建设。长春市作为省会发挥带头作用，在脱贫攻坚、社会保障、教育卫生、文化惠民、公共交通、生态环境、城市精细化管理、公共安全、乡村振兴等领域取得了显著成就。吉林市实施城市更新行动，包括道路畅通、便民保障、街区改造、路面维管、违建整治、休闲惠民、城市绿化、照明更新、文化景观提升、智慧江城等十大工程，并在农村推进 24 小时供水工程，提高农村自来水普及率，提升农村居民的生活质量。其他城市也在涉及民生改善的各个方面不断努力，切实提高人民的幸福感。2020 年，吉林省各级政府共将 21.6 万贫困人口纳入救助保障范围，城乡低保标准分别比 2016 年提高 23% 和 28%；城乡特困人员平均基本生活标准分别达到 2019 年的 1.4 倍和 1.46 倍。① 这些数字都体现了吉林省各市在增进民生福祉方面的努力和成果。

表 4-3　2018~2022 年吉林省各市社会民生改善水平维度测度情况

地区	2018 年	2019 年	2020 年	2021 年	2022 年
长春	0.626	0.781	0.662	0.658	0.727
吉林	0.314	0.343	0.299	0.504	0.469
四平	0.202	0.189	0.169	0.240	0.295
辽源	0.167	0.213	0.144	0.175	0.229
通化	0.239	0.305	0.208	0.204	0.290
白山	0.127	0.190	0.136	0.224	0.174
松原	0.255	0.313	0.248	0.294	0.350
白城	0.077	0.156	0.069	0.150	0.156

四　吉林省各市生态环境建设水平维度评价

吉林省各市生态环境建设水平在不断提高之中，如表 4-4 所示，2018~2022 年，各市该项指标均总体呈上升态势，这说明其生态环境建设改善程度很大。长春市的生态环境建设水平最高，这是因为

---

① 《吉林省民政厅：推动社会救助制度改革，加快推动养老服务从"有"向"好"转变》，大众网，2021 年 2 月 2 日，https://www.dzwww.com/xinwen/guoneixinwen/202102/t20210202_20156744.htm。

长春市基础很好，素来有花园城市之称。截至2024年，长春市已建成各类公园190座，公园绿地面积达到7300多公顷，城市绿化覆盖率达到43.7%，拥有绿道628公里，生态环境建设水平保持在全国同类城市前列。① 吉林市的测度情况也较好。这与吉林市近年来大力推进生态环境建设密不可分。例如，2021年，吉林市全面启动江河绿化工作，累计投入资金1600余万元，实施江河绿化1080公里。② 2023年，吉林市推进农村地区散煤治理，累计完成改造20.75万户，正是这些举措才让吉林市的生态环境建设水平不断迈上新台阶。③ 其他城市的生态环境建设水平也有不同程度的提高。但是，我们在看到成绩的同时，也要注意到吉林省在生态环境建设方面面临的挑战。随着工业化和城市化的飞速发展，吉林省正面临来自能源、资源和环境方面的巨大挑战，这些挑战也正成为该省份可持续发展所必须突破的重大瓶颈。因此，吉林省各市充分发挥自身生态基础较好的优势，实施大气污染防治工程。加大对燃煤电厂、钢铁、水泥等行业的污染治理力度，推进秸秆综合利用，控制农业氨排放，加强机动车尾气排放监管，提高空气质量。同时，加强土壤污染防治。开展土壤污染状况调查，实施土壤污染治理与修复工程，加强农业面源污染治理，提高土壤环境质量。吉林省鼓励企业采用环保技术和清洁生产方式，发展循环经济，引导公众绿色消费，减少环境污染。总之，吉林省通过综合运用多种措施，全面推进环境保护工作，努力改善环境质量，不仅为人民群众创造了更美好的生活环境，也提升了自身的生态环境建设水平。

---

① 《全面振兴率先突破吉林方法论 | 幸福长春再升级》，凤凰网，2024年6月21日，https://jl.ifeng.com/c/8ab9JVjHOMp。

② 《吉林市实施江河绿化千余公里》，网易网，2024年6月3日，https://www.163.com/dy/article/J3OJU7M40530QRMB.html。

③ 《吉林市政府新闻办召开"大东山水 江城焕盛"吉林市高质量发展系列新闻发布会第四场——生态建设专题》，吉林市人民政府网站，2024年6月3日，http://www.jlcity.gov.cn/yw/jcyw/202406/t20240603_1209895.html。

表 4-4 2018~2022 年吉林省各市生态环境建设水平维度测度情况

地区	2018 年	2019 年	2020 年	2021 年	2022 年
长春	0.737	0.582	0.783	0.936	0.829
吉林	0.372	0.460	0.523	0.626	0.589
四平	0.317	0.294	0.278	0.587	0.369
辽源	0.483	0.290	0.314	0.555	0.574
通化	0.283	0.089	0.324	0.577	0.541
白山	0.230	0.117	0.067	0.376	0.259
松原	0.450	0.414	0.474	0.655	0.500
白城	0.482	0.362	0.341	0.547	0.515

五 吉林省各市城乡融合水平维度评价

吉林省各市城乡融合水平分布并不均衡。如表 4-5 所示，2022年较 2018 年，该指标上升的仅有长春市、吉林市、通化市和白城市。吉林省各市城乡融合进程缓慢的原因是多方面的。首先，吉林省作为农业大省，传统农业在产业结构中占据较大比重，而农业产业化、现代化水平相对滞后，导致城乡经济发展差距较大。例如，四平市城市地区可能有一些制造业工厂和商业服务企业，而农村地区主要种植玉米等传统农作物。这种产业结构的巨大差异导致城乡之间缺乏有效的产业协同。城市的工业和服务业难以直接与农村的农业进行深度对接，农产品的生产、加工和销售环节往往在城乡之间脱节，没有形成完整的产业链条，从而限制了城乡之间生产要素的流动和融合。其次，吉林省农村人口大量涌入城市，造成了城市人口压力过大，同时农村人口减少、劳动力不足，制约了当地发展。再次，城乡融合发展需要大量的资金投入，而吉林省各市普遍政府财力有限。例如，2023 年，农业大市四平市财政收入虽有较大涨幅，但实际仅有 40.32 亿元，松原市仅有 46.11 亿元，辽源市仅有 19.42 亿元，辽源市财政收入仅与发达省份一个县的财政收入相当。① 财政收入的不足导致政府对城乡融合资金投入的不足，进而影响城乡融合的进程。最后，吉林省一些经济落后城市的城乡社会保障体系与经济发达城市相比存在较大差距，农村居民的医疗、养老等保障水平相对较低，这使得城乡融合发展受到一定程度的制约。总之，吉林省城乡融合进程缓慢，需要政府、企业和社会共同努力，加大改革力度，创新体制机制，推动城乡融合发展。

表 4-5　2018~2022 年吉林省各市城乡融合水平维度测度情况

地区	2018 年	2019 年	2020 年	2021 年	2022 年
长春	0.784	0.637	0.826	0.894	0.852
吉林	0.313	0.255	0.272	0.330	0.515
四平	0.275	0.113	0.252	0.263	0.219
辽源	0.232	0.210	0.068	0.224	0.175
通化	0.265	0.206	0.200	0.223	0.279
白山	0.632	0.521	0.571	0.571	0.563
松原	0.738	0.585	0.733	0.747	0.627
白城	0.171	0.212	0.235	0.224	0.233

六　吉林省各市科技创新水平维度评价

如表 4-6 所示，2018~2022 年吉林省大部分城市科技创新水平总体呈上升态势，只有通化、白山、松原总体呈下降趋势。长春市作为吉林省的省会城市，其在科技创新方面取得了显著成就。2023年，长春新区整合科技创新资源，引领发展战略性新兴产业和未来产业，加快形成新质生产力。长春新区拥有有效专利 26019 件，其中发明专利 10816 件，占全市的 40.57%，万人发明专利授权数超过

① 《吉林省 2023 年财政收入：延边四平猛涨，白山追平白城》，"数说四方"百家号，2024年 2 月 23 日，https://baijiahao.baidu.com/s? id=1791386606367783307#:~:text=2%E3%80%81%E5%9B%9B%E5%B9%B3%E5%B8%82202,%E8%B7%9D%E4%B9%9F%E6%98%AF%E6%80%A5%E9%80%9F%E7%BC%A9%E5%B0%8F%E3%80%82。

60 件，远高于全国平均水平。长春新区还获批为国家知识产权服务业高质量集聚发展试验区，入选国家科技型中小企业库企业数量首次突破 1000 家大关，达到 1078 家。此外，长春新区在生物制造领域也表现突出，长春新区高新开发区成功入选"中国生物产业大会2024 生物制造领域重点高新区/经开区 top20"，居第四位。[①] 除了长春市，吉林省其他城市的科技创新水平相对较低。造成这种情况主要有以下原因。首先，新兴产业科技创新能力不足。吉林省其他城市科技创新资源有限，科研机构和企业之间的产学研结合不紧密，导致整体科技创新能力相对较弱。其次，人才流失严重。由于经济发展水平不高、产业结构尚待升级等，吉林省部分高素质人才流向如长春市等经济发展较好的地区，这导致吉林省其他城市科技创新人才储备不足。再次，科技创新环境也有尚待改善之处。吉林省其他城市在科技创新政策制定、知识产权保护、创新氛围营造等方面存在不足，这使得企业在科技创新方面的积极性不高。最后，资金投入不足也是制约各市科技创新的重要原因，科技创新需要大量的资金投入，而吉林省其他城市政府财力有限，导致资金投入不足，进而影响科技创新的进程。总之，吉林省各市在科技创新方面面临的问题是多样的，需要政府、企业和社会共同努力，加大改革力度，创新体制机制，推动科技创新发展。

表 4-6　2018~2022 年吉林省各市科技创新水平维度测度情况

地区	2018 年	2019 年	2020 年	2021 年	2022 年
长春	0.652	0.694	0.655	0.682	0.671
吉林	0.534	0.592	0.587	0.577	0.558
四平	0.420	0.474	0.431	0.483	0.506
辽源	0.481	0.480	0.514	0.493	0.593

① 《一起盘点！2023 长春新区科技创新数据请查收！》，人民网，2024 年 1 月 9 日，http://jl.people.com.cn/n2/2024/0109/c349771-40707989.html。

续表

地区	2018 年	2019 年	2020 年	2021 年	2022 年
通化	0.502	0.501	0.477	0.523	0.307
白山	0.325	0.279	0.292	0.317	0.243
松原	0.429	0.522	0.496	0.506	0.421
白城	0.343	0.344	0.377	0.373	0.392

第二节　吉林省各市经济高质量发展水平时空特征分析

一　吉林省各市经济高质量发展时序特征分析

2018～2022 年，吉林省各市的经济高质量发展指数在整体上呈现上升趋势。2022 年，各市的经济高质量发展指数均高于 2018 年，主要是由于社会民生改善水平、生态环境建设水平等维度指标均有所提高。吉林省在推动经济高质量发展方面取得了一系列显著成果，主要表现在以下方面。第一，经济结构持续优化升级。吉林省近年来加大产业结构调整力度，推动传统产业改造升级，培育壮大新兴产业。在汽车、轨道客车、石化、农产品加工等传统产业领域，吉林省通过技术创新和产业升级，提高产品附加值和市场竞争力。同时，吉林省积极发展新一代信息技术、生物技术、新材料、新能源等新兴产业，促进产业结构不断优化。第二，创新创业能力提升。吉林省加大科技创新投入力度，完善科技创新体系，推动科技成果转化。在全省各地建立了众多科研机构和高新科技园区，吸引了大量人才和资本投入。此外，吉林省还实施了一系列政策举措，以鼓励企业研发创新，支持创新创业企业发展，促进科技创新与经济社会发展紧密结合。第三，区域协调发展。吉林省积极推动区域协调发展，通过实施"一主六双"产业空间布局，引导各地发挥自身优势，形成特色鲜明、协同发展的产业格局。此外，吉林省还加大基础设施建设和互联互通力度，推动长吉图、长辽梅通白等经济带协同发展，促进区域间资源共享和要素流动。第四，推动绿色发展与生态文明建设。吉林省高度重视绿色发展与生态文明建设，加大生态保护和环境治理力度，推动形成绿色发展方式。全省各地积极开展节能减排、资源循环利用和生态环境保护工作，推进绿色产业发展，提高资源利用效率，提升生态文明建设水平。第五，加强开放合作与对外交流。吉林省积极参与国际合作与对外交流，推动对外开放水平不断提升。全省各地充分利用国内外两个市场、两种资源，加大对外经贸合作力度，吸引外资投向优势产业和重点领域。同时，吉林省还积极参与国际交流与合作，推动文化、教育、科技等领域对外交流，提升国际影响力。

由此可见，持续推进经济高质量发展，健全社会民生保障体系，促进科技创新发展，积极推进城乡一体化，是吉林省各市今后推动经济高质量发展的关键。

二 吉林省各市经济高质量发展空间特征分析

吉林省各市总体的经济高质量发展空间格局基本稳定。由各个城市的空间分布可知，经济高质量发展指数较高的城市多位于吉林省的中部，经济高质量发展指数较低的城市多位于吉林省的东部和西部。长春市、吉林市和辽源市位于吉林省中部，该区域总体的经济高质量发展指数较高。长春市作为省会城市，人口密集，是老工业基地，其经济情况与实际情况相符，科技创新能力相对也较高，是吉林省经济高质量发展的"领头羊"。近年来，该市高新技术企业不断发展，促使长春市在科技创新方面水平大幅度提升，且在社会民生改善、生态环境建设、城乡融合方面也具有较高水平。吉林市经济较为发达，地理位置紧邻长春市，所以受到长春市经济辐射作用较为明显。近年来，吉林市在发展旅游业、现代农业等方面取得了一定成绩，但与长春市相比，该市城乡融合水平较低，经济总量和产业结构仍有待提升，未来应该促进政策融合，完善城乡融合发展的制度保障。辽源市有较为成熟的煤炭、钢铁等传统产业，但经济相对不发达，且城乡融合水平也较低，该市在转型升级过程中面临一定挑战。近年来，辽源市在发展新能源、生物医药等产业方面取得了一定的进展，但经济总量仍需提升、产业结构仍需调整，需进一步提高其科技创新能力。

通化市和白山市位于吉林省南部，该区域的经济高质量发展指数总体呈现上升的趋势。通化市经济发展水平较低，但它在生态环境建设方面却展现出了卓越的成就。在生态环境建设方面，通化市通过植树造林、绿化美化、污水处理、垃圾处理等一系列措施，有效改善了城市的生态环境质量。这些努力不仅提升了城市的整体形象，也为市民提供了更加舒适、健康的生活环境。然而，通化市的社会民生改善水平和科技创新水平相对较低。在社会民生方面，尽管政府已经采取了一些措施来改善市民的生活条件，但其在医疗卫生和就业保障等方面仍存在不足。此外，通化市还应该加强科技创新工作，推动城市经济的转型升级和高质量发展。通过引进和培育高端人才、加强产学研合作、推动科技成果转化等措施，提升城市的科技创新能力和产业竞争力。白山市经济相对不发达，社会民生改善水平、生态环境建设水平、科技创新水平也较低，且其经济发展能力和科技创新能力并不是同步发展的。因此，未来该市在注重经济发展的同时，也要关注科技创新能力的提升，加快建立以企业为主体、市场为导向的创新体制，并加快科技成果的转化及产业化，才能进一步提高科技创新能力。但其城乡融合水平较高，这是由于城镇化率和非农产业产值占 GDP 的比重较高。

白城市、松原市和四平市地处吉林省西部地区，该区域的经济发展水平较低，自然条件较为恶劣，同时存在生态环境脆弱、能源不足、环境承载力较低等问题。白城市位于吉林、黑龙江和内蒙古三省区的交界处，其经济发展情况与东部沿海发达地区相比存在较大差距，属于典型的经济欠发达地区，且其城乡融合水平、科技创新水平和社会民生改善水平也较低，应积极适应经济发展新常态，攻坚克难、砥砺奋进，坚持以经济高质量发展为中心，并采取一系列的政策措施，统筹推进稳增长及惠民生等工作，以实现全市经济平稳健康的发展。松原市以工业为主发展经济，主要发展石油化工产业，经济较发达，且其城乡融合水平高于吉林省西部地区其他市。四平市以农业经济为主，经济发展较稳定，生态环境建设水平整体呈现上升趋势，科技创新水平和社会民生改善水平均高于白城市，但社会民生改善水平低于松原市，在城乡融合方面的基础相对薄弱。

综上所述，吉林省各地区经济高质量发展程度存在一定差异，四平市、辽源市、通化市、白城市和松原市等城市在产业结构、经济总量、发展速度等方面都有待进一步提升。在今后的发展中，各地区应根据自身优势和特点，加大产业结构调整和优化力度，推动经济高质量发展。

第三节　案例：梅河口市经济高质量发展情况①

一　梅河口市经济高质量发展成效

（一）经济总体发展情况

"十三五"以来，梅河口市突出项目建设，强化产业支撑，城市建成区面积扩大了一倍，由 2016 年的 29 平方公里扩展到 2023 年的 60 平方公里；城区常住人口增加 12 万人，2023 年达到 42 万人。梅河口市经济社会实现了高质量发展，先后成功创建全国文明城市、国家卫生城市、国家园林城市、国家生态文明建设示范市、国家全

---

① 本部分数据来源于梅河口市人民政府官网及内部资料。

域旅游示范区；被评为综合实力、投资潜力、新型城镇化质量、营商环境、绿色发展、治理能力 6 个"全国百强县市"；连续 10 年获得全省县域经济综合实力考评第 1 位。2023 年，实现地区生产总值 294.1 亿元，同比增长 6%，位列全省第 4 名，地区生产总值比 2020 年的 217 亿元增加 77 亿余元，每年增长 10% 以上，2021 年和 2022 年增速位列全省第 1 名。

（二）产业高质量发展情况

梅河口市坚持壮大"4+3"现代化产业体系（在培育医药健康、食品加工、商贸物流、现代服务业"四大主导产业"基础上，创新发展现代装备制造、建筑及其配套和旅游产业），现有医药规上企业 17 家，形成了以化学药制剂、中药、生物药生产为主的医药特色优势产业集群。医药健康产业保持年均 20% 以上速度增长。梅河口市是世界最大的树生果仁加工集散地，素有"世界果仁看中国，中国果仁看梅河"的美誉，荣获东北亚果仁集散中心、国家级出口果仁加工质量安全示范区、中国松子产业贸易和加工示范区三个国家级称号，因此食品加工产业中果仁的体量巨大，全市现有果仁加工企业 303 家，年产值约 60 亿元，其传统果仁产业在全球市场占有率达到 80%。食品加工产业中体量居第二位的是酒精。阜康酒精是亚洲最大的优质食用酒精生产基地，构建了从食用酒精、医用酒精到无水酒精、芯片清洁酒精全产业链。2023 年，阜康酒精实现产值 43 亿元，同比增长 14%，创历史新高。排名第三的是大米。梅河大米历史悠久，早在清朝顺治年间，就因品质出众被选为"皇粮御米"。2019 年，梅河口市被授予"中国皇粮御米之乡"称号，是国家级绿优水稻标准化示范区。全市现有水稻面积 42.3 万亩，年产大米 3.2 亿斤。排名第四的是水经济产业链。在啤酒方面，梅河口市已落地投资 4 亿元的 10 万吨精酿啤酒项目，建成全国最大的精酿啤酒工厂。在白酒方面，吸引泸州老窖投资 10 亿元建设白酒生产基地，这也是泸州老窖在外省投资的第一次，补齐了吉林省乃至东北地区没有高端白酒的短板。在商贸物流产业中，梅河口市陆续建设了投资15亿元的红星美凯龙双 Mall 购物公园、投资15亿元的农产品冷链物流园一期、投资30亿元的传化物流"公路港"项目，打造了服务全省、辐射东北的高端综合商业区和商贸物流集散中心。其中，传化物流"公路港"项目2024年预计实现营业收入30亿元；农产品冷链物流园一期2024年全面运营后，将实现销售收入100亿元。梅河口市深化与浙江省丽水市对口合作，建设电商产业园，打造"梅河臻品"区域公共品牌，梅河口市已被国务院评为"全国农村电商十佳典型县市"。梅河口市在现代服务业领域，建成了现代服务业集聚区，涵盖医疗康养、文化体育、教育教学、生态旅游、商贸休闲"五大板块"，连续两年被评为全省服务业先进地区。

（三）民生高质量发展情况

近年来，梅河口市始终坚持以人民为中心，践行共享发展理念，实现了社会事业多元化、产业化、现代化发展，建成了宜居、宜业、宜养、宜游的现代化区域中心城市。梅河口市投资40亿元的医疗康养中心已全面投入运营。与吉大一院合作建立吉林大学第一医院梅河医院，辐射1000万人口。在教育领域，梅河口市建设了总投资100亿元、占地面积2.5平方公里的教育小镇，这是梅河口市历史上国有投资体量最大的公益事业项目。2023年，梅河口市高考再创佳绩，全市有13人以优异成绩超过清华、北大强基计划录取分数线，包揽通化及周边地区文理科状元，第五中学普本上线率达99.61%；成立梅河口康美职业技术学院，该校成为吉林省县域第一所高校，首批毕业生就业率在85%以上，在校生首次突破3000人，达到满额运行。在文化体育领域，梅河口市建成了文化中心和体育公园，高标准打造了万人体育场、儿童公园、博物馆等公共服务设施。先后举办了国际半程马拉松、四国篮球邀请赛、第26届中国大学生乒乓球锦标赛等国际国内赛事活动，被评为"中国体育旅游精品目的地"，获得"全国群众体育先进单位"称号。

（四）科技创新高质量发展情况

截至 2023 年底，梅河口市新认定国家高新技术企业 10 家、"专精特新"中小企业 8 家，通过国家科技型中小企业评价 5 家，获得省科技专项资金 1614.9 万元。推动科技成果转移转化，成交项目 10 个，实现技术合同成交额 4262 万元。双创活力持续增强，通过扶贫平台建设、全域旅游市场打造、大学生电商产业园孵化，累计带动 2 万人自主创业。

（五）绿色高质量发展情况

2023 年，梅河口市森林覆盖率达到 24.8%，城区空气质量优良天数占比达 93%。市政府投资 6118 万元实施中小河流治理工程，省控断面水质均值符合 Ⅳ 类标准。城市集中式饮用水水源地水质达到 Ⅲ 类标准，完成了《梅河口市碳达峰实施方案》编制，为推进新能源项目落地打下基础。梅河口市还深入开展"无废城市"创建活动，谋划布局静脉产业，生活垃圾焚烧发电项目投入运营，城市生活垃圾焚烧率达到 100%。

二　梅河口市经济高质量发展面临的制约

梅河口市在经济社会发展中也面临许多问题，主要体现在以下方面。

第一，经济总量不大，产业支撑力不强。新兴产业体量尚小，结构调整、转型升级、动能转换任务繁重，新经济增长点培育还不够快。与发达地区相比梅河口市财力较弱，税收收入增长较慢，"三保压力"持续加大。

第二，经济运行质量不高，部分行业仍未走出低谷，民间投资意愿不强，社会消费动力不足。

第三，乡镇资源要素投入不足，城乡发展差距较大。乡镇财政收入较低，村集体经济收入来源单一、后劲不足，这些都是制约乡村振兴发展及各项工作开展的不利因素。

三 推动梅河口市经济高质量发展的建议

（一）大力推进项目建设，带动经济强势增长

梅河口市可以针对重点项目领域出台税收优惠、土地优惠、融资支持等政策，吸引更多投资者参与项目建设。同时，简化审批程序，如简化项目立项、审批、施工等程序，以缩短时间、提高效率，促进项目快速启动和建设。为支持项目技术创新，应鼓励引进先进技术和管理经验，提升项目建设水平和竞争力。此外，还需要加强宣传推广，积极宣传项目建设成果，提升项目形象和知名度，吸引更多投资者和合作伙伴的关注和参与。

（二）推动产业扩能增量，持续释放发展潜力

梅河口市应继续做大做强传统优势产业，切实稳住发展根基。巩固医药健康产业优势。逐步完善生物医药、化学制药、医疗器械、医美康复等全产业链，打造中国北方食药健康城市。推动果仁产业园入驻企业全面投产，鼓励龙头企业"链状"经营。支持培育"线上"电商产业。推动新电商大厦建成运营，组建新电商协会，打造电子商务示范基地。支持新电商与大平台合作，完善"线上"经营、"线下"管理机制，争取网络交易额再上新台阶。同时，梅河口市还需培育新兴支柱产业，不断增强发展活力，做大全域全季旅游品牌。

（三）加快产业结构调整，持续推动农业农村优先发展

梅河口市应以创建全国乡村振兴示范市为总抓手，聚焦农业增

产、农民增收，夯实"大农业"基础。大力调整农业产业结构。推进"十百千万"工程及镇村"双百""双二百"工程。调整种植结构，实施农业产业结构调整三年攻坚行动。积极推进宜居宜业和美乡村建设，深化全国乡村振兴示范市创建工作，高标准开展"千村美丽""百村示范"创建活动，打造"千村美丽"村和"百村示范"村。开展农村人居环境提升工程和村庄清洁行动，增加整洁型村庄、宜居型村庄、生态型村庄数量。

（四）建设高品质的医疗、教育、文体中心，提升人民生活质量

梅河口市应继续全面提升医疗、教育、文体"三个中心"服务功能和辐射能力。这就需要梅河口市政府在预算中增加对医疗、教育、文体事业的投入，确保资源充足、设施完善。同时，积极吸引高素质医生、教师和文体专业人才，加强培训和提升现有从业人员的技能水平。还有，当地需要优化医疗、教育、文体服务流程，提高服务效率和质量，提供更多元化、个性化的服务。此外，当地要打造现代化的医疗机构、学校和文体场馆，配置先进设备和技术，提高服务水平。最后，梅河口市政府要建立科学的管理机制和监督体系，确保资源合理配置和有效利用。这将有助于提高公共服务的效率，防止资源的浪费，并且要鼓励医疗、教育、文体单位开展改革创新，优化制度机制，激发内在活力。

（五）持续激发市场主体活力，提高发展质量

梅河口市需要落实国家新一轮国企改革深化提升行动和新时代东北国有企业振兴专项行动，盘清国资家底，推动国企"瘦身健体"，加速市属国有企业二级、三级公司整合。探索国资智慧监管，推动产业归核、主业归位、资产归集、利润归库。支持国企与民企开展合作，推动水务、城源、开源等集团所属核心子公司实现盈利。优化国有企业组织结构，推动国资集团建立专业化、规范化考评办

法。全力支持民营经济发展。落实领导干部带头包保服务企业机制，常态化开展驻企服务，完善全类型、全流程、全要素服务保障。落实国家级和省级支持民营经济发展各项扶持政策，出台优惠政策，鼓励、支持、引导民营企业发展和群众创办各类市场主体，努力增加市场主体数量。

第五章　黑龙江省经济高质量发展研究

第一节　黑龙江省各市经济高质量发展水平评价

一　黑龙江省各市经济高质量发展水平总体评价

如表 5-1 所示，2018~2022 年，黑龙江省大部分城市经济高质量发展指数虽有波动，但还是总体呈现上升的趋势。

表 5-1　2018~2022 年黑龙江省各市经济高质量发展
水平总体测度情况

地区	2018 年	2019 年	2020 年	2021 年	2022 年
哈尔滨	0.344	0.314	0.303	0.377	0.385
齐齐哈尔	0.143	0.131	0.155	0.183	0.161
鸡西	0.170	0.164	0.181	0.213	0.208
鹤岗	0.172	0.182	0.189	0.235	0.201
双鸭山	0.146	0.174	0.162	0.206	0.178
大庆	0.283	0.274	0.266	0.364	0.296
伊春	0.175	0.177	0.172	0.215	0.189
佳木斯	0.162	0.162	0.173	0.213	0.183
七台河	0.137	0.133	0.140	0.194	0.139
牡丹江	0.236	0.201	0.200	0.239	0.221
黑河	0.125	0.119	0.136	0.155	0.120
绥化	0.112	0.108	0.117	0.114	0.132

注：由于缺乏数据，未统计大兴安岭地区。下同。

在各城市中，省会哈尔滨位居黑龙江省经济高质量发展指数榜首。哈尔滨是黑龙江省中心城市，拥有极强的知名度与号召力，对比黑龙江省其他城市，高校较多，人才集聚更多，科技创新水平省内最高，另外，其作为传统经济强市有更多财政支出可以用于改善研发条件，经济发展水平明显高于省内其他城市。其次是大庆。作为著名的石油之城，大庆在石油相关的上下游产业的发展使其经济发展也处于较高水平。另外，齐齐哈尔是我国重要的装备制造基地之一，在机床、重型机械、轨道交通装备等领域具有较强的竞争力，拥有中国一重等大型企业，其技术水平和生产能力处于国内领先地位，这些因素为城市的经济发展提供了坚实的基础。而且，齐齐哈尔地处松嫩平原，土地肥沃，是黑龙江省重要的粮食生产基地，农业产业化发展较快，农产品加工企业众多，这些因素对推动农村经济发展和农民增收具有重要作用。牡丹江拥有镜泊湖、雪乡等著名旅游景点，旅游产业发展迅速，旅游品牌影响力不断提升，为经济发展注入新的活力。除了旅游业和对外贸易，牡丹江在食品加工、医药、机械制造等领域也有一定的发展，产业结构相对多元化，抗风险能力较强。佳木斯是黑龙江省东部地区的交通枢纽，拥有铁路、公路、水运等多种交通方式，交通网络较为发达，有利于人员和物资的流通，为经济发展提供了便利条件。佳木斯还是黑龙江省重要的商品粮基地之一，粮食产量高，农产品质量好，为发展农产品深加工产业提供了丰富的原材料。鸡西的煤炭、石墨等矿产资源储量丰富，为发展煤炭、石墨深加工等产业提供了资源保障。近年来，鸡西在资源开发和利用方面取得了一定的成效，产业发展逐渐向高端化、智能化方向转变。鸡西还拥有密山、虎林两个国家一类陆路口岸，与俄罗斯的贸易往来日益频繁。随着口岸基础设施的不断完善，口岸经济有望成为该市经济增长的新亮点。鹤岗自身经济实力并不弱，这座城市诞生了比优特商超、喜家德水饺、中国石墨等一系列优秀企业，足以说明创业环境的优越。绥化是我国重要商品粮生产基地，黑河拥有边贸口岸，这些都是发展现代化大农业及融入"一带一路"贸易网得天独厚的优势。

总体而言，黑龙江省各个城市在经济高质量发展方面都有自己的优势和挑战，需要根据自身的特点和资源禀赋，制定合适的发展战略，推动经济的可持续发展。

二 黑龙江省各市经济发展水平维度评价

从表5-2黑龙江省各市经济发展水平维度测度情况来看，2018~2022年各市的经济发展水平都出现了不同程度的下降，这表明经济发展遇到了一定的问题。究其原因，主要有以下几点。

表5-2 2018~2022年黑龙江省各市经济发展水平维度测度情况

地区	2018年	2019年	2020年	2021年	2022年
哈尔滨	0.775	0.665	0.649	0.685	0.672
齐齐哈尔	0.477	0.270	0.281	0.206	0.285
鸡西	0.518	0.301	0.311	0.266	0.229
鹤岗	0.507	0.391	0.206	0.276	0.381
双鸭山	0.398	0.302	0.282	0.150	0.264
大庆	0.665	0.534	0.332	0.536	0.547
伊春	0.557	0.306	0.265	0.208	0.361
佳木斯	0.464	0.361	0.268	0.236	0.270
七台河	0.447	0.295	0.211	0.224	0.178
牡丹江	0.595	0.469	0.313	0.458	0.458
黑河	0.336	0.255	0.227	0.178	0.138
绥化	0.235	0.021	0.163	0.122	0.155

第一，产业结构单一。大庆、鸡西、鹤岗、双鸭山、七台河等城市，长期依赖石油、煤炭、石墨等资源开发，产业结构过于单一。以鹤岗为例，煤炭行业曾占当地规上工业增加值的较大比重，当煤

炭资源逐渐枯竭、市场需求变化或煤炭价格波动时，该市的经济就会受到严重冲击。比如，近年来煤炭市场不景气，鹤岗的经济增长就受到了很大影响。除了资源型城市，其他城市的产业结构也以传统工业为主，如齐齐哈尔的装备制造业虽然有一定发展基础，但产业升级缓慢，在高端制造、智能制造等领域缺乏竞争力，而新兴产业如信息技术、生物医药、新能源等发展滞后，难以形成新的经济增长点。

第二，人才外流严重。黑龙江省的经济发展相对滞后，企业数量和规模有限，提供的优质就业岗位较少，无法满足年轻人的职业发展需求。因此，大量高校毕业生选择到经济发达的地区就业，导致人才流失。与发达地区相比，黑龙江省在科研环境、创新氛围、生活条件等方面存在差距，难以吸引和留住高层次人才。人才的外流进一步削弱了城市的创新能力和经济发展动力。

第三，创新能力不足。主要表现在企业和政府对研发的投入不足，创新缺乏资金支持。许多企业缺乏自主创新的意识和能力，仍然依赖传统的生产方式和技术，产品附加值低，难以在市场上占据优势。同时，科技创新平台、创业孵化基地等创新载体建设尚不完善，无法为企业和人才提供良好的创新环境和服务，导致创新成果转化效率低，难以推动经济的快速发展。

第四，体制机制不够灵活。国有企业在黑龙江省的经济中占据重要地位，但部分国有企业存在体制机制僵化、管理效率低下等问题，改革进展缓慢，难以适应市场竞争的需要。民营经济在市场准入、融资、政策支持等方面面临一些困难和障碍，发展活力不足，对经济增长的贡献有限。

应该看到，尽管黑龙江省近年来的经济发展遇到了一定的困难，但是，随着国家政策的不断倾斜以及依靠先天资源、地理优势的支撑，黑龙江省的经济发展已经走出了低谷，逐渐走上高质量发展之路。

三　黑龙江省各市社会民生改善水平维度评价

由表 5-3 可见，2018~2022 年，黑龙江省各市的社会民生改善水平都有了不同程度的提高。其中，哈尔滨增长了 7.07%，齐齐哈尔增长了 15.38%，鸡西增长了 24.90%，鹤岗增长了 18.26%，双鸭山增长了 58.60%，大庆增长了 16.85%，伊春增长了 20.38%，佳木斯增长了 11.16%，七台河增长了 11.83%，牡丹江增长了 40.13%，黑河增长了 31.43%，绥化增长了 105.68%。社会民生改善的主要原因在于中央转移支付比例的提高和全面脱贫战略的实施。

表 5-3　2018~2022 年黑龙江省各市社会民生改善水平
维度测度情况

地区	2018 年	2019 年	2020 年	2021 年	2022 年
哈尔滨	0.580	0.659	0.521	0.571	0.621
齐齐哈尔	0.208	0.269	0.281	0.289	0.240
鸡西	0.245	0.308	0.304	0.301	0.306
鹤岗	0.230	0.348	0.264	0.260	0.272
双鸭山	0.215	0.435	0.288	0.373	0.341
大庆	0.457	0.566	0.428	0.563	0.534
伊春	0.260	0.364	0.368	0.379	0.313
佳木斯	0.251	0.331	0.252	0.310	0.279
七台河	0.279	0.284	0.231	0.169	0.312
牡丹江	0.319	0.399	0.322	0.381	0.447
黑河	0.175	0.290	0.202	0.272	0.230
绥化	0.088	0.149	0.120	0.224	0.181

社会民生改善水平中，人均可支配收入是一项重要指标。2022年，黑龙江省各市的城镇及农村居民人均可支配收入如表 5-4 所示。大部分城镇和农村居民人均可支配收入排在前列的城市其社会民生改善水平指标也较高，而大部分社会民生改善水平较低的城市其人

均可支配收入也基本居于全省后列。因此，努力创造就业机会，提高人民的收入水平，是改善社会民生的重要手段。

表 5-4 2022 年黑龙江省各市城镇及农村居民人均可支配收入

单位：元，%

城镇居民人均可支配收入				农村居民人均可支配收入			
排名	地区	数值	名义增速	排名	地区	数值	名义增速
—	全国平均	49283	3.95	1	牡丹江	24835	4.21
1	大庆	47482	3.50	2	鸡西	24336	3.97
2	哈尔滨	43981	2.89	3	哈尔滨	22260	3.48
3	牡丹江	36741	0.27	4	佳木斯	21958	3.80
—	全省平均	35042	4.15	5	黑河	21233	3.43
4	齐齐哈尔	34619	4.64	6	大庆	21169	3.65
5	黑河	34550	3.21	7	齐齐哈尔	20790	4.14
6	佳木斯	34541	4.20	8	鹤岗	20215	3.86
7	双鸭山	30937	5.06	9	伊春	20149	3.83
8	鸡西	29981	6.12	—	全国平均	20133	6.35
9	七台河	29739	5.09	10	双鸭山	19702	4.09
10	伊春	29216	5.14	—	全省平均	18577	3.85
11	绥化	27944	-5.91	11	绥化	18037	-2.37
12	鹤岗	27325	4.93	12	七台河	18036	4.63

四 黑龙江省各市生态环境建设水平维度评价

如表 5-5 所示，2018~2022 年，黑龙江省各市的生态环境建设水平有一定差异，只有鹤岗、伊春、黑河的水平有所上升，大部分城市的水平出现了下降。这表明黑龙江省的生态环境建设遇到了一定的挑战，这些问题在不同的城市有着不同的表现。例如，哈尔滨和大庆主要面对的是城市不断扩张与保护野生动植物栖息地之间的矛盾。随着哈尔滨城市的不断扩张，城市建设用地需求增加。这导致大量的自然土地被开发，例如城郊的湿地和农田受到侵占，一些原本具有生态调节功能的小型湿地被填平用于建设工业园区或住宅小区，这破坏了湿地生态系统，减少了生物栖息地，影响了城市的生态平衡。这两个城市还面临工业污染加剧的问题。哈尔滨和大庆有众多的工业企业，尽管在环保方面做出了很多努力，但工业污染治理仍然是重大挑战。一些传统工业企业，如化工、石化等行业的企业，存在废气、废水和废渣的排放问题。废气中的污染物如二氧化硫、氮氧化物等会导致酸雨和空气污染；废水如果未经有效处理直接排放到河流中，会污染松花江等水体，影响水生生物的生存和水资源的利用；废渣的堆放不仅占用土地而且可能造成土壤污染。而农业大市如齐齐哈尔、绥化和牡丹江则面临农业污染方面的问题。这些农业大市在农业生产过程中产生的面源污染问题较为严峻。化肥、农药的过量使用会导致土壤污染、水体富营养化等问题。例如，在牡丹江的一些河流和湖泊周边，农业面源污染较严重，水体中的氮、磷含量超标，导致藻类大量繁殖，影响水质和水生生物的生存环境。总之，尽管面临众多生态问题，但是随着黑龙江各级政府对于环境保护的关注度不断提升、环保投入不断增加，黑龙江的生态环境建设水平一定能逐步提高，让经济和社会走上绿色发展之路。

表 5-5　2018~2022 年黑龙江省各市生态环境建设水平维度测度情况

地区	2018 年	2019 年	2020 年	2021 年	2022 年
哈尔滨	0.729	0.662	0.591	0.840	0.714
齐齐哈尔	0.375	0.265	0.103	0.421	0.349
鸡西	0.471	0.353	0.276	0.354	0.319
鹤岗	0.463	0.206	0.441	0.594	0.528
双鸭山	0.570	0.437	0.428	0.591	0.511
大庆	0.628	0.597	0.579	0.759	0.602
伊春	0.089	0.072	0.339	0.517	0.389
佳木斯	0.589	0.380	0.187	0.388	0.185

地区	2018 年	2019 年	2020 年	2021 年	2022 年
七台河	0.904	0.558	0.583	0.679	0.703
牡丹江	0.537	0.204	0.032	0.459	0.384
黑河	0.386	0.287	0.319	0.441	0.454
绥化	0.278	0.113	0.007	0.110	0.209

五　黑龙江省各市城乡融合水平维度评价

如表 5-6 所示，2018~2022 年，黑龙江省除个别城市外城乡融合水平总体呈现上升的趋势。2022 年，黑龙江省各市城乡融合水平最高的是省会哈尔滨，其次分别是大庆、鹤岗。黑龙江省的部分城市城乡融合程度较高的原因在于这些城市多为工矿业城市，发展起步于近代或新中国成立后的计划经济时代，跳过了传统城市从农业中心逐步向工矿业中心转型的阶段，因此，从建城初期城市基础设施就比较完善，直接提升了城乡融合程度。此外，这些工业化较早的城市公共服务基础较好，教育、医疗、社会保障等公共服务资源不断向农村地区延伸，为城乡居民提供了均等化的公共服务。近年来黑龙江省各市积极推动农业现代化和农村产业融合发展，形成了以农业为基础，第二、第三产业为支撑的产业发展格局，为城乡融合发展提供了产业支撑。而与之相对，一些城市城乡融合进程缓慢的主要原因在于农村增收缓慢，这些城市是产粮大市，虽然粮食产量巨大但缺乏农副业和粮食深加工产业链的配套，导致这些城市只能位于利润较为微薄的粮食产业链上游。由此造成了农民粮食种得越多，收入增长得越是缓慢的现象。这严重挫伤了农民的种粮积极性，也影响了我国的粮食安全。所以，如何让农民在增产的同时增收，是黑龙江省乃至国家应该认真解决的问题。

表 5-6 2018~2022 年黑龙江省各市城乡融合水平维度测度情况

地区	2018 年	2019 年	2020 年	2021 年	2022 年
哈尔滨	0.878	0.691	0.907	0.930	0.885
齐齐哈尔	0.319	0.262	0.310	0.303	0.350
鸡西	0.533	0.506	0.600	0.516	0.574
鹤岗	0.763	0.605	0.824	0.837	0.710
双鸭山	0.649	0.555	0.518	0.556	0.553
大庆	0.731	0.565	0.722	0.683	0.760
伊春	0.643	0.509	0.567	0.592	0.582
佳木斯	0.415	0.351	0.209	0.084	0.498
七台河	0.599	0.421	0.684	0.618	0.671
牡丹江	0.279	0.212	0.242	0.286	0.466
黑河	0.420	0.489	0.441	0.538	0.438
绥化	0.120	0.084	0.051	0.046	0.158

六 黑龙江省各市科技创新水平维度评价

如表 5-7 所示，2018~2022 年，虽然黑龙江省超过一半的城市的科技创新水平总体呈现上升的态势，但是，黑龙江省各市整体科技创新水平在全国排名靠后。分析造成黑龙江省各市科技创新能力低下的主要原因，首先，科研投入不足。2023 年，黑龙江省 R&D 经费投入强度仅有 1.44%，远低于全国平均值 2.65%。科技创新需要大量的资金支持，而黑龙江省各地级市的财政实力有限，无法提供充足的科研经费。而且，黑龙江省的民营经济不够发达，难以提供足够的科研资金做补充。资金投入的缺乏限制了科技创新的研究和实践活动，阻碍了创新能力的提升。其次，产学研结合不紧密。产学研结合是促进科技创新的重要途径，但黑龙江省各地级市企业、科研机构和高等院校之间相互合作的机会和平台有限，导致科技创新成果的转化率较低，影响了科技创新能力的提升。最后，缺乏市场导向。科技创新需要与市场需求相结合，但在黑龙江省各地级市中，科技研发活动更多面向企业内部和政府，市场需求的反馈较为薄弱。缺乏市场导向使得科技创新的成果难以得到有效应用和变现，影响了科技创新能力的提升。要提升黑龙江省的科技创新能力，需要增加科研经费以支持、吸引和留住人才，加强产学研结合，以及注重市场导向，促进科技创新和经济发展的良性循环。这些措施的落实将有助于黑龙江省各地级市科技创新能力的提升和经济社会的发展。

表 5-7　2018~2022 年黑龙江省各市科技创新水平维度测度情况

地区	2018 年	2019 年	2020 年	2021 年	2022 年
哈尔滨	0.624	0.635	0.613	0.632	0.626
齐齐哈尔	0.311	0.289	0.341	0.249	0.348
鸡西	0.149	0.196	0.194	0.146	0.315
鹤岗	0.195	0.263	0.161	0.128	0.140
双鸭山	0.145	0.172	0.112	0.127	0.122
大庆	0.312	0.364	0.325	0.317	0.367
伊春	0.059	0.006	0.092	0.103	0.097
佳木斯	0.190	0.202	0.198	0.149	0.284
七台河	0.156	0.122	0.088	0.142	0.053
牡丹江	0.226	0.193	0.330	0.189	0.163
黑河	0.075	0.125	0.057	0.089	0.186
绥化	0.416	0.377	0.350	0.311	0.340

第二节　黑龙江省各市经济高质量发展水平时空特征分析

一　黑龙江省各市经济高质量发展时序特征分析

尽管 2018~2022 年，黑龙江省各市的经济高质量发展指数总体呈现上升的趋势，但横向比较，近年来黑龙江省各市在我国经济高速发展进程中出现了"掉队"情况。黑龙江省各市的 GDP 增速、人均可支配收入、R&D 经费投入强度等重要指标排名下滑主要是受到经济发展水平提升缓慢的影响。

社会民生改善水平的提高、生态环境的改善、城乡融合程度的加深和科技的不断进步归根结底需要经济发展来带动，所以，促进经济发展是提升黑龙江省各市经济高质量发展指数的重中之重。目前，单纯依靠中央基础设施投资的粗放型增长路径已经被实践证明不再有效了。经济增长更多需要外来资本的投资以及本土企业的培育，而这都需要良好的营商环境。所以，优化营商环境是黑龙江省实现经济高质量发展的必备条件。为改善营商环境，黑龙江省各级政府应积极采取以下措施。

第一，加强政策支持。政策支持是改善营商环境的重要一环。政府可以加大招商引资力度，向企业提供税收减免、政府补贴等优惠政策。对于符合条件的外资企业，可以提供更多的市场准入权益，鼓励其在各市设立分支机构或总部。

第二，优化行政审批程序。行政审批程序的烦琐和低效是制约营商环境优化的一大问题。政府可以通过推行"互联网+政务服务"模式，实现政务服务数字化、在线化，从而简化各类行政审批手续，提高办事效率。黑龙江省各市可以学习其他城市的成功经验，构建一个便捷高效的行政服务平台。

第三，增加公共设施投资。营商环境的改善离不开良好的基础设施。政府可以加大对公共设施的投资力度，包括道路、桥梁、供水供电等方面。适度增加公共娱乐设施，提供更多休闲娱乐场所，满足市民和企业员工的需求，提升城市的生活品质。

第四，强化法治环境建设。健全的法律体系和法治环境是吸引投资的重要因素。政府可以在营商环境建设中加强法治建设，提高法律的透明度和稳定性。建立健全的法律体系，并加大执法力度，维护公平公正的市场竞争秩序，为企业提供法律保护，增强投资者的信心。同时，政府还要加大执法力度，打击市场违规行为，保护企业的合法权益。加强市场监管部门的培训与配备，提高执法效率和公正性。市场监管部门也应积极与企业进行沟通合作，共同维护市场秩序。

第五，加强与企业的沟通与合作。政府可以建立定期沟通机制，与企业代表开展座谈会等活动，了解企业在发展过程中遇到的问题和需求，并积极解决。各级政府还可以组织企业代表参与政策制定的过程，增加其获得感和归属感。

二　黑龙江省各市经济高质量发展空间特征分析

从地域角度看，哈尔滨、大庆两市位于黑龙江省南部，地处松嫩平原，邻近长春、吉林和松原三个吉林省经济发展较好城市，拥有交通便利和政策优惠优势。哈尔滨作为省会，是国务院批复确定的中国东北地区重要中心城市、国家重要制造业基地、亚太经济发展区的腹地，是沟通东北亚、欧洲和太平洋的交通枢纽。大庆位于黑龙江省西部，被誉为"绿色油化之都、天然百湖之城、北国温泉之乡"，是国务院批复确定的国家重要的石油生产和石化工业基地。哈尔滨和大庆作为黑龙江省经济发展状况最好的两个城市，经济基础好，发展韧性强，经济增长指标在疫情冲击下恢复较快。在经济发展、社会民生改善、生态环境建设、城乡融合和科技创新等方面都具备雄厚发展基础，经济高质量发展指数较高。

黑河、伊春两市主要位于黑龙江省北部，地处小兴安岭山脉，经济高质量发展指数处于一般水平。2022 年，黑河和伊春的城镇居民人均可支配收入分别为 34550 元和 29216 元，远低于哈尔滨的 43981 元和大庆的 47482 元。这从一个侧面表明了这两个城市与哈尔滨、大庆经济发展水平的巨大差距。但这些城市具备地理优势，可以充分利用黑龙江自贸区黑河片区的政策优势，积极融入共建"一带一路"及 RCEP 协定，大力发展边贸经济。同时，这两个城市也可以利用自身的林区优势，大力发展"凉夏经济"，吸引夏季炎热地区居民到此避暑。

双鸭山、鸡西、鹤岗、佳木斯、牡丹江、七台河六个城市则主要位于黑龙江省东北部，是国家重要的煤炭和木材基地，也是东北重要的老工业基地。2023 年，这些城市的人均 GDP 分别为双鸭山 46222 元、鸡西 45214 元、鹤岗 44605 元、佳木斯 43300 元、牡丹江 42910 元、七台河 39239 元，远低于大庆的 104853 元和哈尔滨的 56785 元，这表明这些城市经济发展水平有待提高。在这些城市中，双鸭山经济发展相对较好，具有一定的工业基础，以煤炭、钢铁、机械制造等为主导产业。鸡西以煤炭、冶金、建材等为主导产业，但经济发展相对较慢。七台河则以煤炭、电力、化工等为主导产业，但同样面临经济发展滞后的问题。鹤岗曾是黑龙江省市场竞争中的一支重要力量，尤其是在煤炭产业方面具有一定优势，但随着煤炭市场的变化和退产政策的推动，鹤岗的煤炭产业逐渐衰退，使当地经济发展陷入困局。政府虽然在促进产业结构调整和城市经济发展方面做出了一些努力，但仍面临一定的困难和挑战。佳木斯是黑龙江省农村地区的代表之一，位于省内的东部。由于地理位置偏远和气候条件限制，佳木斯的农业发展面临一定的困难。尽管该市在工业和基础设施方面有一定的优势，但与发达地区相比，经济发展水平较低。政府虽然在推动经济增长方面做出了努力，但基于历史原因，该市仍需要更多时间和资源的支持，以提高人民的生活水平。牡丹江位于黑龙江省东北部，是一个重要的交通枢纽和资源丰富的城市。该市的地理位置优越，依托丰富的森林资源、水利资源和矿产资源来支撑当地经济发展。牡丹江经济结构相对多样化，包括发达的工业和制造业，以及农业和林业等多个产业，使其在黑龙江省具有重要的经济地位。

齐齐哈尔和绥化位于黑龙江西部，其中齐齐哈尔经济发展水平居于黑龙江省中游，而绥化则发展较为滞后。绥化的农村地区和一些小城镇面临资源匮乏、交通不便等问题，给经济增长带来了较大的难题。政府虽然在推动产业结构转型和经济增长方面付出了努力，但由于一些地方特殊条件的限制，绥化仍面临不少困难。

综合而言，黑龙江省内富裕和贫困地区的存在反映了经济发展不平衡的现实。政府需要进一步加大对贫困地区的支持力度，将更多资源向落后地区倾斜，促进全省各地区的协调发展。这不仅需要更多资金投入，还需要制定有效政策，激发地方经济的活力，才能实现全省范围内的共同繁荣和发展。

第三节　案例：双鸭山市经济高质量发展情况①

一　双鸭山市经济高质量发展的成效

（一）农业生产成效显著

2023 年，双鸭山市粮食生产实现"二十连丰"，粮食产能稳定在 130 亿斤以上。双鸭山市大力发展特色农业，投用宝清益生种猪场，建成岭东牧昌万头肉牛繁育基地。2020～2023 年，生猪、肉牛、大鹅饲养量分别增长 23%、33.7% 和 46.2%；棚室蔬菜、鲜食玉米、中药材种植面积分别增长 38.9%、59.4% 和 24.7%。双鸭山市大力发展玉米、水稻、大豆精深加工产业，农产品加工转化率达到 61%。新建高标准农田 86.6 万亩、垦地农业示范带 2.3 万亩，新增全国绿色食品原料标准化生产基地 30 万亩，新增省级现代农业科技示范展示基地 14 个。"黑土优品"标识授权产品达 22 款。集贤县、友谊县评为全国率先基本实现主要农作物生产全程机械化示范县；集贤县、宝清县和饶河县获评全国绿色高产高效行动示范县；宝清县入选国

---

① 本部分数据来源于双鸭山市人民政府官网及黑龙江省人民政府经济研究中心内部资料。

家农业绿色发展先行区和现代农业产业园创建试点县；友谊县庆丰乡获评全国农业产业强镇。

（二）工业发展步伐加快

近年来，双鸭山市大力推动骨干企业技改扩能、新品研发，进一步提升产业能级，拉长延伸产业链条，加快构建多点支撑、多业并举、多元发展的产业体系。2023 年，双鸭山市新增规上工业企业63 家。实施煤炭扩能计划，如《双鸭山煤炭矿区西区总体规划（修编)》是黑龙江省获得国家批复的矿区规划，推动 11 个升级改造煤矿实现联合试运转或投产。2023 年，全市煤炭产量达到 2341 万吨，同比增长 8.2%。建龙钢铁成品管加工、高等级石油用管项目当年开工、当年投产。成立数字经济服务外包产业联盟，入驻企业 2 家。智慧城市项目竣工验收，数字政府上线试运行。建成数字化车间 11个，建龙矿业、中双石墨、饶河县胜利米业获工业和信息化部"两化融合"管理体系贯标认定。农垦东北黑蜂、乾源肥业被认定为高新技术企业，实现了双鸭山市生物经济领域高新技术企业"零"的突破。双鸭山市还签约了柏星龙创意设计孵化基地。

（三）项目建设加速推进

2023 年，双鸭山市建设百大项目和 500 万元以上产业项目 422个，完成投资 351.5 亿元。投产墨砾石墨产业园一期、国能宝清腐殖酸和褐煤蜡千吨级中试项目，建龙 40MW 超高温超高压煤气综合利用发电项目并网发电，宝清县冷链物流基地开工。碳一 10 万吨天然石墨负极材料一期、中船风电清洁能源装备基地、风帆储能设备制造基地等一批转型生产基地开工或投产，鸿展 10 万吨玉米胚芽油和物流园区、全钒液流储能电池全产业链、绿色甲醇生产基地等项目签约。蜂巢电商科技园的建设实现国家级创新平台"零"的突破。集贤经开区、市经开区化工园区通过省级化工园区认定。

（四）服务业提档升级

2023 年，双鸭山市全力提振消费，共投入促消费资金 3280 万元，拉动社会消费 35 亿元。新增限上商贸企业 34 家、规上服务业企业 16 家。建成一刻钟便民生活圈 19 个、特色美食和夜间经济街区 9 个，培育年交易额 20 亿元大市场 3 个。新增外贸企业 11 家。落户平台企业 5 家，打造省 4A 级区域直播共享基地 2 个，电商零售额增长 28.2%。成功举办第三届龙江东部湿地旅游联盟推进会议和两届文旅产业暨四大经济发展大会等文旅活动，2023 年游客数量、旅游收入均增长 60% 以上。集贤县、宝清县分别荣获国家级"避暑旅游目的地""中国杰出康养旅游目的地"称号。

（五）发展动能不断增强

双鸭山市不断强化企业科技创新主体地位，实施"企业之光"科技创新行动，创新驱动取得显著成效。2023 年，实施了技改项目 21 个，新增国家级和省级"专精特新"企业 3 家、国家级众创空间 2 家、科技型企业 24 家、省级科技创新平台 6 家、省级产业技术创新联合体 2 个、工程技术中心 4 家，高新技术企业达到 33 家，北方水稻研究中心投用。金融服务不断强化，2021~2023 年累计出台惠企扶企政策、服务市场主体措施、稳经济政策措施 144 条，减税降费 19.1 亿元，发放续贷周转金、创业担保和普惠小微贷款 87.7 亿元。金融机构贷款余额连年增长，2023 年存贷比达到 66.8%，居全省第 3 位。

（六）重点改革全面深化

截至 2023 年，双鸭山市农信社改革圆满完成，事业单位改革试点完成省定任务，承办各项年度改革任务全部完成。制订防范化解地方债务风险"1+9"方案，地方隐性债务规模和债务率实现"双下降"。出台《双鸭山市政府投资项目管理服务指南》，实现了政府投资项目全流程管理。在全省率先实行了招标计划提前发布制度，制定了《建筑市场工程质量"问题企业名单"管理暂行办法》，有效规范了建筑市场主体行为。医保门诊共济改革成功推进，在全省介绍经验。持续优化营商环境，市、县两级政务服务事项网上可办率、"一次办"事项覆盖率达100%。饶河海关业务覆盖全市，实现"一地通办"。2023年度营商环境综合考核居全省前列，获评全国优秀诚信计量典型案例。建成全省首个云智慧服务中心和云办税智慧服务厅，"云办税"税务服务新模式受到国家税务总局的充分肯定。民营经济发展壮大，新增市场主体3.4万家。打好留人引才政策组合拳，出台《推进双鸭山市新时代人才振兴实施意见》，取消落户限制，实行落户"零门槛"，有效应对人才人口外流。

（七）生态环境明显改善

截至2023年，双鸭山市污染防治攻坚重点目标和中央、省生态环保督察年度整改任务全部完成。河湖"四乱"问题完成整改。建成垃圾分类示范片区267个，生活垃圾焚烧发电厂试运行，建龙化工焦化料场封闭。空气质量优良天数占比达95%。实施安邦河水环境综合治理行动，完成整治任务6项。开展入河排污口排查整治，492个入河排污口整治全面完成，治理小微水体22个。7个农场、5个独立工矿区污水处理厂和2个污水处理提标改造项目完工。饮用水水源地水质达标率100%，国控断面水质年均优良率达66.7%。落实黑土耕地保护利用示范区195万亩。治理水土流失455平方公里、侵蚀沟655条。11个山水林田湖草生态保护修复工程完工，寒葱沟水库除险加固主体工程完工。宝石河获评全省首个五星级幸福河湖。双鸭山市成功申报国家级历史遗留废弃矿山生态修复示范工程，获得国家3亿元资金支持并已开工建设。创新整合林长制、河长制、田长制，在全省率先建立了"生态总长制"。市生态环境局获评 2023 年全国生态环境系统先进集体。

二　双鸭山市经济高质量发展面临的制约

（一）产业结构不优

从产业结构来看，双鸭山市面临的主要问题是一产偏重、二产偏弱、三产不优。2022 年，全市三次产业比重为 37：28.3：34.6，对全市经济增长的贡献率分别为 27%、19.6% 和 53.4%。2023 年，全市三次产业比重为 39.4：25：35.7，对全市经济增长的贡献率分别为 87.1%、−58.2% 和 71.1%。其中，第一产业中种植业特别是粮食种植业始终居主导地位，是第一产业增长的最大拉动力，而经济作物种植业和非种植业产业特别是高附加值产业发展相对缓慢。第二产业中煤炭、钢铁产业占全市工业经济总量的比重过高，且对经济增长应有的拉动作用没有得到充分发挥，拉动力不强，贡献率不高，发展水平偏弱。第三产业中传统和生活性服务业比重仍然偏高，现代服务业发展不充分，产业占比偏低，导致第三产业对经济增长的贡献率仍有提升空间。

（二）产业层次不高

双鸭山市依托自身资源优势，初步形成了以煤炭、电力、钢铁、粮食加工、煤化工、新材料六大行业为主的产业格局，但资源型、原字号传统产业占比过大，新兴产业尚未形成规模效益。从产品结构来看，供给端质量不高，产品档次和标准水平偏低，总体处于价值链的中低端，产品附加值低，缺乏市场竞争力，不能进行高质量供给，具体表现为"三多三少"，即初加工、低附加值产品多，精加工、高附加值产品少；低档通用产品多，名优特新产品少；传统近销产品多，"远走高飞"产品少。

（三）企业构成失衡

双鸭山市的企业数量偏少、总体规模偏小，民营经济发展不充分。从所有制类型来看，国有企业过大过强，民营企业相对偏弱。双鸭山市民营企业尽管在数量上占据绝对优势，但经济总量占比低，民营企业小散弱，特别是大多数企业规模小，缺少有实力、有竞争力、有拉动力的大型现代化民营企业，从而影响了非公有制经济整体实力的提升。从企业规模来看，大型企业数量少，特别是拉动经济快速增长的大型企业严重不足，从业企业规模普遍较小，多数为小微企业，抵御风险能力弱。从产业类别来看，目前双鸭山市的经济拉动依然过分依赖传统产业，特别是财政税收过于依赖国电公司、龙煤双矿、建龙钢铁，这些公司可以说是煤、电、钢"三柱擎天"，而经济增长对大型企业的依存度过高，导致一旦企业在自身经营运行过程中出现问题，全市经济就会受到巨大影响。

（四）项目投资不足

项目投资不足主要表现为招商引资中新兴产业占比不高，立市项目较少，外资渠道狭窄。近年来，双鸭山市签约的项目集中在煤电、化工、农副产品深加工等传统产业，而在传统主导产业外，特别是在新兴产业领域，缺乏吸引投资的行业规模及经济效益，导致企业投资意愿不强。双鸭山市招商引资项目依然较少集中在成长性好、产业链长、带动性强的新兴产业及重点优势产业，骨干产业产品处于产业链和价值链低端，缺乏竞争力强和高附加值的产品。

三 推动双鸭山市经济高质量发展的思路及对策

（一）打造高质量发展示范城市

一是要做大做强"四大基地"。做强国家重要商品粮生产基地，大力实施粮食增产工程，不断提高粮食产能，粮食种植面积保持在1500万亩以上，粮食产能稳定在135亿斤以上。做强重要煤电化及新能源基地，推进煤炭产业扩能，力争全市煤炭产量突破2500万吨，加快推动煤炭产业链延伸。做强装备生产制造基地，大力发展风电装备、采煤装备、特种锅炉装备等装备制造业，加速中船清洁能源装备制造基地二期投产，支持黑龙江集佳电气、黑龙江新双锅、双煤机电、龙冶科技等企业做大做强。做强新材料基地，加快推进全钒液流储能电池全产业链项目，打造全省钒液流电池材料创新发展基地，推进星联科技高堡膜、潍坊六方高性能碳化硅项目。二是要提高产业质效。推动工业提质扩量，实施企业梯次培育计划，加快形成产值超亿元、超千万元、超百万元的"十百千"企业梯队，打造5个百亿级产业集群。促进消费扩容升级，改造提升传统服务业，实施大型商业设施改造，打造特色美食街区和夜经济街区，开展双鸭山老字号美食评选活动，力争在打造精品酒店、引育专业市场、招引品牌便利店上实现突破。大力发展电子商务、旅游康养等新兴服务业，积极培育数字消费、绿色消费等新消费增长点。三是要强化项目支撑。开展"项目建设落地年"活动，全力推进项目建设提质、提速、提效。同时，开展"园区能效提升"行动，聚焦功能完善、体制创新、产业升级、企业集聚，以市经开区为龙头，重点推进新型煤化工、数字经济服务外包、文化创意等园区发展。

（二）打造现代化大农业先行先导城市

一是要打造现代农业大基地。大力实施耕地和黑土地保护工程，加强高标准农田建设。实施提升粮食产能重点水利工程、矿井疏干水置换农业灌溉水工程。围绕标准化生产、规模化发展、集群化建设，启动国家玉米优质粮源生产基地、寒地生态森林食品生产供给基地、冷水鱼类养殖基地等创建工作。鼓励和支持农垦、农业龙头企业、家庭农场和种植大户走出国门，开展境外农业种植。二是要培育现代农业大企业。坚持全产业链开发、全价值链提升，实施农产品加工业高质量发展三年行动，招引、培育一批现代农业龙头企业。重点支持宝清万里润达、鸿展等玉米精深加工企业，祥源油脂等大豆加工企业，东北大自然、恒盛米业等水稻加工企业，宝清益生、岭东牧昌等养殖企业做大做强。三是要做强现代农业大产业。构建现代农业"3+8+N"产业体系，做大做强玉米、大豆、水稻三大优势农产品加工业，做精做优畜牧、鲜食玉米、杂粮杂豆、食用菌、中药材、森林食品等8个优势特色产业。加强农业全产业链建设，贯通"产加销"，融合"农文旅"，积极培育新业态、新模式，推动三产融合发展。四是要提升农业现代化水平。大力推广良种、良法、良技，主要农作物良种覆盖率达100%。打造"两品一标"认证产品、"黑土优品"授权产品。推进农业信息化，优先在农业产业园、农业示范带推广卫星遥感技术，加强大数据、物联网、人工智能等现代信息关键技术与装备集成应用。

（三）打造生态康养旅游目的地城市

一是要打造旅游"四个品牌"。打造生态旅游品牌，以"两带"为核心，大力发展森林游、湿地游、避暑游、边境游。打造节庆旅游品牌，高标准办好第三届文旅产业暨四大经济发展大会。打造特色文旅品牌，围绕东北抗联、北大荒知青、挹娄古迹、古玉文化遗存、赫哲民俗等地域特色文化，大力发展红色教育、知青探访、农业观光、古文化体验等特色文化旅游。打造冰雪旅游品牌，推动青山冰雪旅游景区提档升级，支持宝清圣洁摇篮山滑雪场创建国家级滑雪旅游度假地，发展集贤冰雪体验游，办好首届冬季冰雪文化节。二是要不断提升产业发展水平。坚持产业化思维、市场化理念，大力培育、引进一批景区景点经营管理、住宿餐饮、交通运输以及旅行社等旅游企业，推动国有景区景点市场化转型。以创建国家A级旅游景区为抓手，鼓励支持旅游企业管理模式创新、营销创新，推动文旅、农旅、体旅、康旅融合，满足个性化、多样化旅游消费需求。三是要完善配套服务功能。谋划建设旅游服务中心，引导旅行社入驻。推进智慧旅游平台建设，提升市域旅游的可进入性。提标改造景区公路，规范城区及景区道路旅游标识。打造旅游主题酒店、微型度假综合体等多元消费空间，发展乡村驿站和特色民宿等新业态，提升游客接待能力。从规划精品旅游线路开始发展全域旅游，通过设置定点景区、定点酒店、定点饭店等，强化对设施水平、服务水平、价格水平的管理。

（四）打造向北开放新高地的重要节点城市

一是要优布局建基地。以市经开区为依托，大力推进陆港型物流枢纽和生产加工基地建设，打造龙江东北部畅通国内、连接俄罗斯的进出口商品物流仓储、集散和加工中心。完善饶河口岸功能，开通边民互市贸易区，开工建设饶河互市贸易进口商品落地加工产业园，打造互贸商品落地加工基地。完善宝清白瓜子交易大市场国家级外贸转型升级基地功能，推进宝清县冷链物流基地投用，打造水产品、农畜产品进出口加工基地。依托四达中俄国际贸易中心，启动集贤县冷链物流基地建设，打造优质果蔬生产出口基地。推进友谊县对俄铁路货运场站项目，打造对俄铁路物流基地。二是要扩规模优结构。推进佳同铁路双鸭山段扩能改造、中俄饶河四季浮桥项目，提高口岸过货外运能力。加大外贸主体培育力度，大力引进外贸特别是贸工一体化企业。举办向北开放经贸合作对接会，参加大型国际展会，加强多元化国际经贸合作，加大粮食、木材、矿产等大宗资源产品进口力度，推动赖氨酸盐酸盐、无缝钢管、建材、白瓜子、果蔬等产品出口。加快发展跨境电商，力争在培育集支付、结算、清关、物流于一体的跨境电商平台上实现突破。三是要促开放强合作。加强与佛山在产业、经贸、文旅等领域的深度合作，深化与珠三角、长三角、京津冀等地区合作，支持友谊县发展反向飞地合作模式。持续强化与森工集团、龙煤双矿、国电公司、大唐双鸭山热电等企业合作，推动共赢发展。

（五）打造生态宜居山水园林城市

一是要让居住更舒适。开展保障性住房、"平急两用"公共基础设施、城中村改造"三大工程"建设。聚焦人居环境品质提升，推动城市更新。开展主城区品质提升行动，实施道路改造提升工程，提标改造主次干道路面和主次干道人行道。改造老旧小区、住宅楼和各类管网。实施绿化品质提升工程，开展山体坡面绿化修复以及城区街路、小区绿化补植工作。推进城市精细化管理，建设城市运行管理服务平台，推行"街长制"管理机制，开展常态化"马路办公"，改善市容市貌。二是要让生态更优良。开展重污染天气消除等攻坚行动，推进建龙钢铁超低排放改造项目建设。推进幸福河湖创建，加快安邦河沿岸改造。加强地下水超采治理，加大力度治理侵蚀沟、水土流失。加快实施历史遗留废弃矿山生态修复示范工程。

（六）打造宜业宜养幸福和谐城市

一是把民生保障作为安民之基。实施"10+N"就业服务专项行动，设立就业推荐官和服务专员，开展万人职业技能培训，有效促进高质量充分就业。实施全民参保计划，提升医疗、生育保险等待遇水平，率先在全省开通24小时医保服务热线。兜牢民生保障底线，实现困难群体应保尽保、社会救助应兜尽兜。实施幸福养老工程，探索以社区辅助居家养老为基础、以机构养老为补充、医养康养相结合的新型养老服务模式，打造公办民办养老机构示范典型。二是把教育作为兴市之本。依托产教联盟，构建"五业联动"职业教育办学模式，培养更多高素质技能型人才。加强教育基础设施建设，不断改善教学环境。三是把健康作为民生之要。巩固医联体、医共体建设成果，强化传染病防控，推动中医药传承创新发展，加强医德医风建设，启动国家级安宁疗护试点城市建设，全面提升医疗服务水平。开展人口素质提升行动，落实三孩政策及配套措施，保持适度生育率和人口规模。四是把安定作为幸福之源。聚焦矿山、消防、道路交通、城镇燃气、建筑房屋、危险化学品、食品药品等重点领域，开展安全生产治本攻坚三年行动，实现事故起数、死亡人数"双下降"，坚决杜绝重大特大事故发生。加强森林防火、洪涝等灾害应对防范，提升防灾、减灾、救灾能力。实施信访矛盾治理三年攻坚行动，推动信访工作法治化。高效处置和打击非法集资，严厉打击逃废银行债务行为，维护金融秩序稳定。

产 业 篇

第六章　东北地区农业高质量发展研究

第一节　东北地区农业基本情况

一　农业资源禀赋情况

（一）耕地资源

由表 6-1 可知，2022 年东北地区耕地面积为 2973.23 万公顷。其中，辽宁省为 515.67 万公顷，吉林省为 744.43 万公顷，黑龙江省为 1713.13 万公顷，合计占全国耕地总面积的 23.30%。东北地区人均耕地面积达到 0.307 公顷，是我国人均耕地面积的 3.3 倍。东北地区不仅耕地面积大、地势平坦、集中连片，适于大机械作业和规模化生产，而且土地质量好，多为有机质含量较高的黑土地，集中分布在松嫩平原、三江平原、辽河平原、大小兴安岭山麓和长白山低山丘陵区，是世界三大黑土带之一。东北地区典型黑土地耕地面积约为 1853 万公顷。东北地区农业耕地资源相对丰富，户均经营土地规模较大，这为土地适度规模经营、发展现代化大农业提供了重要基础，因而，东北地区从事种植业的家庭农场和农民专业合作社比例高于全国平均水平。

表 6-1 2022 年东北地区土地资源利用情况

单位：千公顷，%

	耕地	园地	林地	草地	湿地	森林面积	森林覆盖率
辽宁省	5156.7	530.1	5989.6	478.1	295.9	571.8	39.24
吉林省	7444.3	93.6	8797.2	636.2	223	784.9	41.49
黑龙江省	17131.3	74.9	21634.8	1172.8	3487.3	1990.5	43.78
三省份合计	29732.3	698.6	36421.6	2287.1	4006.2	3347.2	—
全国	127579.9	20112.6	283545.8	264285.0	23568.7	22044.6	22.96
占全国的比重	23.30	3.47	12.85	0.87	17.00	15.18	—

资料来源：《中国统计年鉴 2023》。

（二）森林资源

2022 年，东北地区林地面积为 3642.16 万公顷，占全国林地面积的比重为 12.85%；森林面积为 334.72 万公顷，占全国森林面积的比重为 15.18%。随着天然林的保护和禁伐以及人工造林面积的不断增加，东北地区的森林覆盖率不断提高。2022 年，辽宁省、吉林省、黑龙江省的森林覆盖率分别达到 39.24%、41.49%、43.78%，高于全国 22.96% 的平均水平。森林覆盖率的不断提高，不仅为国家生态安全提供了重要保障，也为国家粮食安全提供了良好的生态环境。

（三）草原资源

2022 年，东北地区草地面积为 228.71 万公顷，占全国草地面积的比重为 0.87%；湿地面积为 400.62 万公顷，占全国的比重为 17.00%。近十年来，随着国家生态环境保护力度的加大，东北地区采取人工种草、退牧还草、退耕还草等措施，建立"轮牧、休牧、禁牧"等草原保护制度，推进舍饲和半舍饲养殖，持续推进草原治理工程，使草原生态恶化趋势得到遏制，局部地区草原生态环境得到明显改善。

（四）水资源

东北地区水资源相对比较匮乏，时空分布差异比较明显。根据各省份的《水资源公报》，2022年，东北地区水资源总量为2185.3亿立方米，占全国水资源总量的8%。其中，辽宁省水资源最少，为561.7亿立方米，人均水资源量为1336.7立方米；吉林省次之，为705.1亿立方米，人均水资源量为3005.1立方米；黑龙江省为918.5亿立方米，人均水资源量为2962.2立方米。东北地区水资源的地域分布差异，年际、年内变化都比较明显。以黑龙江省为例，虽然水资源总量较多，但耕地亩均占有水资源量为460立方米，仅相当于全国平均水平的23%，且东北地区水资源结构以地表水为主，地表水资源占比在80%以上。多年来，东北地区水资源总量和人均占有量在全国各省份排名中一直位次靠后，在东北地区的用水结构中，农业用水占比65%以上，工业用水占比20%，其余为生活和生态用水。

尽管东北地区资源禀赋（耕地、森林、草原、水资源等方面）优势比较明显，但经过长期高强度开发利用，其资源方面也亮起了红灯，主要表现在以下方面。一是耕地质量衰退与水土流失问题比较严重。虽然东北地区耕地的质量较高，且面积稳定在一定数量或略有增加，但长期高强度的开发利用，以及过量使用化肥、农药等这些不合理的利用方式，导致耕地质量明显退化，特别是黑土区水土流失严重，土壤理化性质变差、有机质含量下降、土地产出率下降，因此耕地质量保护与恢复亟待加强。二是森林资源破坏仍时有发生。尽管近年来东北地区实施国家天然林保护政策得到一定成效，森林过量采伐、乱砍滥伐的问题得到了有效控制，但不合理地开发利用、乱占林地、毁林开荒种地、森林火灾和病虫鼠害破坏森林资源的问题仍时有发生。每年受灾森林面积超过百万公顷，森林资源保护任务艰巨。三是天然草原仍在不同程度地退化。草原生态退化趋势仍在继续，虽然草原治理工程取得明显成效，但自然灾害和人为原因导致的草原破坏仍然严重，人类不合理地开垦、放牧使草原超载。工业污染以及乱征滥占、乱采滥挖的现象时有发生，尤其是天然草原退化、沙化、盐碱化等问题没有得到根本性治理，加之草原火灾、虫鼠害、干旱等自然灾害造成的破坏，使得草原得不到合理休养生息。四是水资源匮乏且利用效率低，水环境现状仍不容乐观。东北地区用水结构的不合理，导致水资源匮乏地区的生产生活用水需求难以满足，这成为一些地方发展的瓶颈。地表水开发利用不足使得工业用水大量开采地下水，一些区域地下水位下降，甚至出现漏斗区，严重威胁生态安全。东北地区用水结构以农业用水为主，但缺乏农田水利设施，导致水资源利用效率低和大水漫灌浪费的问题出现。此外，东北地区水环境污染的问题也比较严重，一些主要河流的水质、水体处于重度污染状态。

总之，东北地区农业自然资源的主要特点是土地资源丰富，农林牧用地面积大、质量高；气候温和，降水适中，大部分地区适合一年一熟，但春旱、秋涝、低温冷害威胁大，水资源分布不均衡。

二 东北地区农业生产现状

（一）东北地区是国家重要商品粮生产基地

东北地区处在中寒温带，地域分布特征显著；属大陆性季风气候，光、热、水同季，气候温和、降水适中，大部分地区适合一年一熟。因此在粮食生产方面有着独特优势。得天独厚的自然资源禀赋，如较为适宜的气候、生态环境，以及广袤肥沃的黑土地，构成了东北玉米、大豆、水稻生产的"黄金带"。连续多年的粮食增产，奠定了东北农业在保障国家粮食安全中的战略地位和重要作用。

2022年，东北地区农作物播种面积为2576.27万公顷，占全国的比重为15.16%，其中，粮食作物播种面积为2402.98万公顷，占全国粮食作物播种面积的 20.31%。东北地区粮食产量为 14328.4 万吨，占全国总产量的 20.87%，其中玉米产量占全国产量的 33.39%、大豆产量占全国产量的 51.79%、稻谷产量占全国产量的 18.34%。东北地区粮食人均占有量为 1485.5 公斤，是全国人均占有量的 3.1倍；全国商品粮大县前十名中有 9 个县市在东北地区，黑龙江、吉林两省份的粮食人均占有量分别居全国的前两位。东北地区粮食商品率超过了 70%，粮食的调出量名列前茅，是名副其实的国家重要商品粮生产基地，尤其是近年来，为保障国家粮食安全做出了重要的贡献（见表 6-2、表 6-3）。

表 6-2 2022 年东北地区农作物播种情况

单位：千公顷，%

	农作物播种面积	粮食作物播种面积	稻谷	小麦	玉米	大豆	油料
辽宁省	4326.9	3561.5	516.4	2.0	2758.0	115.3	311.4
吉林省	6226.4	5785.1	833.2	5.4	4469.4	309.9	223.5
黑龙江省	15209.4	14683.2	3601.4	21.4	5970.2	4931.6	39.8
三省份合计	25762.7	24029.8	4951.0	28.8	13197.6	5356.8	574.7
全国	169991.0	118332.0	29450.0	23518.0	43070.0	10244.0	13141.0
占全国的比重	15.16	20.31	16.81	0.12	30.64	52.29	4.37

资料来源：《中国统计年鉴 2023》。

表 6-3 2022 年东北地区农作物产量情况

	粮食产量（万吨）	粮食人均占有量（公斤）	玉米（万吨）	大豆（万吨）	稻谷（万吨）	小麦（万吨）	油料（公斤）	油料人均占有量（公斤）
吉林省	4080.8	1728	3257.9	70.0	680.9	1.7	81.6	34.5
辽宁省	2484.5	590	1959.2	27.0	425.6	0.8	113.4	26.9
黑龙江省	7763.1	2495	4038.4	953.4	2718.0	8.4	14.3	4.6
三省份合计	14328.4	1485.5	9255.5	1050.4	3824.5	10.9	209.3	—

续表

	粮食产量（万吨）	粮食人均占有量（公斤）	玉米（万吨）	大豆（万吨）	稻谷（万吨）	小麦（万吨）	油料（公斤）	油料人均占有量（公斤）
全国	68652.8	486	27720.3	2028.3	20849.5	13772.3	3654.2	25.9
占全国的比重（%）	20.87	—	33.39	51.79	18.34	0.08	5.73	—

资料来源：《中国统计年鉴2023》。

（二）东北地区是国家重要畜禽产品生产基地

由于粮食、秸秆饲料资源丰富，东北也是国家重要畜禽产品生产基地。2022年，东北地区肉牛奶牛饲养量为1210.7万头，肉猪出栏头数为7051.0万头，肉猪存栏量为4043.9万头，肉羊存栏只数为2313.9万只。2022年，东北地区肉类总产量为744.0万吨，占全国肉类总产量的比重为10.97%，肉类人均产量为77.1公斤，是全国人均产量的1.6倍；奶类总产量为666.4万吨，占全国的16.55%，牛奶人均产量为69.1公斤，是全国人均产量的2.5倍；禽蛋产量为519.4万吨，占全国的15.03%（见表6-4、表6-5）。畜牧业已成为东北新的农业经济增长点。

表6-4　2022年东北地区牲畜饲养情况

	肉牛奶牛饲养量（万头）	肉猪出栏头数（万头）	肉猪存栏量（万头）	肉羊存栏只数（万只）
辽宁省	294.6	2894.3	1414.6	787.8
吉林省	390.3	1839.4	1190.2	687.5
黑龙江省	525.8	2317.3	1439.1	838.6
三省份合计	1210.7	7051.0	4043.9	2313.9
全国	10215.9	69994.8	45255.7	32627.3
占全国的比重（%）	11.85	10.07	8.94	7.09

资料来源：《中国统计年鉴2023》。

表 6-5　2022 年东北地区畜产品产量情况

| | 肉类总产量（万吨） | 肉类人均产量（公斤） | 其中 | | | 奶类总产量（万吨） | 其中 | 牛奶人均产量（公斤） | 禽蛋产量（万吨） |
			猪肉（万吨）	牛肉（万吨）	羊肉（万吨）		牛奶（万吨）		
辽宁省	281.6	66.8	242.6	32.3	6.7	135.1	134.7	32.0	315.8
吉林省	202.7	85.9	150.1	44.3	8.3	29.4	29.3	12.4	95.8
黑龙江省	259.7	83.4	191.8	52.7	15.2	501.9	501.2	161.0	107.8
三省份合计	744.0	77.1	584.5	129.3	30.2	666.4	665.2	69.1	519.4
全国	6784.2	48.0	5541.4	718.3	524.5	4026.0	3931.6	27.8	3456.4
占全国的比重（%）	10.97	—	10.55	18.00	5.76	16.55	16.92	—	15.03

资料来源：《中国统计年鉴 2023》。

随着农业供给侧结构性改革不断推进，东北的农业生产结构也在不断优化。粮食作物种植结构更趋合理，高附加值农作物比重有所提高，初步建立起"粮食-经济作物-饲料"的生产结构。在保持玉米、水稻等播种面积稳步增长的同时，增加大豆作物种植面积，以及高品质、高附加值农作物种植面积，逐渐提升农产品质量，竞争力明显增强。同时，随着国家对东北农业资金扶持力度的加大，东北新型农业经营主体蓬勃发展，农业产业化龙头企业迅速增加。2023 年 5 月，农业农村部发布第十次监测合格和递补农业产业化国家重点龙头企业名单，在上榜的 1429 家企业中，东北地区共计有 182 家企业上榜，占比达 12.74%。其中，辽宁省 64 家、吉林省 54 家、黑龙江省 64 家，占全国的比重分别为 4.48%、3.78%、4.48%。这将为东北地区三产融合，构建农业全产业链，发挥农业产业化优势奠定重要的基础。

（三）东北地区的农业生产条件

2022 年，东北地区耕地面积为 2973.23 万公顷，耕地灌溉面积仅为977.6万公顷，占东北耕地面积的32.88%；东北地区耕地灌溉面积占耕地面积的比重低于全国平均水平22.3个百分点。东北地区农用化肥施用量为591.7万吨，占全国农用化肥施用量的11.65%；东北地区水库数量为2886座，占全国的3.03%，水库总库容量为898亿立方米，占全国的9.08%（见表6-6）。2022年，东北地区农业机械总动力为37806.6万千瓦，占全国的34.18%。其中：大中型拖拉机数量为136.56万台，占全国的25.99%；配套农具为102.50万部，占全国的19.49%；小型拖拉机数量为210.18万台，占全国的12.98%（见表6-7）。

表 6-6　2022 年东北地区农业生产条件情况

	耕地灌溉面积（千公顷）	农用化肥施用量（万吨）	水库数量（座）	水库总库容量（亿立方米）	除涝面积（千公顷）	水土流失治理面积（千公顷）
辽宁省	1716.6	130.5	751	374	931.8	6144.1
吉林省	1906.5	222.7	1338	325	1043.1	3230.3
黑龙江省	6152.9	238.5	797	199	3347.1	6717.9
三省份合计	9776.0	591.7	2886	898	5322.0	16092.3
全国	70358.9	5079.2	95296	9887	24128.8	156029.6
占全国的比重（%）	13.89	11.65	3.03	9.08	22.06	10.31

资料来源：《中国统计年鉴 2023》。

表 6-7　2022 年东北地区农业机械拥有情况

	农业机械总动力（万千瓦）	大中型拖拉机		小型拖拉机
		数量（万台）	配套农具（万部）	数量（万台）
辽宁省	26357.8	22.00	17.96	37.57
吉林省	4357.9	44.98	11.41	86.35
黑龙江省	7090.9	69.58	73.13	86.26
三省份合计	37806.6	136.56	102.50	210.18

续表

	农业机械总动力 （万千瓦）	大中型拖拉机		小型拖拉机
		数量（万台）	配套农具（万部）	数量（万台）
全国	110597.2	525.36	526.00	1618.70
占全国的 比重（%）	34.18	25.99	19.49	12.98

资料来源：《中国统计年鉴 2023》。

第二节　东北地区农业高质量发展存在的问题

一　超小规模农业生产经营难以满足市场需求和国家安全需要

大国小农、人多地少是我国的基本国情。2021 年，全国人均耕地面积仅为 1.36 亩。根据《中国统计年鉴 2022》，东北地区耕地资源较为丰富，情况稍好一些，其中辽宁、吉林和黑龙江的人均耕地面积分别为 1.83 亩、4.71 亩和 8.24 亩。根据各省份农业农村厅数据，东北地区农业机械化程度也较高，2022 年，辽宁、吉林和黑龙江的农作物耕种收综合机械化率分别达到 83%、89.2% 和 98%，均远高于 73% 的全国平均值。尽管如此，与发达国家相比，东北地区的农业集约化经营程度还是较低。一家一户的超小生产规模是难以满足国家对东北的"保障国家粮食安全"的战略定位的。其主要原因在于，小生产不仅难以与大市场对接，而且面临自然、市场和质量安全"三重风险"。在超小规模生产经营基础上有效满足超大规模农产品需求，特别是在外部国际环境不确定性增强的环境条件下，推进农业现代化的艰巨性和复杂性可想而知，况且我国农村土地还承担一定社会保障功能，因此生产经营规模也关系到社会稳定。虽然近年来，农村专业大户、家庭农场、农民合作社以及农业产业化龙头企业等新型农业经营主体快速发展，但东北地区一直没有改变以小农户经营为主的农业生产格局，大部分承包耕地仍由承包农户管理经营。以兼业小农为主的小规模、分散经营，不仅阻碍了农村土地的流转，导致了土地产出率低，而且不利于农业科技成果的推广与应用，严重制约了规模化、机械化、集约化发展。这种"小生产"与"大市场"之间的矛盾对推进农业农村现代化形成了巨大的挑战。

二　国内消费者对农产品质量和食品安全的要求越来越高

经过 40 余年改革开放的努力，我国虽然解决了吃饱的问题，但吃好问题、吃出营养和健康的问题还没有从根本上得到解决，未来随着居民收入、生活水平的不断提高和健康意识的增强，人们对农产品的要求会越来越高，不仅要求提供更多数量的优质农产品，而且对食品质量安全有更高的要求，这就使得国内农产品的质量和食品安全面临更大的挑战，然而，目前来看国内农产品质量安全还难以满足消费者诉求。一是小生产无法达到大市场要求的产品质量。这是因为东北地区农业生产者数量巨大，且分散生产，拥有各自独立的收储和运输方式，难以在各个营销环节中进行全程的标识跟踪，尤其是在蔬菜、水果和水产品生产方面，难以建立可追溯体系。二是农户生产专业化、标准化程度低，食物生产不适应营养需求。优质食物的品种及结构与消费需求结构不协调，国内农产品质量安全标准普遍低于欧美、日本等发达国家，特别是安全有保障、质量有标准、产品有标识的优质食物比重较低，不能满足市场需求。这是因为多数农产品生产方式较为粗放，清洁生产及健康养殖技术滞后，农业面源污染严重。三是食品加工过程质量控制不严格。部分加工食品过度追求精细，致使矿物质、维生素等微量营养素损失，造成食物资源浪费。食品加工过程中经常非法使用食品添加剂，发生一些食品质量安全事故，比如部分食用农产品存在农药、兽药、重金属残留超标；一些小作坊、小食摊卫生条件令人担忧、质量安全难以保障；等等。四是现行食品安全的管理体制不健全。在分散的小农生产过程中，国家难以制定统一的标准以实现对小农户生产、加工和运输活动的有力监管，检验检测体系明显不适应市场经济的发展。随着消费者及出口商对食品质量和食品安全的需求不断升级，食品质量和食品安全问题备受关注，在粮食等主要农产品生产、流通和加工过程中实现有效的安全控制和品质提升，是保障食品质量和食品安全的关键。因此，亟待建立从田头到餐桌，从投入品、产地环节到生产环节、加工环节、流通环节的全过程农产品质量安全控制体系，让老百姓真正吃得放心。

三 城乡分割的二元体制尚未打破，阻碍了农业农村现代化

我国发展最大的不平衡是城乡发展不平衡，最大的不充分是农村发展不充分。城乡发展的不平衡、不协调的主要根源就是现行的城乡二元结构体制，这种结构体制导致城乡要素资源结构性错配。虽然它过去为我国工业化和城镇化的发展做出了积极贡献，但随着长时间的弊端积累，已经成为实现城乡共同富裕需要补齐的短板，成了制约我国长期宏观经济增长的结构性约束。尽管改革开放四十多年来我国城乡的收入差距在不断缩小，城市化率已超过60%，但农村经济社会发展滞后于城市的局面依旧没有改变，而且城乡、群体间差距不断扩大的趋势还在延续。这种差距的长期存在，不利于增加中低收入群体的消费需求，更不利于建立强大的国内市场，阻碍了共同富裕目标的实现。不仅如此，原有城乡二元结构体制没有被打破，难以使公共资源配置向农业农村倾斜、农业转移人口向城镇顺畅流动，这就使得无论是交通、能源、通信等基础设施，还是卫生、教育、养老等公共服务，都在城乡之间存在巨大差距。这种二元结构性矛盾和体制性障碍，加剧了要素向城镇第二、第三产业流向的倾斜趋势，进一步限制了农业农村的发展，既无法带动各种要素向农业农村集聚，也无法让农村依靠自身积累支撑乡村建设，

严重阻碍了我国农业农村现代化的实现。

四 粮食主产区"粮财倒挂""高产穷省"的问题十分突出

东北粮食主产区是我国粮食生产的核心区，承担着保障国家粮食安全的重任。然而，粮食主产区的经济发展水平、农民收入水平等与全国平均水平相比，尤其是与东部发达地区相比，依然存在明显的差距，粮食生产与地方经济发展"相悖"的情况十分突出。许多粮食主产区都陷入"粮食生产越多、贡献越大，财政负担越重，经济发展越落后"的不利境地。目前全国粮食主产区 13 个省区（河北、内蒙古、吉林、黑龙江、辽宁、江苏、安徽、江西、山东、河南、湖北、湖南、四川）常年粮食产量占全国总产量的近 80%，[①] 且这 13 个省区 80% 以上的产粮大县都是"经济弱县、财政穷县"。而粮食主销区有 7 个省市（北京、天津、上海、浙江、福建、广东、海南），这 7 个省市粮食产量仅占全国粮食总产量的 4.3%，广东、浙江、福建等沿海经济发达省份粮食自给率不足 30%。由于粮食产销区利益分配失衡，主产区在发展粮食生产中存在利益损失，区域不平衡问题越来越突出，形成了主产区经济发展水平总体落后于主销区的怪圈。

这表现在以下几个方面。第一，粮食主产区和主销区之间经济发展差距较大。主产区人均经济实力大幅落后于主销区，根据国家统计局数据和各省份常住人口数据，测算产销区人均 GDP，发现产销区人均 GDP 差距从 2003 年的 1.38 万元扩大到 2022 年的 4.18 万元，2022 年主销区人均 GDP 为 12.12 万元，而主产区人均 GDP 为 7.94 万元，仅为主销区的 65.5%。如果剔除山东、江苏两个经济强省后再算均值，则与主销区差距进一步拉大。粮食人均占有量排在全国第 1 位和第 2 位的黑龙江和吉林，2022 年人均 GDP 分别为 5.11 万元和 5.53 万元，不及主产区的平均水平，分别排在全国第 30 位和第 27 位。

---

① 刘慧：《健全粮食主产区利益补偿机制》，《经济日报》2024 年 6 月 20 日。

第二，粮食主产区和主销区地方财政收入差距较大。根据国家统计局公开数据，2022年主销区人均财政收入为1.33万元，而主产区仅为0.63万元，不及主销区的一半，也不到全国平均水平的八成，全国80%的产粮大县都是财政穷县。吉林、黑龙江拥有近100个国家商品粮大县，90%以上的县（市）地方财政收不抵支，社会基本公共服务和民生支出基本靠中央和省级财政转移支付提供。

第三，粮食主产区和主销区的农村居民人均可支配收入差距越来越大。2008~2014年，主产区中只有吉林、湖北、辽宁、山东、江苏5个省份的农村居民人均可支配收入高于全国平均水平。到了2023年，吉林、湖北、辽宁3个省份的农村居民人均可支配收入低于全国平均水平，只剩下山东、江苏2个省份的农村居民人均可支配收入高于全国平均水平。如表6-8所示，2023年作为粮食主产区的黑龙江、吉林的农村居民人均可支配收入仅排在第21位、第22位。

表6-8　2023年各省区市农村居民人均可支配收入排名

单位：元

排名	地区	农村居民人均可支配收入	排名	地区	农村居民人均可支配收入	排名	地区	农村居民人均可支配收入
1	上海	42988	12	内蒙古	21221	23	广西	18656
2	浙江	40311	13	安徽	21144	24	新疆	17948
3	北京	37358	14	湖南	20921	25	宁夏	17772
4	天津	30851	15	重庆	20820	26	山西	17677
5	江苏	30488	16	海南	20708	27	陕西	16992
6	福建	26722	17	河北	20688	28	云南	16361
7	广东	25142	18	河南	20053	29	青海	15614
8	山东	23776	19	四川	19978	30	贵州	14817
9	辽宁	21483	20	西藏	19924	31	甘肃	13131
10	江西	21358	21	黑龙江	19756			
11	湖北	21293	22	吉林	19472			

资料来源：各省区市2023年《国民经济和社会发展统计公报》。

第四，粮食主产区人均公共服务水平滞后于粮食主销区。根据各省份统计年鉴数据，2022年粮食主销区人均医疗卫生支出为2111.7元，而主产区仅为1356.4元，占粮食主销区的64.2%；粮食主销区人均教育支出为3403.3元，而主产区仅为2364.5元，占粮食主销区的69.5%。产销区之间的基本公共服务供给差距大，不仅会影响主产区居民生活质量，还会影响主产区在发展中的竞争力和稳定性。客观上讲，粮食主产区和主销区的经济差距拉大有区位条件、发展战略、资源禀赋等原因，但粮食生产也是区域差距拉大的重要影响因素。粮食作为初级产品，带来的种植效益远远低于经济作物、工业制成品和高端服务业，主产区为保障国家粮食安全满足国内粮食供给，将主要精力和资源放在抓粮食生产上，不仅失去了较多的经济发展机会，而且付出了巨大资源和生态环境代价。随着主销区自给率不断下降，主产区供给压力明显增加，华北地区地下水超采严重，东北三江平原地下水水位下降、湿地萎缩，黑土层正在变薄、变瘦、变硬，这些后果严重威胁黑土地质量安全和粮食安全。产销区经济发展差距的拉大将直接阻碍共同富裕前进的脚步，挫伤主产区地方政府和农民种粮的积极性，长期下去将给国家粮食安全和经济社会可持续发展带来隐患。

五 科技创新和成果转化有待加强

相较于东部发达省份，吉林、黑龙江在农业科研方面的投入相对较少，这导致了其农业科技创新能力不足。东北地区需要加大投入力度，增加农业科研经费，吸引更多优秀人才从事农业科研工作。此外，东北地区农业科技创新体系尚不完善，科研院所、高校和企业之间的合作不够紧密，缺乏有效的产学研结合机制。需要进一步完善科技创新体系，促进各主体之间的协同创新。目前，东北地区农业科技成果转化渠道相对有限，很多优秀的农业科技成果未能有效转化为现实生产力。需要加强农业科技成果的推广和应用，建立健全农业科技成果转化服务体系，提高农业科技成果的转化率。受多种因素影响，吉林农业科技人才流失现象较为严重，这导致了农业科技创新能力有所减弱。需要加大人才引进和培养力度，优化人才发展环境，稳定农业科技人才队伍。在农业科技创新方面，东北地区相关政策的支持力度有待加大。需要进一步完善农业科技创新政策体系，鼓励和支持农业科技创新活动，为农业科技创新提供有力政策保障。总之，东北地区农业的科技创新和成果转化有待加强，需要从多个方面着手，加大投入力度，完善科技创新体系，优化人才发展环境，畅通科技成果转化渠道，为农业发展和农民增收提供有力支撑。

第三节　以新质生产力促进东北地区农业高质量发展的政策建议

一　优化农业产业结构

为了提高东北地区农业发展质量，首先需要优化农业产业结构。2022年，东北地区农业产业结构中，粮食作物播种面积占总面积的80%以上，而经济作物播种面积不足10%。这种以粮食作物为主的产业结构限制了农业产值的提高。政府应引导农民调整种植结构，适当减少粮食作物播种面积，增加经济作物如蔬菜、水果、药材等的播种面积。政府还应鼓励发展特色农业，发挥东北地区特色农产品的优势。例如，东北地区可以依托大豆、玉米、水稻等优质粮食作物发展订单农业，与加工企业建立稳定的合作关系，提高农产品附加值；可以借鉴山东省的农业产业结构调整经验，加大对设施农业、立体农业、循环农业等新型农业生产模式的支持力度，提高农业生产效率。

二　推进农业科技创新

农业科技创新是提高农业发展质量的关键因素。东北地区应增加对农业科技创新的投入，重点支持具有高效、环保、抗病、抗逆、高产等特色的新品种、新农药、新肥料的研发和推广。根据中国农业科学院的数据，2022年我国农业科技进步贡献率达到62.3%，但东北地区的农业科技进步贡献率仅为53%左右。东北地区需要进一步提高农业科技进步贡献率，促进农业科技成果的转化应用。政府应鼓励农业科研机构、大专院校与企业合作，建立农业科技创新联盟，推动产学研一体化。例如，中国农业科学院与黑龙江省农业科学院签署了科技合作协议，以推动农业科技创新和成果转化，为东北地区农业高质量发展提供科技支撑。

三 加强农业基础设施建设

农业基础设施建设对于提高农业发展质量具有重要意义。东北地区应加大对农田水利设施建设的投入力度，提高农田抗旱、排涝能力，保障农业生产稳定。据各省份统计年鉴数据整理计算，2022年东北地区耕地灌溉面积仅占总面积的33%左右，低于全国平均水平。政府应加大投入力度，改造升级农田水利设施，提高农田水利设施覆盖率。政府还应加强农业机械化设施建设，推广适用农业机械，提高农业生产效率。根据农业农村部的数据，2022年东北地区农业机械化水平仅为80%，仍有较大提升空间。借鉴农业农村部示范地区农业机械化推广经验，政府可以通过购置补贴、贷款贴息等政策手段，鼓励农民购买适用农业机械，提高农业机械化水平。

四 完善农业支持政策体系

为了促进东北地区农业高质量发展，政府需要完善农业支持政策体系。政府应加大对农业保险的支持力度，提高农业保险覆盖率，降低农民种植风险。根据中国银行保险监督管理委员会的数据，2022年东北地区农业保险覆盖率仅为40%，远低于全国平均水平。政府可以通过保费补贴、保险产品创新等手段，推动农业保险发展。政府应进一步完善农产品价格支持政策，保障农民收入稳定。例如，政府可以建立农产品价格稳定基金，对市场价格波动较大的农产品进行临时收储，稳定市场价格。政府还可以借鉴日本的农业补贴政策，实施农业生产环节补贴、生态环境补贴等，引导农民调整生产结构，提高农业发展质量。

五　培育新型农业经营主体

新型农业经营主体是推动农业高质量发展的重要力量。政府应加大对新型农业经营主体的培育力度，通过政策扶持、金融服务、技术指导等手段，促进家庭农场、合作社、农业企业等新型农业经营主体的发展。根据农业农村部的数据，2022 年东北地区新型农业经营主体数量占全国总数的比例仅为 50% 左右，仍有较大发展空间。政府还应推动农村土地制度改革，促进土地流转，为新型农业经营主体提供土地保障。例如，政府可以推广农村土地承包经营权抵押贷款政策，解决新型农业经营主体融资难问题。东北地区可以通过科技创新产业化和智慧农业本土化，发挥上下游产业链的带动作用，形成产业集群效应，促进农业产业的高质量发展。政府还可以借鉴发达地区的农民职业培训经验，加大对新型农业经营主体的培训力度，提高农民职业素质，为农业高质量发展提供人才支持。

六　大力发展智慧农业

东北地区政府可通过建立和完善农业大数据平台，实现数据的集成与共享，为农业生产经营提供决策支持。为顺利实现这一目标，各级政府应加强农村地区的网络基础设施建设，提高网络覆盖率和服务质量，为智慧农业提供网络支持。同时，积极推广智能农业装备，鼓励采用先进的智能农业机械和设备，如无人机、智能灌溉系统等，提高农业生产的自动化和智能化水平。此外，东北各地还应积极发展精准农业，利用现代信息技术，实施精准农业管理，包括精准施肥、精准灌溉和病虫害防治等。在农产品深加工领域，要促进农业产业链整合，通过整合上下游产业链，形成产业集群，促进新技术的应用和产业形态的变化。在智慧农业发展过程中，注重生态环境保护，推动农业可持续发展。

第七章 东北地区装备制造业高质量
发展研究

装备制造业是为满足国民经济各部门发展和国家安全需要而制造各种简单再生产和扩大再生产技术装备的产业总称，是生产机器的机器制造业。按国家质量监督检验检疫总局和国家标准化管理委员会 2017 年 10 月开始实施的《国民经济行业分类》标准（GB/T 4754—2017），装备制造业包括门类 C（制造业）中的第 33 大类（金属制品业）、第 34 大类（通用设备制造业）、第 35 大类（专用设备制造业）、第 36 大类（汽车制造业）、第 37 大类（铁路、船舶、航空航天和其他运输设备制造业）、第 38 大类（电气机械和器材制造业）、第 39 大类（计算机、通信和其他电子设备制造业）、第 40 大类（仪器仪表制造业）等八个大类。

《中共中央关于制定国民经济和社会发展第十四个五年规划和二〇三五年远景目标的建议》已特别指出，要坚定不移建设制造强国，坚持自主可控、安全高效，推进产业基础高级化、产业链现代化，保持制造业比重基本稳定。东北振兴为取得新突破，更应改造提升装备制造等传统优势产业，形成新的均衡发展产业结构和竞争优势。

第一节 装备制造业高质量发展的
背景和意义

一 装备制造业高质量发展是东北振兴的关键

进入 21 世纪后，京津冀、长三角、珠三角、成渝等地区凭借改革开放政策和优越地理位置，大力吸收国内、国际投资，承接优势产业转移，快速发展装备制造业，经济水平大大提高。在 2022 年 11 月工业和信息化部公布的 45 个国家先进制造业集群的名单中，东部地区有 30 个、中部地区有 8 个、西部地区有 5 个、东北地区有 2 个，其中京津冀、长三角、珠三角、成渝 4 个重点区域集群数量达 30 个，占 2/3。东北作为老工业基地，装备制造业各项指标与国内其他区域存在很大差距，发展也相对缓慢。根据各省份统计年鉴数据，2021 年东北地区全部八个大类的装备制造业营业收入共为 20196.53 亿元，不仅低于京津冀地区的 27291.3814 亿元，更远低于长三角地区的 180731.36 亿元。按装备制造业的八大类细分行业看，2022 年东北地区全面低于长三角地区，仅通用设备制造业、汽车制造业营业收入略高于京津冀地区。[①] 东北地区工业企业一直以国有控股企业为主，虽然有实施市场化改制，但东北地区国有经济占比依然很大。

---

① 按各省份 2023 年统计年鉴计算得出，2022 年，京津冀地区金属制品业营业收入为 2361.63 亿元，长三角地区为 10834.13 亿元，而东北地区仅为 1154.54 亿元；京津冀地区通用设备制造业营业收入为 1610.45 亿元，长三角地区为 23546.25 亿元，东北地区为 1640.37 亿元；京津冀地区专用设备制造业营业收入为 3064.84 亿元，长三角地区为 15256.72 亿元，东北地区仅为 1236.12 亿元；京津冀地区汽车制造业营业收入为 9103.37 亿元，长三角地区为 31261.7 亿元，东北地区为 9904.33 亿元；京津冀地区铁路、船舶、航空航天和其他运输设备制造业营业收入为 2410.53 亿元，长三角地区为 7698.64 亿元，东北地区为 2160.35 亿元；京津冀地区电气机械和器材制造业营业收入为 2965.6981 亿元，长三角地区为 39792.37 亿元，东北地区仅为 1198.48 亿元；京津冀地区计算机、通信和其他电子设备制造业营业收入为 5185.42 亿元，长三角地区为 46241.52 亿元，东北地区仅 983.84 亿元；京津冀地区仪器仪表制造业营业收入为 607.44 亿元，长三角地区为 6100 亿元，东北地区仅为 229.60 亿元。

以辽宁省为例，2022 年，辽宁省 8923 家规模以上工业企业中，国有控股企业达 826 家，虽占比不足 10%，但容纳就业人口 63.6 万人，占全部规模以上工业企业就业人口的 34.02%，其企业资产占全部规模以上工业企业资产的 43.21%。显然，东北地区国有控股企业资产规模和就业人口规模均比较庞大，企业转型阻力巨大。同时，东北地区装备制造业产品加工深度和技术水平较低，对外依存度较高，创新能力和竞争力不强，处于价值链的中低端位置。作为老工业基地，东北地区经济增长非常依赖装备制造业发展，装备制造业作为传统产业和主导产业，对东北地区经济增长的带动作用极强。因此促进装备制造业高质量发展正成为东北地区经济振兴的关键。

二　装备制造业高质量发展是实现中国式现代化的重要支撑

装备制造业高质量发展是提高我国规模巨大的城乡居民劳动收入的重要保障。装备制造业是制造业的核心，是推动经济增长的战略性产业和重要引擎，是国民财富的重要创造者，装备制造业高质量发展通过对经济增长的拉动作用，不断提高我国 14 亿名城乡居民，尤其是 8 亿多名农村居民的劳动收入。改革开放后，我国工业化迅速推进，产生巨大的劳动力需求，吸纳数以亿万计的农民工进城务工、就业。据国家统计局 2023 年 4 月公布的《2022 年农民工监测调查报告》数据，2022 年我国农民工总量达 29562 万人，农民工群体总量有所增加，收入平稳上涨。农业部门发展对提高农户收入作用有限，但制造业、建筑业等非农部门发展创造了大量就业岗位，增加了农民进入非农部门就业、从事非农产业生产的机会，提高了农民收入，促进了农村发展。同时，装备制造业也不断通过推进农业技术进步提高农业生产效率，在维护社会稳定、促进脱贫人口增收等方面起到重要作用。

装备制造业高质量发展是促进共同富裕的技术保障。2021 年 8 月，习近平总书记在中央财经委员会第十次会议中强调，共同富裕是社会主义的本质要求，是中国式现代化的重要特征，要坚持以人民为中心的发展思想，在高质量发展中促进共同富裕。[①] 党的二十大报告也提出，中国式现代化是全体人民共同富裕的现代化。中国式现代化坚持以人民为中心的发展思想，将满足人民群众对美好生活的向往作为价值取向。装备制造业高质量发展是我国经济高质量发展的重中之重，该产业的发展不断增强我国经济实力和综合实力，不断创造和积累财富，为实现中国式现代化提供重要的物质基础和技术保障，以做大做好"蛋糕"实现共同富裕。此外，与农林牧渔业、建筑业等产业相比，制造业受自然条件限制较小，装备制造业的发展能稳定和扩大就业，增加中等收入群体规模，缩小收入差距，提升人民幸福感、获得感和安全感，有助于实现全体人民共同富裕的现代化。

三 装备制造业高质量发展是参与国际竞争的重要力量

装备制造业是实体经济的重要组成部分，是现代化产业体系的基础与核心，在国家产业化布局中处于支柱型重要地位，承载着为高新技术产业发展和国家工业化提供装备的重任。装备制造业高质量发展不仅能够为相关产业提供生产所需的技术装备和零部件，而且对周边产业具有巨大的带动作用，是中国经济高质量发展的重要体现。

进入 21 世纪后，为促使装备制造业快速发展，世界各国纷纷出台相关战略。日本政府 2015 年推出《机器人新战略》，提出"世界机器人创新基地""世界第一的机器人应用国家""迈向世界领先的机器人新时代"三大核心目标，以扩大机器人应用领域与加快新一代机器人技术研发，确保日本机器人领域的世界领先地位；2016 年12 月，《日本工业价值链参考架构》发布，日本智能制造策略落地，

---

① 《习近平：共同富裕是社会主义的本质要求，是中国式现代化的重要特征》，求是网，2021 年 8 月 22 日，http://www.qstheory.cn/zhuanqu/2021-08/22/c_1127784024.htm。

还编制了智能工厂互联互通基本模式。2019 年 2 月,德国发布《国家工业战略 2030》最终修订版,深化工业 4.0 战略,推动德国工业升级,保持其工业水平在全球竞争中的领先地位,提出到 2030 年,德国工业产值在国内生产总值中的占比提高到 25%。2022 年 10 月,美国发布新版《国家先进制造业战略》,提出 11 项具体目标,强调了为美国先进制造业注入新活力的重要性以及提高制造业供应链弹性的紧迫性,要确保美国先进制造业的全球领导地位。在国际分工体系中,中国装备制造业规模较大,但不强,位于产业链中高端和价值链中低端,作为后发国家,与美、德、日等世界顶尖的装备制造业水平还有差距,应尽快打破技术垄断,实现弯道超车。

第二节　东北地区装备制造业发展现状

一　总体情况

（一）产业规模总体平稳增长

2022 年,辽宁装备制造业规模以上企业有 3262 家,吉林装备制造业规模以上企业有 927 家,黑龙江装备制造业规模以上企业有 723 家,东北地区装备制造业规模以上企业合计 4912 家,比 2021 年增加了 188 家。2022 年辽宁、吉林、黑龙江三省份八大类装备制造业细分规模以上企业单位数如图 7-1、图 7-2 和图 7-3 所示。

与规模以上企业单位数增加相对应的是,2022 年,东北地区装备制造业固定资产与流动资产合计为 20514.1 亿元,其中,辽宁为10265 亿元、吉林为 8483.13 亿元、黑龙江为 1765.97 亿元。2022年,东北地区装备制造业营业收入为 18507.62 亿元,其中,辽宁为9978.39 亿元、吉林为 6597.73 亿元、黑龙江为 1931.50 亿元。这些指标较 2021 年都有一定程度的上升。

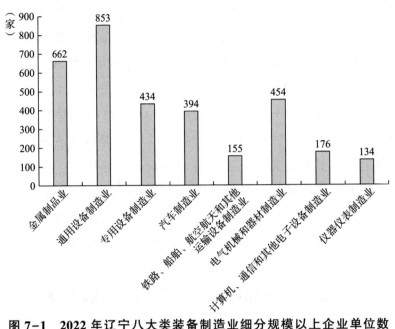

图 7-1　2022 年辽宁八大类装备制造业细分规模以上企业单位数

资料来源：《辽宁统计年鉴 2023》。

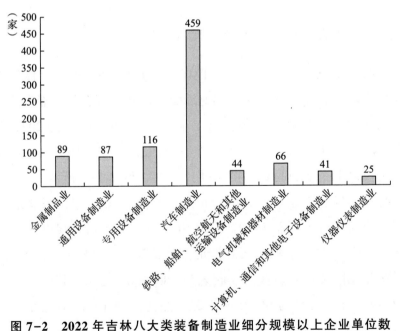

图 7-2　2022 年吉林八大类装备制造业细分规模以上企业单位数

资料来源：《吉林统计年鉴 2023》。

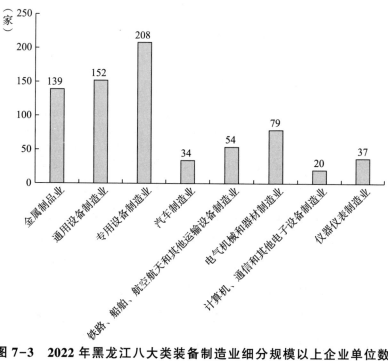

图 7-3　2022 年黑龙江八大类装备制造业细分规模以上企业单位数

资料来源：《黑龙江统计年鉴 2023》。

2022 年，东北地区装备制造业实现利润总额为 1478.54 亿元，其中，辽宁为 792.3 亿元、吉林为 627.12 亿元、黑龙江为 59.12 亿元。辽宁、吉林有一定程度的上升，黑龙江的装备制造业利润总额存在一定程度的下降。究其原因，黑龙江通用设备制造业、专用设备制造业和汽车制造业利润同时下降，造成黑龙江装备制造业利润总额出现下降态势。总体来说，东北地区装备制造业规模以上企业数量、固定资产与流动资产合计及营业收入平稳增长。

（二）技术创新能力逐步提升

2018 年 6 月，东北地区以沈阳智能机器人国家研究院有限公司为依托，由中国科学院沈阳自动化研究所牵头，联合哈尔滨工业大学、新松公司等单位创建国家机器人创新中心；2018 年 4 月，建设沈阳材料科学国家研究中心；2019 年，成功创建辽宁省冷热技术创新中心、辽宁省掘进装备创新中心；2019 年 12 月，成立辽宁省燃气轮机创新中心和燃气轮机运维基地。根据《吉林省工业发展"十四五"规划》，吉林省创新基础不断夯实：建成高性能复合材料、先进医疗器械和生物基材料等 3 家省级制造业创新中心；建成国家小型微型企业创业创新示范基地 11 个、省级创业孵化基地 327 个；成功培育 9 家国家级技术创新示范企业、2495 家高新技术企业、1049 家科技"小巨人"企业。根据《黑龙江省工业强省建设规划（2019—2025 年）》，黑龙江有国家技术创新示范企业 7 家、省级企业技术中心 260 家、产业技术创新战略联盟 63 个，以及中船重工 703 所、哈尔滨焊接研究所等一批国内知名的科研机构；重点领域创新成果不断涌现，贡献神舟航天器、嫦娥探月工程、C919 大飞机、国产首艘航母等一批国之重器，核电装备和燃气轮机、百万千瓦水轮发电机组、超临界燃煤发电机组、高速重载铁路货车等一批创新产品已达到或接近世界先进水平。

在研发人员、研发经费支出、新产品销售收入和专利申请数等具体数据上，受可得性限制，本节以点带面，分析沈阳市和长春市两个省会城市装备制造业技术创新能力。2022 年，沈阳市装备制造业 R&D 人员有 21286 人，R&D 经费内部支出为 868933 万元，R&D 经费外部支出为 54716 万元，新产品销售收入达 12376110 万元，专利申请数达 4380 项，比 2020 年分别增加 1434 人、139974 万元、16936 万元、1084548 万元、721 项。2022 年沈阳市金属制品业、通用设备制造业等八大类装备制造业 R&D 人员、R&D 经费内部支出、R&D 经费外部支出、新产品销售收入和专利申请数等具体数据如表 7-1 所示。

表 7-1　2022 年沈阳市八大类装备制造业创新指标情况

类别	R&D 人员（人）	R&D 经费内部支出（万元）	R&D 经费外部支出（万元）	新产品销售收入（万元）	专利申请数（项）
金属制品业	702	19501	677	163318	334

续表

类别	R&D 人员（人）	R&D 经费内部支出（万元）	R&D 经费外部支出（万元）	新产品销售收入（万元）	专利申请数（项）
通用设备制造业	3165	67865	803	1457778	764
专用设备制造业	2262	85767	5495	786515	718
汽车制造业	2678	297954	7839	5941179	251
铁路、船舶、航空航天和其他运输设备制造业	6870	270579	29186	3168064	1107
电气机械和器材制造业	1370	40869	1056	433715	532
计算机、通信和其他电子设备制造业	3408	66923	9135	309271	492
仪器仪表制造业	831	19475	525	116270	182

资料来源：《沈阳统计年鉴 2023》。

2022 年，长春市装备制造业 R&D 人员有 14944 人，R&D 经费内部支出为 620595 万元，R&D 经费外部支出为 204814 万元，新产品销售收入达 20544872 万元，专利申请数达 5666 项，比 2020 年分别增加 5169 人、56130 万元、19479 万元、2461596 万元、922 项。2022 年长春市八大类装备制造业 R&D 人员、R&D 经费内部支出、R&D 经费外部支出、新产品销售收入和专利申请数等具体数据如表 7-2 所示。

表 7-2　2022 年长春市八大类装备制造业创新指标情况

类别	R&D 人员（人）	R&D 经费内部支出（万元）	R&D 经费外部支出（万元）	新产品销售收入（万元）	专利申请数（项）
金属制品业	96	2314	3	36084	59
通用设备制造业	438	6765	29	222176	158

续表

类别	R&D 人员（人）	R&D 经费内部支出（万元）	R&D 经费外部支出（万元）	新产品销售收入（万元）	专利申请数（项）
专用设备制造业	386	7325	50600	323589	191
汽车制造业	10113	504671	52652	17131731	4155
铁路、船舶、航空航天和其他运输设备制造业	2653	66486	—	2530275	717
电气机械和器材制造业	162	3781	101530	142111	47
计算机、通信和其他电子设备制造业	954	23540	—	109837	225
仪器仪表制造业	142	5713		49069	114

资料来源：《长春统计年鉴 2023》。

（三）绿色生产效应初步显现

习近平总书记在 2023 年 7 月召开的全国生态环境保护大会上强调，"以高品质生态环境支撑高质量发展，加快推进人与自然和谐共生的现代化""加快形成绿色生产方式和生活方式，厚植高质量发展的绿色底色"。[①] 东北地区装备制造业绿色生产效应已逐步显现。以辽宁省为例，2022 年，辽宁省装备制造业共使用原煤 12.80 万吨，比 2021 年减少 6.44 万吨，降幅明显，其中金属制品业用原煤最多，为 8.67 万吨；共使用汽油 2.88 万吨，比 2021 年减少 0.02 万吨；共使用柴油 2.9 万吨，比 2021 年减少 0.03 万吨；使用电力 197.75 亿千瓦·时，比 2021 年减少 0.24 亿千瓦·时。2021～2022 年，辽宁省金属制品业、通用设备制造业、专用设备制造业等八大类装备制

[①] 《习近平在全国生态环境保护大会上强调　全面推进美丽中国建设 加快推进人与自然和谐共生的现代化》，央广网，2023 年 7 月 18 日，https://news.cnr.cn/native/gd/sz/20230718/t20230718_526334173.shtml。

造业能源消费情况如表 7-3 所示。与辽宁省类似，吉林省和黑龙江省的节能绿色生产水平也在不断提高之中。

表 7-3　2021~2022 年辽宁省八大类装备制造业能源消费情况

单位：万吨，亿千瓦·时

类别	原煤		汽油		柴油		电力	
	2022 年	2021 年	2022 年	2021 年	2022 年	2021 年	2022 年	2021 年
金属制品业	8.67	14.26	0.34	0.28	0.91	0.90	61.61	62.17
通用设备制造业	0.74	1.06	0.62	0.63	0.49	0.46	51.62	52.39
专用设备制造业	0.04	0.03	0.34	0.34	0.28	0.37	13.57	12.82
汽车制造业	1.61	2.12	0.99	1.00	0.35	0.47	22.82	22.85
铁路、船舶、航空航天和其他运输设备制造业	1.37	1.40	0.08	0.11	0.63	0.50	11.56	12.06
电气机械和器材制造业	0.13	0.17	0.29	0.30	0.21	0.18	13.05	13.22
计算机、通信和其他电子设备制造业	0.00	0.02	0.08	0.10	0.02	0.03	22.32	21.12
仪器仪表制造业	0.24	0.18	0.14	0.14	0.01	0.02	1.20	1.36

资料来源：《辽宁统计年鉴 2022》《辽宁统计年鉴 2023》。

（四）开放格局逐步形成

在国内国际双循环新发展格局下，辽宁省通过企业落户奖励、营业收入奖励、工业项目土地使用财政补贴、重大产业项目、产业集群类项目、高新技术产业项目配套扶持等政策，鼓励国内国际资本加大企业技术改造、设备更新力度，推进制造企业国内国际合作，完善重点项目建设推进机制，提高制造业企业在全球产业链中的位置。根据《辽宁统计年鉴 2022》，2021 年，辽宁省制造业年末登记外商投资企业投资总额为 1564.22 亿美元，比 2020 年增加 44.46 亿美元，实际使用外商投资额 141512 万美元，比 2020 年增加 52126 万美元；实际使用外商投资合同额 360276 万美元，比 2020 年增加 139968 万美元。在充分引进外资与技术的同时，辽宁省有序对接长三角、珠三角等地先进装备制造业上下游企业，发挥老工业基地设备、技术、人才基础优势打造高水平平台，优化产业发展布局，深化产业分工协作，协同推进对口合作纵深发展。

根据《吉林省工业发展"十四五"规划》，吉林省积极对接东北亚国家发展战略，深入实施新一轮长吉图开发开放，扩大对日、韩全方位合作范围，加快中韩（长春）国际合作示范区、吉林珲春海洋（国际合作）示范区等合作平台建设。在新能源与智能网联、汽车及其零部件、轨道交通、集成电路、农产品加工等领域，不断拓展与共建"一带一路"国家合作，推进实施一批强基础、提质量、增效益的重大项目，深化与欧盟、东盟、新西兰等的合作。搭建外贸外经企业高层对接平台，增强吉林制造业的集聚辐射能力，促进对外承包工程和对外投资带动设备及材料出口，推进投资项目落地见效，促进龙头企业建立海外营销服务体系。根据《吉林统计年鉴 2022》公布的数据，2021 年吉林省外资（外商控股和港澳台商控股）汽车制造业企业单位数为 72 家，资产总计 5438098 万元，营业收入 7008757 万元，利润总额 472535 万元，从业人员平均人数 31649 人。在汽车制造业这一优势产业上，外资企业对促进就业和当地税收均有较大贡献。2021 年，吉林省金属制品业、通用设备制造业、专用设备制造业等八大类装备制造业外资企业情况如表 7-4 所示。

表 7-4　2021 年吉林省八大类装备制造业外资企业情况

类别	企业单位数（家）	资产总计（万元）	营业收入（万元）	利润总额（万元）	从业人员平均人数（人）
金属制品业	1	30506	55329	-360	63
通用设备制造业	1	99933	49071	589	485
专用设备制造业	5	51920	53653	979	405

续表

类别	企业单位数（家）	资产总计（万元）	营业收入（万元）	利润总额（万元）	从业人员平均人数（人）
汽车制造业	72	5438098	7008757	472535	31649
铁路、船舶、航空航天和其他运输设备制造业	1	11524	11123	2295	38
电气机械和器材制造业	4	243549	244113	8101	1383
计算机、通信和其他电子设备制造业	5	1261448	1310496	137293	5006
仪器仪表制造业	1	2589	4190	-107	106

资料来源：《吉林统计年鉴2022》。

根据《黑龙江省工业强省建设规划（2019—2025年）》，黑龙江省深化高端装备领域开放合作。采用境外委托代理、设立合资公司等多种销售渠道和售后服务方式，积极开拓亚洲、非洲、拉美等地区高端装备市场，鼓励和支持装备生产企业开展项目投资、建设和运营。继续提升产品质量和服务能力，树立黑龙江省高端装备产品在海外良好的市场和品牌形象。实施定点定向招商，加速以市场换技术、换产业、换资本，重点围绕市场急需的装备产品，积极推进世界知名装备企业在黑龙江省建立研发、制造、营销基地。推进与俄罗斯、美国等国家和地区在航空、农机、海洋工程等高端装备领域的深度合作。不断拓展对外合作领域，与重点国家和地区的合作日益深入。大量优势装备和产能沿中蒙俄经济走廊向西输出到中亚地区，以开放促工业发展的成效日益呈现。哈电集团的产品和服务已覆盖40多个国家和地区及"一带一路"六大经济走廊。以哈药集团、哈量集团为代表的一批企业在收购国际知名品牌、吸收先进技术、拓展国际市场方面已取得巨大进步。

二 东北地区装备制造业存在的问题

经过改革开放 40 余年的发展，我国装备制造业取得了举世瞩目的成就，已形成完整的生产门类和工业体系，但与美、日等发达国家相比，总体仍是大而不强，关键核心技术受制于人，存在"卡脖子""低端锁定""高端封锁"等现象，自主创新能力弱、对进口技术和设备依赖性强。东北地区是国家重要的装备制造业基地，有悠久历史和雄厚实力，为国民经济发展和国家战略安全提供了重要保障。但随着我国改革开放程度加深和技术创新水平不断提升，国际贸易保护主义抬头，东北装备制造业发展面临新的挑战。

（一）经济效益偏低、三化融合不到位

东北地区工业基础好，传统行业占比大，高污染高排放产业已被压减和调整，但装备制造产业结构层次偏低，营业收入和利润总额仍有待提高。根据各省份统计年鉴数据，2021 年东北地区装备制造业规模以上企业固定资产与流动资产合计为 25985.42 亿元，营业收入为 19371.56 亿元，实现利润总额为 1663.91 亿元，经济效益指标不仅低于京津冀，更远低于长三角。以金属制品业为例，2021年，东北地区规模以上企业固定资产与流动资产合计为 1677.83 亿元，营业收入为 1310.83 亿元，实现利润总额为 46.30 亿元；京津冀该产业规模以上企业固定资产与流动资产合计为 5728.46 亿元，营业收入为 5050.01 亿元，实现利润总额为 128.82 亿元；长三角该产业规模以上企业固定资产与流动资产合计为 13202.95 亿元，营业收入为 16434.77 亿元，实现利润总额为 928.83 亿元。

装备制造业和服务业融合不到位。东北地区装备制造业产品总体仍处于价值链中低端水平，产品附加值不高，达到国内领先和国际一流的产品更少。即使其汽车制造业，铁路、船舶、航空航天和其他运输设备制造业在北方地区处于发展前列，但产业品牌营销和

整合能力偏低，生产性服务业发展滞后，装备的数字化、智能化、服务化与国际先进水平相比仍有较大差距，严重影响产业升级和高质量发展，数字化、智能化与服务化发展融合水平有待提升。

（二）产业发展多点开花但大而不强、民营经济发展不充分

长期来看，东北地区经济正转向高质量发展阶段，大规模内需市场逐步激活，制度优势凸显，经济长期向好，是装备制造业发展的多项有利条件。但是，关键核心技术受制于人，东北地区存在"卡脖子""低端锁定""高端封锁"等问题，自主创新能力弱，生产装备和技术工艺落后，在产业链安全稳定等方面存在短板，对进口技术和设备依赖性强，行业名优企业少，存在产业孤岛现象。一汽集团、新松机器人、大连船舶重工、东软医疗、鞍山钢铁、哈飞集团、丹东东方测控、北方重工集团等企业在东北地区均具有举足轻重的地位，但从全国层面来看，在2021年中国制造业企业500强中，前100强仅有三家东北公司，其中一汽集团排在第5位、鞍钢集团排在第43位、方大集团排在第93位。

部分产业投资集中度过高，主要投向优势产业，未形成新的主导支柱产业。以吉林省装备制造业为例，长春12家国有企业中有6家与汽车相关，而汽车企业更多地依赖德国大众集团。① 过度依赖传统产业，且发展活力不足，导致吉林省经济运行相对缺乏创造力。当前，部分发达国家保护主义、霸权主义逐渐抬头，不稳定性明显增加，国际经济环境日趋复杂，一些高端产业出现供应链本地化、区域化趋势，落后地区装备制造业向价值链高端迈进受阻，东北地区需尽快形成新的主导支柱产业。

（三）人才队伍建设水平较低、创新能力有待提升

近年来，东北地区经济增速放慢，个别年份 GDP 增长率还出现

---

① 资料来源于《吉林省工业发展"十四五"规划》。

负值，与东南沿海地区相比，居民收入差距越拉越大，劳动力、熟练技术工人甚至装备制造领域优秀硕士、博士等高端人才流失问题愈发严重。东北地区虽然高校和科研院所数量较多，但拔尖型、领军型等高端人才招不来、留不住，职业院校与装备制造企业之间技能型人才培养协同性不强，企业内部研发效率不高。以沈阳市和济南市为例进行比较，根据两市的统计年鉴数据，2021 年，沈阳市装备制造业 R&D 人员有 21022 人，R&D 经费支出共 650361 万元，新产品销售收入为 12869578 万元，专利申请数为 4998 项。同期，济南市装备制造业 R&D 人员有 19386 人，R&D 经费支出共 826013 万元，新产品销售收入为 21302869 万元，专利申请数为 7474 项。显然，沈阳市装备制造业 R&D 人员高于济南市，但在产出指标上，济南市新产品销售收入和专利申请数分别是沈阳市的 1.66 倍和 1.50 倍。从东北自身来看，装备制造业产业门类齐全、体系完备、底蕴深厚，有一定的技术工人储备和科研攻关能力，但科技成果本地转化率偏低，企业缺少现代化管理理念，创新尚未成为驱动装备制造业发展的主引擎，因此无法保证高新技术引领装备制造业发展。

第三节　东北地区装备制造业高质量发展路径

虽然东北地区装备制造业发展面临很多困难和挑战，但也面临经济发展的新形势、新机遇，作为老工业基地，东北地区高质量发展的底气仍在，长期发展的传统优势仍在，诸多特色仍在，机遇远大于挑战。

一　提高产业集聚度，构建协作配套体系

东北各省市装备制造业各有优势，地域特征明显，如沈阳的机器人和智能制造集群、鞍山的钢材产业集群、大连的临海装备制造集群、长春的汽车制造集群、哈尔滨的航空装备制造集群等各有所

长。东北地区应按"布局集中""产业集聚"的原则，结合产业基础和环境承载能力，统筹产业布局，构建并形成沈—大、长—吉、哈—大—齐三个核心城市制造业集聚区，提高重点地区生产要素集聚度，降低企业成本，使其成为具有辐射力的装备制造基地，合理分工、优势互补，进一步延伸产业链，发挥集群效应。以龙头企业为核心，形成若干主导产业明确、关联产业集聚、资源设施共享、污染治理集中、废物循环利用的工业制造区，发展高科技含量和高附加值、低污染和低能耗的新型工业。

东北地区应依据大、中、小装备制造企业发展需求，鼓励各领域龙头企业牵头成立集群联合体，发挥龙头企业作用，引导联合体与高校、科研院所、国家科技部门对接，使集群内部、集群与政府间形成资源互用、优势互补、协同度高的"产学研用"模式，开展联合攻关，加速创新成果转化。

二　加大人才引进力度，形成创新团队

随着东北地区经济增速放缓，与东南沿海地区相比居民收入的差距进一步加大，人才流失问题已对装备制造业高质量发展、竞争力提升和价值链升级产生不利影响。但东北地区高校多，装备制造业专业人才培养体系完整，造血能力强，企业就业岗位仍然较多。只要制定完善的人才引进、管理等体制机制，仍能让老工业基地装备制造产业重焕青春。

第一，通过设立人才基金、技术基金等方式实行有地区竞争力的人才鼓励政策，用薪酬吸引技术人才、项目人才、管理人才，在租房、购房、子女入学、父母医疗保障等民生领域给予人才及其家属特殊福利，为人才消除后顾之忧；第二，重视团队建设，形成老、中、青三代共同进步体系，人尽其才，营造有利于人才脱颖而出、不断成长的制度环境；第三，在东北装备制造业仍以国有企业为主的背景下，建设专业化管理队伍，为装备制造领域骨干型国企配备

开拓能力强、有奉献精神的管理干部；第四，面对科技前沿和关键技术，促进"产学研用"结合，使校企共建院校专业、实习基地，取长补短，互通有无，形成各行业创新团队。

三　完善自主创新体系，提高产品质量

东北地区装备制造业虽然有智能制造集群、钢材产业集群、临海装备制造集群、汽车制造集群、航空装备制造集群等国内领先优势产业集群，但其产品与国际一流产品相比，处于价值链高端的较少，达到国际领先水平的更少。东北地区装备制造业亟须提高创新技术水平，升级产品质量，提高企业收益，开拓全球市场。创新能力提高离不开知识的创造与积累，东北地区有大连理工大学、吉林大学、哈尔滨工业大学等较多国内外知名高校和众多研究院所，这一资源优势在新工艺引进、新能源使用、新产品生产等方面对装备制造业发展和优化升级作用极大。因此，必须由政府搭台鼓励企业发挥创新主体作用，在关键技术和核心部件等领域与科研院所联合创建技术创新体系，联合申报成立国家级工程研究中心、产业技术创新中心、重点实验室、新型研发机构，企业和政府共同加大研发投入力度，推动创新要素集聚，走内涵式扩大再生产道路，培育有自主知识产权的品牌，形成独特的竞争优势，增强行业实力。

四　突出优势产业地位，健全配套服务体系

东北地区装备制造业拥有优良的产业基础，经过不断发展，辽宁省出现铁路、船舶、航空航天和其他运输设备制造业，金属制品业，通用设备制造业等优势产业；吉林省的轨道交通、精密仪器、工程机械、电力装备等制造业发展势头良好；黑龙江省的航空、电力等产业整机发展需求较大。这些产业的发展不仅能够为相关产业提供生产所需的技术装备和零部件，而且对物流业、服务业等上下游产业发展有巨大的带动作用。东北地区应促进从关键基础材料采

掘到机床设备供应，再到核心零部件使用等多领域协同配套，推动整机企业与上游企业合作，以应用为牵引，加强产业链协作，确保产业链供应链安全完整、自主可控。分层次、分阶段建立服务体系，强化企业服务意识，树立以需求为导向的经营理念，产品流转、配套服务等下游环节越完善，企业收益越高。同时，政府应在财政、人力、资源等基础条件上发挥指导作用，帮助装备制造业企业引才、引资、引技，提高生产效率，利用优势产业辐射功能带动东北地区经济增长。

第八章 东北地区服务业高质量发展研究

服务业是国民经济的重要组成部分,服务业的发展水平是衡量现代社会经济发达程度的重要标志。习近平总书记在党的二十大报告中指出,"构建优质高效的服务业新体系,推动现代服务业同先进制造业、现代农业深度融合"。[①] 服务业的高质量发展对我国的经济具有重大意义。而东北作为我国的老工业基地,要推动经济发展,就必须尽快实现服务业高质量发展。

第一节 东北地区服务业高质量发展状况

一 东北地区服务业分省份的贡献率

通过对整体发展的分析发现,东北服务业的发展状况不容乐观。从表8-1和图8-1可以看出,东北三省中,2015～2022年辽宁省按可比价格计算的第三产业增加值明显高于另外两个省份,这也意味着辽宁省的服务业在东北三省中发展最好。而2015～2022年黑龙江省的按可比价格计算的第三产业增加值也一直高于吉林省,说明吉林省的服务业发展情况最为严峻。与东北整体相同,在2019年,东北三省的按可比价格计算的第三产业增加值突然大幅下降,其中黑龙江省的下降幅度最大,而辽宁省的下降幅度最小,说明辽宁省服

---

① 习近平:《高举中国特色社会主义伟大旗帜 为全面建设社会主义现代化国家而团结奋斗——在中国共产党第二十次代表大会上的报告》,《人民日报》2022年10月26日。

务业受到疫情的影响是在三个省份中最小的。

表 8-1 2015~2022 年东北三省服务业发展情况

单位：亿元

年份	黑龙江省按可比价格计算的第三产业增加值	吉林省按可比价格计算的第三产业增加值	辽宁省按可比价格计算的第三产业增加值
2015	7652	5461	13243
2016	7692	5803	10608
2017	7582	5852	10512
2018	7379	5934	10485
2019	5028	4651	9739
2020	4906	4657	9723
2021	4965	4613	9507
2022	4985	4405	9538

资料来源：《中国统计年鉴》。

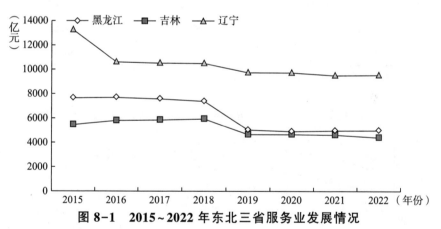

图 8-1 2015~2022 年东北三省服务业发展情况

资料来源：《中国统计年鉴》。

东北地区的服务业发展情况令人担忧，但是从表 8-2 和图 8-2 可以看出，服务业仍然是东北三省支撑当地经济的支柱性产业。2015~2018 年，黑龙江省与吉林省第三产业对 GDP 的贡献率都逐年上升，2019 年疫情暴发后，黑龙江省第三产业对 GDP 的贡献率骤降，从 2018 年的 57.10% 降至 2019 年的 50.10%，在原来三个省份中的排名从最高直接降到最低，直到 2022 年还是处于地区内最低，说明疫情后黑龙江省的服务业尚未得到完全恢复。而辽宁省第三产业对 GDP 的贡献率有升有降，2017~2022 年整体维持在 52% 左右，即使是疫情也没有对其产生较大的影响，说明辽宁省服务业发展的稳定性较高。

表 8-2　2015~2022 年东北三省服务业经济贡献率

单位：%

年份	黑龙江省第三产业对 GDP 的贡献率	吉林省第三产业对 GDP 的贡献率	辽宁省第三产业对 GDP 的贡献率
2015	50.73	38.83	46.19
2016	54.04	42.45	51.55
2017	55.82	45.84	52.57
2018	57.10	49.77	52.37
2019	50.10	53.80	53.00
2020	49.50	52.20	53.50
2021	50.01	52.23	51.65
2022	48.06	51.67	50.46

资料来源：《中国统计年鉴》。

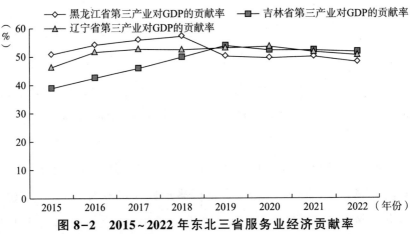

图 8-2　2015~2022 年东北三省服务业经济贡献率

资料来源：《中国统计年鉴》。

二　东北地区服务业分省份就业状况

由表 8-3 和图 8-3 可以看出，2015~2020 年黑龙江省与吉林省的第三产业就业人员比例逐年上升，但吉林省的增长速度要高于黑龙江省，2019 年，吉林省的第三产业就业人员比例超过黑龙江省，位列第二，虽然两个省份的第三产业就业人员比例排名发生了变化，但是都具有显著的上升趋势，说明这两个省份的服务业就业情况较为乐观。辽宁省的第三产业就业人员比例在 2015~2017 年不断下降，从 2015 年的位列第一降到最后，但在 2018~2021 年呈现逐年上升的趋势，并且在 2019 年超过另外两个省份，重回第一。尽管辽宁省的第三产业就业人员比例在近几年的波动很大，但是其在 2019~2022 年稳居第一，这说明相较于另外两个省份，辽宁省在服务业就业方面具有较大的潜力与较差的稳定性。

表 8-3　2015~2022 年东北三省服务业就业情况

单位：%

年份	黑龙江省第三产业就业人员比例	吉林省第三产业就业人员比例	辽宁省第三产业就业人员比例
2015	42.80	42.25	45.03
2016	44.60	43.39	44.46
2017	45.40	44.53	44.20
2018	46.25	45.68	44.89
2019	46.70	46.83	47.20
2020	47.18	47.98	49.50
2021	47.18	48.29	50.09
2022	46.56	45.15	48.26

资料来源：《中国统计年鉴》。

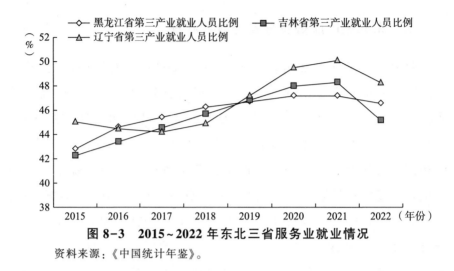

图 8-3　2015～2022 年东北三省服务业就业情况

资料来源：《中国统计年鉴》。

第二节　东北地区服务业高质量发展存在的问题

2017 年 10 月，党的十九大报告提出，"我国经济已由高速增长阶段转向高质量发展阶段"，在高质量发展阶段，东北地区的服务业稳步发展，但与全国的服务业发展状况相比，仍然存在总量不足、区域发展不平衡、人才流失严重等问题，具体表现为以下几个方面。

一　总量不足，服务业发展滞后

一个国家产业结构的发展是一个从低级到高级的过程，产业结构高级化的具体表现为第三产业在 GDP 中的占比逐渐提高，在国民经济中成为主导角色。由表 8-4 可见，从第三产业占 GDP 的比重来看，2014～2018 年，吉林省一直高于全国平均水平，自 2019 年起该指标开始低于全国平均值。而黑龙江省第三产业占 GDP 的比重始终低于全国水平。2023 年，东北三省的第三产业占 GDP 的比重均在 50% 以上，但第三产业比重的提高一定程度上也反映了东北地区工业的衰落。总的来说，东北地区第三产业的发展水平较为滞后，大力发展服务业仍然是当务之急。[①]

表 8-4 **2014~2023 年东北三省及我国第三产业占 GDP 的比重**

单位：%

年份	辽宁省	吉林省	黑龙江	全国
2014	44.9	49.1	37.9	46.5
2015	48.5	49.0	43.2	48.7
2016	52.4	51.7	45.9	50.7
2017	52.8	53.4	47.3	52.0
2018	52.9	53.7	49.1	53.1
2019	53.1	53.8	49.6	54.0
2020	53.5	52.1	49.4	54.4
2021	51.6	52.0	49.2	53.4
2022	51.6	52.7	48.1	53.6
2023	52.4	54.0	50.8	54.5

资料来源：《中国统计年鉴》。

从第三产业总量上看，辽宁省的第三产业增加值最高。根据《中国统计年鉴 2024》，2023 年，辽宁省的第三产业增加值为 15832.6 亿元，排在全国第 17 位；黑龙江省的第三产业增加值为 8074.3 亿元，排在第 26 位；吉林省的第三产业增加值为 7301.4 亿元，排在第 27 位。东北三省的第三产业总量虽然在 2017~2023 年取得了一定程度的发展，但是其总量相比发达省份仍然存在差距，难以满足人民日益增长的物质文化需要。

二 地区差距明显，区域发展不平衡

横向比较 2017~2022 年东北三省部分地市的第三产业增加值，

① 樊杰等：《东北现象再解析和东北振兴预判研究——对影响国土空间开发保护格局变化稳定因素的初探》，《地理科学》2016 年第 10 期。

可以发现辽宁省服务业大多集中在沈阳和大连，2022 年，其第三产业增加值分别为 4475.10 亿元和 4155.50 亿元，辽宁省其他地市第三产业增加值均低于沈阳和大连，其中阜新的第三产业增加值仅有 288.20 亿元，与沈阳和大连有 10 余倍的差距，辽宁省省会城市和沿海城市的发展与其他地市之间存在较大的差距，区域发展严重不平衡。吉林省的服务业大多集中在长春，2022 年其第三产业增加值为 3498.63 亿元，占吉林省第三产业增加值的 51.8%。除此之外，吉林市与松原市也在吉林省的第三产业增加值中占据了较大的比重，但其他地市发展水平仍然较低。而黑龙江省的服务业集中在哈尔滨，2022 年，哈尔滨的第三产业增加值为 3533.00 亿元，而七台河第三产业增加值为 103.60 亿元，前者是后者的 34.1 倍，黑龙江省省会城市与其他地市之间的差距巨大，而非省会城市之间也存在较大的差距，东北地区第三产业的发展存在较大的地区差距（见表 8-5）。①

表 8-5　2017~2022 年东北三省部分地市第三产业增加值

单位：亿元

省份	地级市	2017 年	2018 年	2019 年	2020 年	2021 年	2022 年
辽宁	沈阳	3380.70	3756.29	4024.89	4107.57	4353.02	4475.10
辽宁	大连	3750.17	3593.00	3743.35	3756.00	4010.98	4155.50
辽宁	鞍山	878.79	931.30	894.70	922.00	978.40	995.50
辽宁	抚顺	390.43	418.90	372.75	379.70	393.99	402.60
辽宁	本溪	387.08	398.90	356.09	373.20	401.72	402.80
辽宁	丹东	419.58	430.80	430.78	436.60	462.11	473.30
辽宁	锦州	526.27	595.40	595.56	595.40	639.02	646.90
辽宁	营口	618.51	646.50	618.76	633.80	650.73	674.10
辽宁	阜新	209.59	227.70	252.35	259.90	275.90	288.20
辽宁	辽阳	324.37	340.50	356.84	372.80	378.68	388.50

① 年猛：《空间不均衡陷阱、内生增长与东北振兴》，《行政管理改革》2022 年第 5 期。

续表

省份	地级市	2017 年	2018 年	2019 年	2020 年	2021 年	2022 年
辽宁	盘锦	470.89	503.60	493.01	484.00	535.07	519.40
辽宁	铁岭	272.22	278.50	306.34	318.90	340.21	351.80
辽宁	朝阳	387.23	419.00	400.47	419.90	442.15	457.90
辽宁	葫芦岛	313.72	345.60	371.84	369.60	385.13	389.80
吉林	长春	2780.50	2901.70	3060.60	3346.10	3618.98	3498.63
吉林	吉林	1245.02	1299.87	743.47	740.40	785.08	753.08
吉林	四平	441.56	476.45	396.83	241.30	260.99	266.09
吉林	辽源	272.23	282.96	249.62	259.07	277.01	288.68
吉林	通化	418.47	437.36	422.14	314.00	335.01	344.08
吉林	白山	289.80	310.09	313.12	314.68	328.98	317.99
吉林	松原	748.90	805.33	394.15	394.76	428.96	412.84
吉林	白城	282.58	289.44	286.98	281.92	302.00	298.43
黑龙江	哈尔滨	3842.64	4085.70	3552.55	3423.57	3484.30	3533.00
黑龙江	齐齐哈尔	659.09	685.20	545.82	550.47	555.30	591.50
黑龙江	鸡西	212.90	216.99	224.38	223.93	247.00	257.40
黑龙江	鹤岗	102.32	131.55	140.64	136.78	140.80	149.40
黑龙江	双鸭山	196.09	208.48	175.16	172.59	177.70	192.80
黑龙江	大庆	1022.75	1090.27	997.00	981.52	991.30	950.70
黑龙江	伊春	103.99	111.07	129.13	127.61	138.50	150.70
黑龙江	佳木斯	436.94	452.95	315.39	313.58	329.40	353.30
黑龙江	七台河	113.47	119.62	102.74	91.24	94.80	103.60
黑龙江	牡丹江	687.77	692.25	469.46	456.32	475.40	500.30
黑龙江	黑河	189.96	202.36	262.86	260.51	270.50	289.10
黑龙江	绥化	501.43	526.96	464.67	459.72	470.90	491.00

注：《中国城市统计年鉴》中无吉林省延边朝鲜族自治州、黑龙江省大兴安岭地区和辽宁省沈抚改革创新示范区数据，故不在表格中列出。

资料来源：《中国城市统计年鉴》。

三 服务业的结构不合理，传统服务业现代化进程缓慢，缺少高端服务业

从图 8-4 中可以看出，2022 年东北地区的第三产业以传统服务业为主，批发和零售业及租赁和商务服务业等传统服务业的法人单位数占比较高，其中批发和零售业法人单位数占比高达 39%，而科学研究和技术服务业与信息传输、软件和信息技术服务业等现代服务业法人单位数占比较低，其中信息传输、软件和信息技术服务业法人单位数占比仅为 6%，说明东北地区缺乏能够带动整体经济发展的高端服务业。根据《中国统计年鉴 2023》公开的数据，将东北地区与全国横向比较，可以发现，2022 年东北地区信息传输、软件和信息技术服务业法人单位数共 68002 个，占全国的 3.9%，其中黑龙江、吉林、辽宁三省的法人单位数分别为 19527 个、12418 个、36057 个，说明从全国范围内看，东北地区现代服务业的发展水平仍然较低。从上

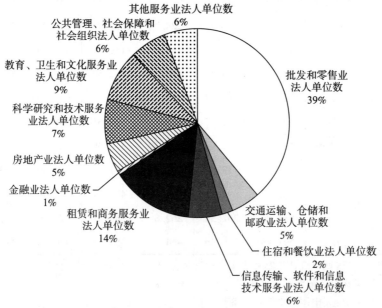

图 8-4 2022 年东北地区第三产业占比（按法人单位数）

资料来源：《中国统计年鉴》。

市公司数量看，东北地区共有 4 家金融上市公司、14 家信息技术与互联网上市公司、4 家文化传媒上市公司，高端服务业上市公司数量相对较少，无法形成有竞争力的高端服务业品牌。高端服务业的发展需要金融资源的支持，但东北地区金融担保机构的发展较为缓慢，小微服务业缺少融资渠道，获得贷款较为困难，难以实现核心技术上的突破。

四　东北地区的服务业企业缺乏竞争力

东北地区在全国具有较强竞争力的服务业企业较少，2022 年仅有 5 家企业进入中国服务业企业 500 强名单，其中吉林省共有 2 家企业，分别为吉林银行股份有限公司、长春欧亚集团股份有限公司；辽宁省共有 1 家企业，为盛京银行；黑龙江省共有 2 家企业，分别为黑龙江倍丰农业生产资料集团有限公司、黑龙江省农业投资集团有限公司。这说明东北地区缺乏能带动整体服务业发展的头部行业。从国际贸易层面上看，东北服务业与国际市场接轨的程度相对较低，主要出口产品为机电产品、劳动密集型产品和钢材，在服务业方面缺乏国际化的视野和经验，导致服务业产品和服务标准无法满足国际需求，服务业企业在国际市场上缺乏竞争力。

五　人才流失严重，缺少发展高端服务业的人才

根据《中国统计年鉴》，东北三省信息传输、软件和信息技术服务业就业人员数占全国的比重呈下降趋势，2016 年底，东北地区的信息传输、软件和信息技术服务业就业人员共 26.3 万人，占全国的 7.2%，其中辽宁省共 12.6 万人、吉林省共 6.4 万人、黑龙江省共 7.3 万人。2022 年底，东北地区的信息传输、软件和信息技术服务业就业人员共 24.6 万人，仅占全国的 4.7%。如图 8-5 所示，从科学研究和技术服务业从业人数来看，东北地区该服务业从业人数总体呈下降趋势。2016 年底，该服务业从业人数共 32.5 万人，其中辽

宁省共 13.8 万人、吉林省共 7.6 万人、黑龙江省共 11.1 万人，共占全国科学研究和技术服务业从业人数的 7.7%。2022 年底，东北地区科学研究和技术服务业从业人数共 22.1 万人，其中辽宁省共 10.1 万人、吉林省共 6.3 万人、黑龙江省共 5.7 万人，相较 2016 年，科学研究和技术服务业从业人数大幅下降，科研技术人才流出严重，导致东北地区缺乏发展高端服务业所必需的人才。

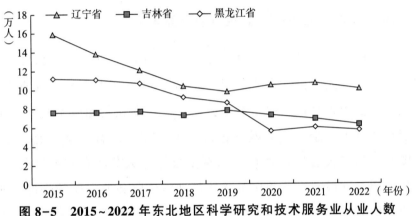

图 8-5　2015~2022 年东北地区科学研究和技术服务业从业人数
资料来源：《中国统计年鉴》。

第三节　东北地区服务业高质量发展的对策建议

一　政府利用政策引导支持服务业发展

政府应当积极协助市场进行各类资源的整合，引导服务业的发展。第一，政府应当加大对服务业的政策支持力度，增加对服务业的财政投入，落实减税降费政策，提高小规模纳税人起征点，增强小微企业活力，减轻企业负担，补齐服务业发展短板，推动服务业高质量发展。应当落实科技型中小企业研发费用加计扣除等激励措施，从政策层面鼓励中小服务业相关企业进行技术创新，推动传统服务业转型以增强东北地区服务业的竞争力，再以具有竞争力的产业提升区域知名度，进而推动东北地区整体经济增长。第二，各级地方政府之间应当加强交流，召开工作会议以促进系统联动，提高办事效率，从而为服务业的发展创建良好的市场环境。第三，放宽市场准入门槛，吸引更多社会资源投入市场中，从而促进金融、"互联网+"等现代服务业的发展。第四，实事求是，针对当前消费不足、投资外流的经济环境推出一系列可操作的政策举措，并且在实施政策后评估政策的效果，根据政策效果进行适当的调整，从而确保政策能够落到实处，改善服务业营商环境。

二　提高服务业的服务质量，扩大服务业规模

第一，应当大力发展生产性服务业，形成生产性服务业产业集群，从而降低企业运营成本，提升创新对经济增长的贡献率，为服务业的结构升级创造条件。第二，推动服务业进行数字化、现代化转型。将大数据、云计算融入服务业中，引导东北地区实体企业推出更多数字化的产品和服务，通过线上社交平台推广产品和服务，从而开创线上线下相结合的盈利模式。围绕科教文卫等领域实施数字化转型，鼓励支持在线医疗、在线教育、在线旅游等线上业务模式发展，利用"互联网+"减少企业与消费者之间的信息不对称，为教育、医疗等具有稀缺性的资源提供数字化的服务阵地。第三，推进制造业服务的外包，提升资源配置效率。制造业企业应当将有限的人力和资本投入研发生产其核心产品中，将非核心产品的生产分离出去，从而推动社会专业化分工，促进产业链市场主体的共同发展。政府应引导企业将人力资源、技术服务、研发设计等业务流程外包出去，通过自主创新增强对自身的品牌塑造，提高核心产品的竞争力，为服务业产业升级提供支撑。

三　培养引进人才，支撑高端服务业的发展

高技术、专业化人才的流失制约着东北服务业的发展。因此，

要建立完整的人才培训体系，优化人才引进政策，为人才的发展提供良好的环境。第一，要建立完整的人才培养体系。引导支持东北地区的高等院校和职校培养信息技术、软件服务、科技研发等高端领域的人才，加快培养复合型、技术型人才以建设人才梯队，缓解东北地区人才紧缺的现状。整合当地专业技术的教育资源，建设服务业人才实训基地，打造区域性人力资源服务产业集聚地和创新创业人才吸纳集聚地，开展各种形式的培训以提高服务业从业人员的专业素养，学习发达国家经验，参考其培养人才的理念并结合自身状况完善人才培训体系。第二，构建线上人才沟通平台，减少企业与人才之间的信息不对称，改善就业状况从而留住人才。第三，优化人才引进政策，为人才提供良好的薪资待遇与工作环境进而吸引人才流入。构建完整的人才评价和使用体系，鼓励服务业企业引进技术水平高的专业人才，以复合型、技术型人才支撑东北地区高端服务业的发展。

四 加快产业融合发展

一是推动生产性服务业与制造业的融合发展。利用东北地区制造业的比较优势，进行服务业与制造业融合的试点，将制造业的一部分经营管理业务外包给服务业企业，从而为服务业提供高质量的中间投入，推动服务业企业自身规模的扩大。二是推动三次产业的融合发展。林毅夫等人指出，东北地区具备发展农业和旅游产业的比较优势，应当充分发挥其比较优势，探索三次产业的融合模式，对农业、工业、服务业进行资源整合，实现产业的同步增值。[①] 在农村地区发展生产性和服务性产业，建设美丽乡村，大力推动观光农业、生态农业发展，促进乡村农业与科技、旅游等现代服务业的融合发展，提升农业的附加值，缩小城乡发展差距。三是推动服务业内部融合发展。利用先进的互联网技术对传统服务业进行改造，推

---

① 林毅夫等：《"东北现象"及其再解释——产业结构转型的视角》，《中国经济学》2022年第 2 期。

动文化、体育、金融贸易等服务业的跨界融合，提高服务业的服务质量，构建完整的服务业供应链条以优化资源配置，实现各行业的利益最大化目标。

五　激发市场主体活力，提升市场活跃度

第一，营造公平竞争的市场环境，建立健全服务业的监管机制，提高服务业的发展效率。从全产业链入手，提升企业的管理水平，构建结构合理、竞争有序的服务业发展格局。第二，开展各种形式的促销活动，线上线下相结合以刺激居民消费，以价格优势打开农村市场，扩大农村地区的消费份额。东北地区应着力于提升服务业的供给质量，对原有的"步行街"进行改造升级，满足人民日益增长的物质文化需求。第三，打造具有高知名度的服务业企业，充分发挥龙头企业的带动作用。东北地区缺乏具有影响力的服务业龙头产业，应当鼓励大型服务业企业进行并购重组，在重点领域做大做强，形成一批具有独特优势的大集团。积极引导大企业与中小企业进行合作，形成合作共赢的服务业产业生态。

第九章　东北地区农产品加工业
高质量发展研究

农产品加工业，是东北地区农业农村经济的支柱产业，是农业农村现代化的重要支撑力量。做大做强东北地区农产品加工业，对深化农业供给侧结构性改革，推动农村三次产业融合发展，促进农业提质增效、农民就业增收、农村产业与乡村振兴、城乡经济协调发展，都具有重要意义。

根据国家统计局的分类，农产品加工业主要包括12个行业，即农副食品加工业（含谷物磨制加工业，饲料加工业，植物油加工业，制糖业，屠宰及肉类加工业，水产品加工业，蔬菜、菌类、水果和坚果加工业及其他农副食品加工业）；食品制造业（含焙烤食品制造业，糖果、巧克力及蜜饯制造业，方便食品制造业，乳制品制造业，罐头食品制造业，调味品、发酵制品制造业及其他食品制造业）；酒、饮料和精制茶制造业（含饮料制造业、酒的制造业、精制茶加工业等）；烟草制品业；纺织业；纺织服装、服饰业；皮革、毛皮、羽毛及其制品和制鞋业；木材加工和木、竹、藤、棕、草制品业；家具制造业；造纸和纸制品业；印刷和记录媒介复制业；橡胶和塑料制品业。

东北地区从自然条件来看，非常适合发展农业和农产品加工业。一是东北地区属温带大陆性季风气候，夏季高温，冬季寒冷，春秋两季短促，气温日较差及年较差较大，有利于农作物充分进行光合作用。二是东北地区光照充足。太阳年总辐射量为 $410\sim540\mathrm{kJ/cm}^2$，年日照数为 2200~3000h，日照百分率为 51%~67%。三是区域年降水量虽然偏低，一般为 350~1000mm，但降雨主要集中在农作物生长季节，一般 6~8 月降水量占全年的 60%~65%，雨热同期的气候特点有利于大多数农作物生长。四是东北地区耕地土壤有机质和全氮含量丰富，具有深厚的黑土层，是世界三大肥沃黑土区之一。作为东北平原最大组成部分的松嫩平原，其黑土面积达 593.5 万公顷，黑土层厚达 40~60cm，耕层土壤有机质含量为 2.5%~7.5%，全氮含量为 0.15%~0.35%。五是农牧林用地比例比较均衡，不仅蕴藏着丰富的森林资源，而且还有大面积的平原草场，为农林牧业的协调发展提供了有利的自然条件。总之，东北地区地域辽阔，沃野千里，自然资源丰富，具有优越的综合性大农业自然基础，为发展农产品加工业提供了得天独厚的自然资源优势。

多年来，东北地区始终把培育壮大农产品加工业，作为统筹推进四化同步，促进农业增效、农民就业增收、地方财力增强和乡村振兴的重要途径推进建设，农产品加工业取得了跨越式发展。

第一节　东北地区农产品加工业基本情况

一　行业总体情况

改革开放以来，我国生产力水平不断提高，经济发展水平持续提升，恩格尔系数逐年下降，人们对初级农产品的需求不断减少，对加工类产品的需求不断上升。近年来，受经济下行、产业结构调整等不利因素叠加影响，农产品加工业发展面临较大压力。但在国家持续推动乡村振兴、助企纾困、保供稳价一揽子政策支持下，农产品加工业呈现稳中向好的发展态势。2021 年，东北地区规模以上农产品加工业企业营业收入约 8988 亿元，其中农副食品加工业规模以上企业营业收入远超其他农产品加工业，达到 5254.2 亿元，占总营业收入的 58.46%，其次是食品制造业，营业收入为 1077.4 亿元。排在末位的是印刷和记录媒介复制业，营业收入为 86.0 亿元，仅占规模以上农产品加工企业总营业收入的 0.96%（见图 9-1）。

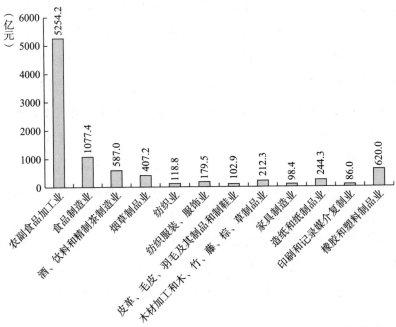

图 9-1 2021 年东北地区分行业规模以上农产品加工企业营业收入

资料来源：《辽宁统计年鉴》《吉林统计年鉴》《黑龙江统计年鉴》。

成本利润率方面，2022 年东北地区 12 个农产品加工业规模以上企业利润总额占营业成本的比重相差较大，遥遥领先的是烟草制品业，成本利润率达到 105.00%，远超第二位的食品制造业 94.50 个百分点。除了烟草制品业和食品制造业的成本利润率超过 10%，其他行业的成本利润率都在 10% 以下。成本利润率超过 5% 的行业由高到低排序为：烟草制品业（105.00%）>食品制造业（10.50%）>酒、饮料和精制茶制造业（9.35%）>橡胶和塑料制品业（7.51%）>纺织服装、服饰业（5.65%）>印刷和记录媒介复制业（5.17%）。成本利润率最低的是家具制造业，2022 年该行业规模以上农产品加工企业成本利润率仅为 0.39%（见图 9-2）。

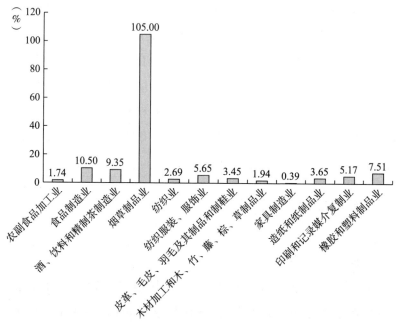

图 9-2　2022 年东北地区分行业规模以上农产品加工企业成本利润率

资料来源：《辽宁统计年鉴》《吉林统计年鉴》《黑龙江统计年鉴》。

造成农产品加工业不同行业内部企业成本利润率差别较大的原因是多方面的。以家具制造业为例，其需要大量的木材、板材、金属配件等原材料，这些原材料的价格波动较大，成本相对较高。同时，原材料的供应也受到季节性和地域性的限制，进一步影响了成本利润率。此外，家具制造业市场竞争激烈，产品同质化现象较为严重。在这种情况下，企业为了争夺市场份额，往往需要降低产品价格，导致利润空间被压缩。相对于其他农产品加工行业，家具制造业的品牌溢价较低。消费者选择家具产品时更注重性价比，对价格敏感度较高，对品牌的忠诚度相对较低，这也限制了企业提高产品售价和成本利润率的空间。

烟草制品业的成本利润率较高的原因，一是由我国政府垄断经营，形成了较高的市场集中度。这种垄断地位使得烟草企业能够通过控制市场份额和价格，获得较高的利润。二是烟草制品业的产品往往具有较高的品牌溢价，消费者对某些知名烟草品牌有较高的忠诚度和认可度。这使得烟草企业能够通过品牌溢价提高产品售价，从而获得较高的利润。三是烟草制品业具有一定的消费者基础和稳定的市场需求。尽管在某些国家或地区，烟草消费可能受到一些限制和控制，但总体上，我国烟草消费需求相对稳定，这为烟草企业提供了较为可靠的销售和利润来源。四是烟草企业一般缴纳较高税收并接受政府监管，额外增加了烟草企业的成本。

二 分省份行业运行情况

（一）辽宁省

辽宁省农产品加工业基础扎实，尤其是农副食品加工业，2021年，该行业规模以上农产品加工企业营业收入达到2351.9亿元，居于东北三省首位，也远超同省份农产品加工其他行业规模以上企业营业收入（见图9-3）。2023年，辽宁省粮油、畜禽加工业规模以上企业产值预计达到1600亿元、910亿元，同比增长分别为6%和7%。辽宁省以打造产业集群作为发展农副食品加工业的主要措施。2023年，编制《辽宁省食品工业大省发展规划（2023—2027年）》，确定农产品加工集聚区为食品工业大省建设的重要抓手。2022年，辽宁省建有农产品加工集聚区39个，集聚区主营业务收入达1359.3亿元，占全省规模以上农产品加工企业营业收入的1/3以上。2023年上半年，集聚区累计完成投资2.4亿元。辽宁省依托粮油、畜禽加工及肉制品加工、果蔬饮料加工、水产品加工及特色农产品加工，形成了沈北农产品精深加工、台安肉制品加工、大连水产品加工等核心农产品加工集聚区域。

在众多农产品加工行业中，预制化食品产业是近年来发展势头较为迅猛的新兴行业之一。2023年2月，预制菜首次写入中央一号文件，该文件提出要"提升净菜、中央厨房等产业标准化和规范化

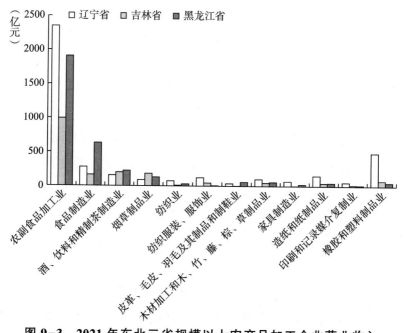

图 9-3　2021 年东北三省规模以上农产品加工企业营业收入

资料来源：《辽宁统计年鉴》《吉林统计年鉴》《黑龙江统计年鉴》。

水平。培育发展预制菜产业"。辽宁省发展预制化食品产业具有较好的基础和优势，其农产品量多质优，拥有天然原料资源，已建设粳稻、玉米、杂粮、花生等优质粮食原料基地，草莓、樱桃、南果梨、葡萄等名优水果基地，肉牛、肉羊、蛋鸡、肉鸡等畜禽养殖区及奶源基地，为发展预制化食品产业提供了必要的标准化、规范化、规模化原料保障。

辽宁省预制化食品产业发展近年来取得了出色成绩。截至 2022 年，辽宁省预制化食品产业规模在 370 亿元左右，约占全国市场总量的 8%。沈阳、大连、鞍山、丹东、锦州、朝阳等地都建设了规模化的预制化食品产业聚集区。预制化食品产业发展基础雄厚的沈阳市，2023 年上半年预制菜相关产业招商项目共 39 个，其中落地项目 6 个、签约项目 12 个，在沈北、康平、新民、辽中规划建设了 4 个预制菜产业园区。沈阳市预制化食品上下游产业链多且长，其中上游有原料优势，沈阳在肉禽加工、速食速冻产业多点布局，打造了白羽肉鸡、辽育白牛等国家级特色产业集群，拥有原料保供基地达70个；中游有产业优势，已形成以肉类加工、熟食品加工、央厨产品加工、主食类加工和冷链物流等为代表的雁阵型预制菜产业集群，一半市级以上农业产业化龙头企业在发展预制菜加工、流通及原料生产等相关产业；下游有品牌优势，创建了沈阳大米、辽中鲫鱼、新民酸菜等一批驰名品牌，培育了禾丰牧业、华美畜禽、国字菜篮子、沈副集团等一批知名企业品牌，认证了马家烧卖、老边饺子、鹿鸣春等一批中华老字号餐饮品牌，沈阳市"两品一标"产品达到453个。①

（二）吉林省

2022年8月23日，吉林省委副书记韩俊在吉林省农产品加工业和食品产业十大产业集群建设工作推进会上强调，坚持以"粮头食尾""农头工尾"为抓手，加快推进十大产业集群建设，突出打造产业优势、品牌优势、竞争优势，加快推动全省农产品加工业和食品产业高质量发展，为吉林振兴发展提供有力支撑。②

吉林省一直将建设十大产业集群视为发展农产品加工业的关键措施，并将其写入吉林省第十二次党代会报告中。十大产业集群是吉林发展农产品加工业的特色之一，指的是建设玉米水稻产业集群、杂粮杂豆产业集群、生猪产业集群、肉牛肉羊产业集群、禽蛋产业集群、乳品产业集群、人参产业集群、梅花鹿产业集群、果蔬产业集群和林特（食用菌、林蛙、矿泉水等）产业集群。产业集群是一种新的空间经济组织形式，具有从整体出发挖掘特定区域的竞争优势，通过竞争来促进集群产业的效率提高和创新，从而推动市场的

---

① 《「央媒看沈阳」食品预制产业：让"珍奇辽味"香飘全国》，"沈阳发布"百家号，2023年7月9日，https://baijiahao.baidu.com/s？id=1770894445152892761。
② 于小博：《吉林省政府召开全省农产品加工业和食品产业十大产业集群建设工作推进会》，人民网，2022年8月25日，http://jl.people.com.cn/n2/2022/0825/c349771-40095831.html。

不断拓展，繁荣区域和地方经济。

　　吉林省的十大产业集群建设，利用吉林特有的玉米、水稻、杂粮杂豆等粮食资源，生猪、肉牛肉羊、禽蛋、乳品等畜牧资源，以及人参、梅花鹿、果蔬和林特等特产资源，根据市场需求和地域特点，打造了国家级产业生产加工基地，致力于推进精深加工，做强食品产业，将资源优势转化为产业优势、品牌优势、竞争优势。2022 年，吉林省已启动建设一批农产品精深加工重点项目，培育一批省级农产品加工示范园区，使省级农业产业化龙头企业保持在 600 家左右，省级示范农业产业化联合体发展到 100 家以上。

　　吉林省发展农产品加工业的另一重要措施是培育省内龙头企业。龙头企业上连市场，下连基地，辐射带动千家万户，在加工转化、多重增值、打造品牌、开拓市场中起着不可替代的作用。近年来，吉林省采取调整结构、转变发展方式等措施，新上较大规模农产品加工项目 3600 个，其中投资 1 亿元以上的就有 100 多个，形成了玉米、水稻、大豆、肉猪、肉牛、禽业、中药、特产、乳业、绿色食品等十大加工企业群。吉林省目前较大规模的农业产业化经营组织已达到 5000 多个，国家级龙头企业达到 47 家，省级重点龙头企业达到 494 家，其中销售收入亿元级别的有 200 多家。目前，长春大成已经成为世界最大的玉米深加工企业之一，加工能力位居世界第二，赖氨酸销售占据世界市场的 70%。皓月集团成为亚洲最大的肉牛加工企业，牛肉出口量占全国的 50%。吉林德大成为国内最大肉鸡加工企业，进入全国进出口 500 强企业行列。短短几年，吉林省粮食、畜禽和特产加工品种从不足 100 个发展到 3000 多个。玉米加工增值幅度达到数十倍。①

　　（三）黑龙江省

　　近年来，黑龙江省积极推进"粮头食尾""农头工尾"，基本形

---

① 吉林省农业委员会：《着力培育优势主导产业　坚持把农产品加工业放在突出位置抓紧抓实》，《农业工程技术（农产品加工业）》2014 年第 1 期。

成了以玉米、大豆、水稻、乳品、肉类等为代表的主导产业格局，食用菌、肉牛、白鹅等优势特色产业集群建设成效明显，农产品加工业发展取得积极成效，主要体现在以下几个方面。

一是加工群体不断壮大。黑龙江省优质加工企业大量涌现，逐步形成以粮、畜、林等农产品和绿色食品为主导、具有优势特色的农产品加工格局。规模以上农产品加工企业发展到 1929 家，企业户数平均增速为 8.7%，加工能力超过 1 亿吨。2019~2022 年，规模以上食品工业企业营收平均增速为 7.8%。2020 年，规模以上农产品加工业实现利润 124.2 亿元，同比增长 11.2%。主要农产品加工转化率达到 63%，粮食加工转化率达到 68.3%，同比分别增长 6.1% 和 3.7%。①

二是龙头企业带动产业发展能力显著增强。近年来，黑龙江省围绕"粮头食尾""农头工尾"全产业链升级，不断优化政策措施，释放明确的产业导向和政策红利，吸引国内外龙头企业投资，建成了一批大项目，其中飞鹤、九三、中粮、象屿、鸿展等 5 家企业的营收已达 100 亿元级别，大庄园、完达山、雀巢、双汇北大荒、宾西集团、伊品生物、京粮龙江、昊天玉米、百威啤酒、蒙牛等企业营收均超 20 亿元。2020 年，建设优势特色产业集群 2 个、国家现代农业产业园 1 个，新增全国"一村一品"示范村镇 14 个、全国农业产业强镇 12 个。

三是农产品加工产业链条持续延伸。以玉米加工产业链条为例，益海嘉里、阜丰、新和成等一批玉米加工龙头企业落户黑龙江，主要生产饲料、酒精、淀粉等初加工产品和变性淀粉、氨基酸、维生素等 30 余种深加工产品。2023 年，全省玉米设计加工能力超过 3000 万吨，居全国第二位。② 以哈尔滨健康农牧业有限公司为例，

---

① 《第一产业增加值占我省 GDP 比重达 25.1%　农业经济稳住了"基本盘"》，"东北网"百家号，2021 年 1 月 25 日，https://baijiahao.baidu.com/s? id=1689811732859133615。
② 李天池：《抓好粮头食尾农头工尾｜龙江农产品加工产业"链"式图强》，黑龙江新闻网，2023 年 6 月 30 日，https://www.hljnews.cn/jjny/content/2023-06/30/content_704383.html。

该企业深挖玉米全产业链，不断向健康控糖食品延伸，其种植的降糖玉米须中含有的黄酮是普通玉米须的 3.6 倍。除了降糖玉米，该企业还研发了高蛋白玉米、高花青素玉米等，深受消费者欢迎。普通玉米售价在 1 元/斤左右，但该企业开发的新品种玉米身价百倍，销售价格在 168 元/斤左右。

四是雄厚的研发力量为农产品加工产业提供了高质量发展的有力支撑。黑龙江省拥有东北农业大学、八一农垦大学、哈尔滨商业大学等近 20 所涉农、涉食的院校和近 70 所省农科院、省农垦科学院等涉农科研院所，其中东北农业大学拥有国家大豆工程技术研究中心、国家乳业工程技术研究中心、国家农产品加工技术研发中心牛肉加工分中心等多个国家级平台。哈工大依托国家地方联合实验室和工程中心在生物萃取、提纯、智能化装备、定向微生物菌群培育等方面也形成了一批可转化成果。这些科研院所研发的马铃薯淀粉工业副产物资源化生物高新技术、营养健康型功能奶酪、玉米蛋白源系列生物活性肽新产品等被广泛应用于制药、功能性食品、特医食品、高端食品等大健康产业，其高附加值属性主要体现在提高活性物质比例、纯度、功效等方面。近年来，黑龙江省加快农业科技体系建设，积极推动科研成果转化，农业科技支撑能力逐步加强。2022 年底，全省农业科技进步贡献率达 69.8%，高于全国 7.4 个百分点。农业主推技术到位率稳定在 95% 以上，稳居全国首位。①

第二节　东北地区政府对农产品加工业的政策扶持情况

党中央、国务院高度重视农产品加工业发展，在 2016 年印发的《国务院办公厅关于进一步促进农产品加工业发展的意见》和 2019

---

① 周静、梁金池：《统筹推进"四个农业"加快建设农业强省》，黑龙江省人民政府网，2023 年 11 月 17 日，https://www.hlj.gov.cn/hlj/c107856/202311/c00_31684860.shtml。

年发布的《国务院关于促进乡村产业振兴的指导意见》等文件中明确要求，要支持粮食主产区和特色农产品优势区发展农产品加工业，建设一批农产品精深加工基地，提升农产品精深加工水平。2018年，农业农村部等15部门发布了《关于促进农产品精深加工高质量发展若干政策措施的通知》，对促进农产品精深加工高质量发展提出了若干政策措施和相应的部署安排。

我国政府对农产品加工业发展的重视也体现在近年来颁布的中央一号文件中。比如，2017年提出打造食品加工产业集群；2018年提出实施农产品加工业提升行动；2019年提出支持主产区依托县域形成农产品加工产业集群；2020年提出支持打造各具特色的农业全产业链，形成有竞争力的产业集群，推动农村三次产业融合发展；2021年提出要立足县域布局特色农产品产地初加工和精深加工；2022年提出重点发展农产品加工。在中央政府高度重视农产品加工业发展的背景下，东北地区各地方政府也积极采取了一系列政策措施支持区域农产品加工业发展。

一 辽宁省

辽宁省相关部门在财政和金融信贷等方面出台了一系列政策措施，不断加大对农产品加工业的资金投入力度，政策支持手段较为丰富，初步形成了支持农产品加工业发展的政策体系。

一是推行农产品加工业财政补助政策。2021年，辽宁省出台政策，安排财政专项资金3亿元，重点支持全省农产品加工业发展。但由于当时银行对企业固定资产贷款审核标准较高，符合新增生产性固定资产贷款贴息条件的企业和项目仅有11家（个），实际发放贴息资金3000万元左右，政策实施效果不太理想。2023年，辽宁省人民政府印发《辽宁省进一步稳经济若干政策举措》，其中进一步明确农产品加工业补助资金标准，即"对农产品加工企业新上先进加工设备项目给予30%资金补助，最高不超过500万元；对新认定的省和国家级重点龙头企业分别给予 50 万元和 100 万元资金奖励。对农产品加工集聚区基础设施建设项目择优给予一次性 2000 万元补助。对符合条件的新型农业经营主体建设农产品产地冷藏保鲜设施投资补助 30%，单体补助不超过 100 万元"。农产品加工业财政补助政策的出台，提高了农产品加工企业投资的积极性，促进了农产品加工集聚区招商引资，提升了农业产业化龙头企业的发展动力。

二是实施农产品加工业金融扶持政策。辽宁省政府利用辽宁省产业（创业）投资引导基金，加大对农产品加工业发展的投融资力度与对农业产业化重点龙头企业的金融扶持力度，对龙头企业在原材料收购、仓储设施、生产加工基地建设和技术改造等方面的合理资金需求，由金融机构根据实际情况给予信贷资金支持。比如，2010 年辽宁省财政厅、省农村经济委员会出台了《辽宁省支持农产品加工产业项目贴息资金管理暂行办法》，对全省境内（不含大连市）企业从事的农产品加工产业项目，设立贴息资金，对专项用于农产品加工产业的固定资产项目贷款给予时间不超过 12 个月（含 12 个月）的利息补助，单个项目贴息上限额度原则上不超过 500 万元。大连市也出台了专项金融扶持政策，比如，2023 年大连市农业农村局会同市海洋发展局、市财政局联合印发了《大连市农产品加工企业贷款贴息项目实施方案》。该方案规定，贴息对象为固定资产贷款与流动资金贷款合计 500 万元及以上、贷款用途为农业生产经营相关的农产品加工企业（含水产品加工企业），对其当年 1 月 1 日至 12 月 31 日期间实际付息给予贴息，单个企业补助上限 100 万元。

除了以上金融贴息政策，辽宁省政府还针对农产品加工业企业出台了若干金融信贷服务措施，比如对市场容量大、效益好、发展潜力大的农产品加工企业，适当放宽贷款担保抵押条件；将中小型农产品加工企业列为辽宁省中小企业信用担保体系的优先扶持对象；积极支持推动符合上市条件的大型农产品加工型企业通过多种方式上市融资；等等。辽宁省颁布的这些财政金融扶持政策，有利于吸引更多社会资本投入农产品加工业，缓解企业的资金约束和压力，降低农产品加工企业的运营成本，促使企业将更多资金投入自主研发过程，不断提升农产品加工业科技创新水平，提高产品附加值。

二 吉林省

吉林省政府推进农产品加工业发展的措施更加多元化。一是搭建政策平台。吉林省委、省政府发布了《关于进一步推进农业产业化经营的意见》《支持农业产业化龙头企业发展的实施意见》《进一步促进农产品加工业发展的实施意见》等政策措施，为农产品加工业提供了有力的政策保障。① 与此同时，吉林省连续八年举办了乡镇企业（农产品加工业）"创业杯"竞赛活动，推动了吉林省农村第二产业以农产品加工业为核心的稳定快速发展。

二是搭建融资平台。吉林省政府已连续八年设立了 2 亿元农业产业化专项资金，采取贷款贴息、项目补助等多种形式，引导金融资本进入农产品加工业，拉动社会投入 500 多亿元。与此同时，吉林省农村信用社联合社与中国建设银行吉林省分行签署战略合作协议，携手做好科技金融、绿色金融、普惠金融、养老金融、数字金融"五篇大文章"，截至 2023 年 10 月末，吉林省农村信用社全系统资产总额 1 万亿元，负债总额 9609 亿元，各项存款 7801 亿元，各项贷款 5030 亿元，存贷款市场份额均居全省银行业金融机构第 1位，已经发展为省内营业网点最多、服务范围最广、支农力度最大的金融机构。②

三是搭建利益联结平台。近几年，吉林省政府积极开展农产品

---

① 张力军：《乡村振兴发展的现实选择——吉林省发展农业产业化经营工作综述》，农业农村部官网，2018 年 8 月 1 日，https://www.moa.gov.cn/xw/qg/201808/t20180801_6155084.htm。
② 李洋：《吉林省农村信用社联合社与中国建设银行吉林省分行签署战略合作协议》，人民网，2023 年 11 月 23 日，http://jl.people.com.cn/n2/2023/1123/c349771-40652076.html。

产销对接活动，促进省级重点龙头企业与县市区开展农产品产销对接，大力发展订单农业，不断推行"企业＋合作组织＋农户"产业发展模式。2021年，吉林省家庭农场和农民合作社已发展到14.6万户和8.4万个，实现了农户利益共享、风险共担、互利双赢、共同发展的良好局面。

四是搭建市场开放平台。吉林省把培育品牌、推介名牌、开拓市场作为重点，着力打造吉林农产品加工业优势品牌。吉林省整合了吉林大米、长白山人参、通化葡萄酒三大品牌，皓月牛肉等一些品牌被评为中国驰名商标和中国名牌。在连续举办二十三届的长春农博会和50多次境内外展会上，吉林省展出名优特新产品5000多个。

五是搭建项目建设平台。吉林省通过建设农产品加工项目库，储备了规模以上农产品加工项目618个，同时建设了22个农产品加工业示范区，实行了重点企业、骨干企业区域推进，大项目、重点项目集中摆放方案，有效地解决了企业资金、用地、水电等一系列问题。与此同时，吉林省认真落实农业农村部和财政部推行的农产品产地初加工补助项目，在项目实施县（市、区）两年共建贮藏设施3019座，提升马铃薯、果蔬贮藏能力12.4万吨，通过新设施建设使吉林省产后果蔬贮藏保鲜能力增加40%，实现了"增加供给、均衡上市、稳定价格、提高质量、保证加工、促进增收"的目标。

三　黑龙江省

黑龙江省通过实行多目标的财政金融扶持等政策，全方位保障农产品加工业平稳快速发展。一是充分利用"4567"现代产业体系发展专项资金和商品粮大省奖励资金，逐步构建财政支持产业发展政策体系，主要目标是通过财政补助等政策的引导，支持农产品加工业增产扩能、科技创新，鼓励新品开发等。例如，《黑龙江省支持农产品精深加工业高质量发展若干政策措施》中规定，对2022年以来开工建设并纳入《农产品精深加工产品指导目录》的农产品精深加工项目，生产性固定资产投资（不含土建等费用）5000 万元（大豆精深加工项目 2000 万元）以上，完成投资正式投产运营并纳入规模以上工业统计范围的企业，省级单位按照生产性固定资产投资额（不含土建等费用）给予 10% 补贴，单个项目最高补贴不超过 1000万元；对研发投入 100 万元以上且履行统计填报义务的农产品精深加工企业，按照企业上年度研发投入存量和增量部分给予不同比例补助，补助资金省、市（县）各占 50%；对年度单品销售收入 200万元以上的省重点新产品，按年度实际成交额的 5% 给予开发企业奖励，单品奖励上限 50 万元。

二是实施金融扶持政策。例如，黑龙江省政府对以大豆、玉米、稻谷、杂粮、马铃薯为原料，生产预制调理品、即食食品及其他精深加工产品的规模以上企业给予贴息补助，由国家金融监管部门批准设立的金融机构借入流动资金贷款当年支付的利息，按照不高于 1年期贷款市场报价利率（LPR）据实贴息，单个企业贴息每年不超过 500 万元；政府在园区建设方面予以债券支持，鼓励市县政府加强农产品加工园区建设，对产业定位清晰、基础功能完善、配套体系健全、集聚水平高，能为企业提供零距离服务的农产品加工园区，在安排地方政府债券时，对其符合发行条件的相关配套基础设施建设项目予以优先支持。

三是定期开展考评打擂活动，强化奖励激励。黑龙江省制订了全省农产品加工业发展工作的考评实施方案，对各县（市、区）农产品加工业营业收入、规模以上企业数量等指标进行排名打擂，更好地发挥了正向激励作用，提升了各地发展农产品加工业的积极性和紧迫感，促进了各区域内农产品加工业比学赶超、争先晋位，对新晋升为国家级农业产业化龙头企业的，给予一次性 50 万元奖励。

四是广泛宣传推广，营造产业发展积极氛围。黑龙江省政府借助新闻媒体和网络平台，采取多种形式，持续开展政策宣传，扩大了农产品加工业政策知晓面和提升了撬动效果，进一步调动了企业积极性，引导了更多社会资本投资农产品加工业项目建设。此外，及时总结并宣传推广先进典型经验，引导各地互相学习借鉴，以点带面促进农产品加工业高质量发展。

第三节　东北地区农产品加工业的主要问题及政策建议

一　主要问题

（一）农产品加工产业链仍待延伸

近年来，东北地区农产品加工领域取得了一定的进展，不仅产品结构有所优化，对于农产品精深加工的意识也有所增强，产品附加值不断提高。例如，自热食品、调理食品、速冻食品、熟食制品等新型产品的生产量逐年增加，基本上满足了市场上不同消费层次的需求。然而，东北地区农产品加工业仍然处于初级加工阶段，存在精深加工产品数量较少、副产品综合利用率不高以及产业链相对较短等问题。首先，在初级加工产品中，往往过于追求加工精度和高等级产品，甚至过度加工和包装；其次，初级加工产品过多，企业精深加工能力不够，精深加工产品占比较低，产品附加值不高；最后，缺乏具有国际影响力的本土的农产品加工品牌。

（二）农产品加工集聚区有待进一步优化

东北各地方政府对发展农产品加工业产业集群充分重视，目前已初步形成具有特色的农产品加工集聚区，比如沿海农产品加工集聚区、中部平原农产品加工集聚区、辽东绿色食品加工集聚区、辽西特色多种类农产品加工集聚区和辽北大宗粮牧并举加工集聚区构成了辽宁省五大农产品加工集聚区域。虽然东北地区已形成具有一定规模的产业集聚区，但距产业集中度与打造产业集群目标仍有差距，集聚区内规模化大企业不多，无法形成产业集群集聚效应，整体竞争能力有限。此外，东北地区农产品加工集聚区之间加工品类重复率较高，特色产品偏少，尚未形成加工产业优势，集聚区内企业发展速度较慢，与广东省、江苏省、山东省等农产品加工业发达省份相比还存在差距。

（三）具有全国影响力的地方知名品牌相对较少

东北地区立足自然资源与生态环境优势，大力发展农产品加工业，农产品加工品牌数量与影响力显著提升，但除了盘锦与黑龙江大米、棒棰岛海参、皓月牛肉等少数品牌在全国范围内有一定的影响力外，其他加工农产品的品牌影响力大多局限在本省份或东北地区内，打入国际市场的农产品品牌屈指可数，出现"墙内开花院内香"的情况。

（四）科技创新支撑产业发展能力有待加强

东北地区农产品加工科研实力有所上升，尤其是黑龙江省，涉及农产品加工的科研院所有近70所，但仍存在科研单位与生产企业结合不紧密、科技成果转化率较低的问题。多数中小型农产品加工企业没有建立研发机构，部分农产品加工企业缺乏自主创新意识和能力，企业科技投入和研发不足，缺乏创新型人才，这些因素导致东北地区农产品加工企业产品科技附加值低，同质化严重，缺乏市场竞争力。一些大型龙头企业虽建立了研发机构，但技术研发和创新能力有限，限制了企业核心竞争力的提升。此外，东北地区农产品加工科技成果转化率还有待进一步提高。

二 政策建议

（一）突出特色产业优势，延伸农产品加工产业链

应聚焦延伸产业链、构建供应链、提升价值链和共享利益链的

目标，促进东北地区农产品加工业实现产业全链条的增值以及全产业融合。一是不断扩大农产品加工基地规模。充分重视龙头企业、专业合作社与家庭农场等农产品加工经营主体的引领作用，创建一批生态、优质、安全的农产品加工基地，实现生产规模化、标准化和专业化。二是优化农产品初加工技术，持续提高精深加工能力与水平。推动农产品加工产业转型升级，倡导企业采用先进的农产品精深加工技术，促进农产品加工产业由低端向中高端延伸，实现从分散的、单一的、互不关联的农产品初加工企业，向精深加工制造产业集群转变升级。三是鼓励产学研各方深度合作，创新适应本地特色农产品精深加工的新技术、新工艺和新设备，开发新产品，延伸产业链，提高产品附加值。四是促进三次产业的深度融合。大力推广"企业+基地+合作社+农户"等农村产业融合的发展模式，带动新型农业经营主体的发展，使农户能够分享价值链的增值收益，引导农产品加工业与其他产业的融合发展。

（二）立足区域资源特色优势，打造知名品牌

东北各地区要不断提高农产品加工产业的产品核心竞争力。面对加工农产品的"供"和"需"两个环节，以绿色产业为导向，改善供给结构，优化产品品质，打造知名品牌，使之更加契合市场多元化与高标准需求。首先，立足资源优势，新建扩建规模化的绿色农副产品生产基地，重点发展优质小麦、优质水稻、双低油菜、优质花生等粮食蔬菜作物，培育一批消费者认可、市场占有率高、带动作用强的绿色生态农产品加工品牌。其次，不断加大对现有品牌的维护和宣传推广力度。利用"互联网+"等新媒体手段对现有品牌进行宣传、推介和推广，以农产品展销会等方式，多渠道提高东北地区现有品牌的宣传力度。最后，鼓励农产品加工企业利用自有品牌、自主知识产权，发展进出口贸易，拓宽国内外销售渠道，培育跨国企业和国际知名品牌。

（三）优化产业集聚，大力培育龙头企业

东北地区各地方政府应根据区域资源差异优势及不同产业的发展情况，科学合理布局区域农产品加工业园区，以提高产业集中度为目标，引导企业向特色农产品重点产区和加工技术园区集聚，进而通过生产、加工和流通集聚，提升辐射带动能力，集约利用资源要素，强化产业链建设，实现产业集群发展。在做大产业集群方面，要以市场需求为导向，以各地实际情况为出发点，大力培育名优产品、新兴业态，不断增强农产品加工业的产业基础能力。此外，引导龙头企业通过兼并、重组、参股、联合等方式，促进要素流动和资源整合，发展壮大一批大型农产品加工企业集团，带动其他中小微农产品企业的发展，构建产业生态体系，营造良好环境，促进规模化发展。

（四）强化科技创新，提升农产品加工业核心竞争力

一是强化科技创新在农产品加工产业中的引领作用。以农产品加工"政产学研"深化合作为发展方向，在新一轮自动化、智能化的农产品加工生产方式下，注重食品生物技术和纳米技术、大数据、物联网、区块链等高新技术在企业中的运用，引导和支持以企业为主体的技术创新，推动农产品加工高新技术落地。二是加快攻克关键核心技术。坚持战略性需求导向，从基础前沿、重大共性关键技术和应用示范等方面进行全链条创新设计。三是加快科技创新平台建设。以国家目标和战略需求为导向，布局纵向贯穿农产品加工、生物制造、智能化装备、细胞工厂、智慧农业等学科，横向连接高校、企业、科研院所的农产品加工国家工程中心、重点实验室、企业技术中心，打造东北地区农产品加工科技创新平台。四是统筹"学科—人才—基地"建设，培养一批具有不同学科背景和创新潜力的领军人才和创新团队。五是加强知识产权保护，推进以农产品加

工企业为主体的科技成果转化和技术转移。

（五）加大对农产品加工业的政策资金扶持力度

强有力的政策资金扶持，是做强做大农产品加工业的有力保证。一是搭建政策平台。落实好国家已经出台的农产品加工业政策，研究促进农产品加工业与其他产业融合发展的政策，积极扶持农产品初加工、精深加工、贮藏流通业发展。二是增加财政投入，强化财政支持。审核确定农产品加工重点企业和重点项目名单。对这些重点企业和重点项目要整合各类支农政策、资金、信息，集中力量进行重点扶持，促使其做强做大。针对与科研机构、学院签订技术合作协议，以及推广应用先进技术并产生良好经济效益和带动示范作用的农产品加工企业，验收后按投资总额给予一定比例的奖励。省级以下地方政府在积极争取中央、省级对农产品加工业扶持的同时，还要用好市、县级的基本建设资金、财政支农资金、科技发展资金等。三是强化金融支持。积极推进东北地区省级农村合作金融创新试点县（市、区）工作，建立农业贷款风险补偿专项资金，鼓励涉农金融机构向农产品加工企业等新型经营主体发放生产性贷款。引导涉农企业通过农村土地承包经营权抵押、农机抵押、林权抵押等形式进行融资。四是创新支持方式，精简信贷审批手续。通过风险补偿、担保贷款、利息补贴等多种方式，引导金融资金、社会资本进入农产品加工业。政府相关部门要真正下放一部分行政审批权，精简信贷审批手续，减少审批环节，缩短审批时限，切实解决农产品加工业融资难、融资贵等问题。

专 题 篇

第十章 东北地区维护国家"五大安全"研究

第一节 东北地区维护国家"五大安全"的使命及采取的措施

一 东北地区维护国家"五大安全"的使命及其与高质量发展的关系

(一) 东北地区维护国家"五大安全"的使命

1. 从维护我国国防安全角度来看，东北地区作为中国的重要边疆地区，是维护国家国防安全的"中流砥柱"

首先，从地缘角度来看，东北地区地理位置突出。处在中国的东北部，与俄罗斯和朝鲜紧密交界，而且辽宁省与日本和韩国的西部也相隔不远，这使得东北地区对中国的国家安全至关重要。其次，东北地区拥有丰富的军事战略资源如粮食、煤炭等，以及众多重要的军事基地，承担着支持我国国防力量的重要职责。维护这一地区的稳定和安全，对于国家的军事力量建设和战略部署至关重要。最后，东北地区的军事工业十分发达，是保障我国军事装备供应的主要基地。因此，东北地区无论从哪个角度来说对于维护我国的国防安全都至关重要。

2. 从维护我国粮食安全角度来看，东北地区是维护我国粮食安全的"压舱石"

根据《国家统计局关于 2023 年粮食产量数据的公告》，东北地区的粮食产量在 2023 年提高至 14538.1 万吨，这一产量占全国的比重为 20.91%。东北地区的粮食外调量占全国的 40% 左右。中国科学院的《黑土地保护与利用报告（2021 年）》表明，在过去 2000～2021 年，东北地区的农作物产量大幅度提高，其中粮食产量占全国粮食总产量的比例由 12.74% 上升至 25.36%，而粮食增加量占全国产量增量的比例也达到了 50.71%。这意味着，东北地区成为中国农业发展的重要支柱。东北地区自然环境优越，其拥有宽敞的农田、温暖的阳光以及良好的水源，其中以黑色的泥炭地最为突出，蕴藏着丰富的有机质，适合种植多种农作物，例如小麦、玉米、大豆等，这使其成为中国最具发展潜力的农业区域。东北地区的农田面积庞大，农业生产潜力巨大，为国家粮食供应提供了重要支持。东北地区的农业正在迅速转型，比如引入最新的农业技术，积累大量的实践经验以及建立起一整套完整的农田基础设施体系，运用最新的农用机械进行收割、加工、冷藏、分拣、销售等，这些都能够极大地提升当地的粮食产量，确保全民的粮食安全。因此，东北地区对于维护我国的粮食安全具有极其重要的意义。

3. 从维护我国生态安全角度来看，东北地区是维护国家生态安全的关键一环

东北地区拥有丰富的自然资源和独特的生物多样性，包括广大的森林、湿地、草原等生态系统，是中国重要的生态屏障和资源支撑区。首先，东北地区的森林资源丰富、森林覆盖率较高，在保持水土、改善气候、减少土壤侵蚀等方面具有重要的生态功能。其次，东北地区的湿地资源是维持我国生物多样性的重要载体。东北的湿地是重要的生物资源库，为众多珍稀动植物如丹顶鹤、中华秋沙鸭等提供栖息地。湿地还能够调节水文循环、保持水质、防洪排涝等，

对于维持区域和全国水资源的平衡具有重要作用。最后，东北地区
还有大片的草原资源，对于保护中国的草食动物、维系草地生态系
统的稳定起到关键的作用。总之，东北地区对于维护国家生态安全
具有重要性。保护和合理利用东北地区丰富的森林、湿地和草原资
源，不仅能够维护当地生态平衡，也有利于全国生态系统的健康发
展和国家生态安全的实现。

4. 东北地区在保障我国的能源安全方面发挥着至关重要的作用

其原因在于，首先，该地区蕴藏着大量的原油、煤炭等优质资
源，比如大庆油田、辽河油田、吉林油田、霍林河露天煤矿等，可
以满足我国的多种需求。这些资源在中国的能源供应中占据重要地
位。其次，东北地区还拥有发达的能源产业和相关基础设施，大连
石化、抚顺石化、大庆石化等企业在能源深加工和储运方面扮演着
重要角色，为国家能源安全提供了坚实的支持。最后，东北地区靠
近俄罗斯和朝鲜等国家，与这些国家有着紧密的能源合作关系，这
些合作关系对于国家能源供应和能源安全具有重要作用。

**5. 东北地区保证了我国工业体系的完整性，是维护我国产业安全的重
要基础**

东北地区是中国的重要工业基地和资源富集区，有着发达的重
工业和装备制造业。保障东北产业安全意味着保护国家经济的安全
和可持续发展。这是因为，第一，东北是中国的老工业基地，拥有
庞大的重工业体系和高素质的劳动力资源。通过加强东北地区的产
业安全防范，不仅有助于改善当地的产业结构，而且还有助于加快
产业的转型升级，从而极大地激发当地的经济活力，并且有助于创
造更多的就业机会，带来更多的收益。第二，东北地区拥有丰富的
资源和完善的产业链。这为我国研制大国重器提供了物质基础和产
业支撑。例如，东北地区拥有丰富的煤炭、钢铁、有色金属等资源，
为制造高端装备提供了重要原材料。同时，东北地区的产业链相对完
整，涵盖了从研发设计、制造加工到测试调试等各个环节，为研制大

国重器提供了便利条件。长春、沈阳、哈尔滨、大连等东北地区的高校和科研院所在当地享有盛誉，为当地的科学技术发展提供了强大的支撑。这些高校和科研院所在航空航天、核能技术、高端装备等领域具有良好的研究基础和技术能力，为产业升级提供了强大的支持。

东北地区承担着维护国家五大安全的重任，这是毋庸置疑的。东北地区的稳定发展关系着国家繁荣稳定的大局。只有保持和提升东北地区的经济社会发展水平，才能为我国整体的发展和安全做出积极贡献。

（二）东北地区维护国家"五大安全"与高质量发展的关系

1. 维护"五大安全"是东北地区经济高质量发展的首要任务

综合来看，维护"五大安全"关系着国家安危。东北地区作为中国的重要经济区域，维护"五大安全"是确保其经济高质量发展的首要任务。

东北地区是我国向北开放的重要门户，在我国加强东北亚区域合作，深度融入共建"一带一路"中发挥了重要作用，因此维护国防安全，是实现东北地区高质量发展的首要任务。东北农业资源富集、生产条件优越、技术水平先进，2023年其粮食产量占全国的1/5，是国家重要的粮食调出地区。没有充足的粮食供应作为保障，经济高质量发展必然无从谈起。因此，维护国家粮食安全是东北的战略担当，更是东北地区经济高质量发展的主要任务。

随着时代的发展，我国正在从追求快速增长的模式转变为注重质量的发展模式。东北地区经济发展正面临资源环境衰退等制约。因此，经济走高质量发展路线，减少对资源的依赖以及对环境的破坏是东北地区经济发展的必由之路。而且，经济高质量发展是考虑未来世代利益而做出的判断。它不会仅仅追求眼前经济增长而忽视生态环境的可持续性。也就是说，东北地区经济的高质量发展会在发展经济的同时更好地维护生态环境，实现经济的可持续发展，因此会维护国家生态安全以确保经济发展不损害子孙后代的利益。

能源安全对于经济社会的发展至关重要，东北地区拥有丰富的能源资源，其中大庆油田、辽河储气库群和松辽清洁能源基地承担着国家能源生产和战略储备的重任，具有极其重大的战略意义。在维护能源安全的同时推动东北地区能源产业转型升级，加快新型电网、电力外送通道和油气管道建设，既可以促进东北地区能源产业实现高质量发展，也会降低我国对外部能源供应的依赖，提升国家能源自给自足的能力。因此，提升国家的能源安全水平必然能推动东北能源产业的高质量发展。

东北地区产业基础扎实，具有较为完整的装备制造体系和化工产业链，是我国重要的工业基地和能源基地。维护国家的产业安全可以促进东北地区经济的高质量发展。因为这符合东北地区产业结构调整的需要。东北地区具有发达完备的产业体系，维护产业安全有助于优化其产业结构，增强工业的多样性和韧性，提高国家在全球产业链中的地位。因此，维护国家的产业安全从而促进东北地区产业升级和转型，鼓励东北地区企业引入先进技术、设备和管理模式，支持科技创新，这将会显著提高东北地区经济高质量发展水平。

综上所述，东北地区在过去的几年中面临了一些挑战，如人口流失、产业转型等。而维护"五大安全"有助于稳定地区的政治环境，促进产业升级，提升东北地区的整体竞争力和可持续发展能力，并达到经济高质量发展的目的。因此，保障"五大安全"的顺利执行对东北地区的经济增长至关重要，必须由政府、企业以及全体公民携手合作，制订出具体的改革方案，以促进东北地区的长期健康发展。

2. 东北地区实现高质量发展是"五大安全"实施的重要保障

第一，只有实现经济高质量发展，才能为维护国家国防安全提供坚实的支撑。东北地区通过推动经济高质量发展，可以增加国家财富和资源储备，提升国家的综合国力，从而增强国家的国防安全。试想一个经济发展不平衡、不稳定，甚至落后的东北，是难以成为国家稳定的边疆的。

第二，东北地区经济高质量发展会促进其农业现代化，而东北地区又是国家的主要商品粮生产基地。因此，东北地区经济高质量发展必然会带来粮食的增产增收，从而保障我国的粮食安全。

第三，东北地区经济高质量发展把经济的增长方式从量的扩张转移到质的提高上。这将会促进东北地区的产业结构转型升级。一方面，会使企业采用更加节能环保的技术，绿色经济也会随之崛起，从而保障生态安全；另一方面，东北地区会加大科技投入力度以增加创新产出，并努力建立起完善的产业链，填补国内技术空白，这将为我国的产业安全奠定坚实的基础。

第四，东北地区经济高质量发展将提高我国的能源安全程度。促进清洁能源的开发和利用是实现能源安全的重要途径。东北地区目前制定的能源发展规划普遍加大了对可再生能源的投入力度，如风能、太阳能和水能等，以降低对中国传统化石能源的依赖性。推动洁净电力的发展将有助于尽量减少对环境影响，这将提高我国能源供应的可持续性和稳定性。此外，经济高质量发展会促进能源节约与效率提升。东北地区将不断推广和应用能源节约技术与设备，提高能源利用效率，减少能源浪费。通过改善能源利用结构和提高能源利用效率从而增加能源供应的弹性和自主性。

总之，东北地区经济高质量发展和维护国家"五大安全"是相辅相成、相互依存的。只有通过持续推进经济高质量发展，加强"五大安全"保障，才能够真正改善东北地区的发展状况，提升人民的生活质量，为国家创造一个更加美好的发展环境。

二　东北地区维护国家"五大安全"所采取的举措

（一）维护国防安全的举措

1. 通过军工新产品、新技术维护国防安全

东北地区拥有众多的军工企业，对我国的国防安全至关重要。

近年来，东北地区的军工科研院所及企业通过不断奋斗，研制并生产出了大量新式装备，取得了重大技术突破，为维护国家的国防安全做出了突出贡献。例如，沈飞集团的歼35、歼31、歼16，哈飞集团的直9、直19和直20，大连船舶重工的航母，葫芦岛渤船重工的核潜艇等，都是维护我国国防安全的国之重器。东北的军工企业和军工科研机构作为维护国防安全的重要力量，在提供先进装备、推动技术创新、培养高端人才、促进经济发展以及保障国家安全稳定等方面做出贡献，对维护国家的国防安全具有重要的价值。它们的发展不仅满足了国家的军事需要，也对国家的发展和社会进步产生了积极影响。

2. 人民群众以极高的热情投身到维护国防安全的行动中

东北人民热爱国家。在面对涉及国家主权的大是大非问题时普遍与国家保持一致。人民的团结也为国家的经济发展提供了重要支撑。东北人民积极投身到国防建设之中，拥军爱军蔚然成风，东北地区共有全国双拥模范城（县）40余个。这些都成为维护国防安全的重要保障，对于维护国家安全具有重要而积极的影响。

（二）维护粮食安全的举措

1. 通过保护耕地来维护粮食安全

近年来，东北地区不断加大保护耕地力度，夯实粮食安全根基。黑龙江省各地不断完善黑土地保护政策，从坡耕地治理、秸秆还田和农药化肥减量等方面采取措施，让黑土粮仓"更绿""更肥""更持久"。除此之外还实施了保护性耕作行动计划，如在安达市实行的免耕播种模式，遏制了黑土地的退化，恢复提升了耕地地力。吉林省正积极采取措施，努力治理东部黑土区的水土流失，根据当地的特点，构筑林草田的生态系统，改造盐碱地，实施有效的灌溉排涝技术，优化土地资源配置，同时，积极推进社会监督，健全司法机构，形成更为严格的土地管理体制，以及实现对耕地的实时监控。

辽宁省积极采取措施，以确保土地利用的合规性，同时也要求对违反规定的土地使用者依照规定的程序予以惩罚。为此，辽宁省正积极开展针对违反土地利用规定的行为的调研，并设置了相应的监控机构，以便及早发现、查处、纠正违规土地使用。这些强有力的行政手段，有效遏制了侵占耕地的违法行为，为粮食增产、丰收奠定了基础。

2. 通过新技术手段确保农业丰收

东北地区的粮食承储企业正在大力推进信息化建设，并将数字粮食综合监管平台的应用作为重点，努力实现对粮库的全面监督，包括视觉检查、粮情分析、粮价预警。同时，许多先进技术也应用在粮食生产的各个方面。吉林省德惠市首创了无人机施肥，其高速旋转的螺旋桨产生的强劲气流，可以有效地吹动农作物，从而提升施肥效果，并增强肥料的渗透性。长春市九台区龙嘉街道红光村也飞来了无人机。这些无人机在田间施放一种新型放蜂器，放蜂器中的赤眼蜂可以破坏害虫二化螟的卵，从而减少农药的使用，避免水稻遭受虫害。类似的例子还有很多，高科技正在维护粮食安全中发挥关键作用。

3. 政府加大对粮食生产各环节的扶持、督导力度

东北地区各级政府为贯彻国家对于东北维护国家粮食安全的战略定位，十分关注粮食生产的各个环节。辽宁省坚持以"指挥棒"的原则，加强对粮食安全的监管，确保农业可持续发展，并以此来推动"三农"建设，确保农民的合法权益得到充分保障。在此过程中，辽宁省不仅加强了对农业的监管，而且还坚决贯彻执行了党政同责的原则，确保了农业的可持续性。黑龙江省政府通过制订具体的任务计划，强化对政策性粮食储备的执行，并且要求企业、政府有关部门共同承担责任，以此来维护粮食安全，使之能够及时准确、可持续、安全地进行粮食储备。

4. 积极调动农民的种粮积极性

东北地区的政府正努力推进粮食安全措施落实，包括提高产量并鼓励企业投入更多的财务支持。此外，为鼓励农民增加劳务投入，东北地区定期提供补贴，以提高他们的经济收入。东北地区的经济稳步提升，为东北地区的人民带来更多的福利。东北地区通过提供合理的收益和财政支持，调动农民的积极性和热情，为保障国家粮食安全做出贡献。

（三）维护生态安全的举措

1. 加大环境保护力度

东北地区通过加大环境监测和治理力度，加强对污染源的排查和治理，严厉打击环境违法行为，推动企业实施清洁生产，减少污染物排放。黑龙江省积极研发环境治理技术，努力维持自然环境的平衡，重点关注水源、森林、湿地的可持续发展。采取多种技术手段，包括植被恢复、退耕还湿、水系连接、生境改善，有效保护濒临灭绝的珍贵野生动植物的栖息环境。

2. 加强对自然资源的合理利用

东北地区通过制定和实施资源开发利用规划，加强对矿产资源、水资源和土地资源的管理和保护，推动资源的可持续利用。辽宁省积极探索可持续的新能源技术，努力实现绿色可持续的发展，以及实现经济增长、资源节约、生态健康的有机结合。

3. 注重生态教育和宣传

东北地区通过开展生态环境教育活动，提高公众对生态环境保护的认识和意识，培养人们的环保意识和行为习惯。辽宁省加强对媒体的引导和监督，积极宣传生态环境保护的重要性，推动社会各界共同参与生态安全的维护。

4. 加强对生态监测和预警体系的建设

东北地区通过建立完善的生态环境监测网络、健全的环境监测体系，及时掌握生态环境变化动态，预警和应对生态环境风险，加强对大气、水、土壤等环境要素的监测，把握环境状况。吉林省提出生态环境信息公开和共享，提高社会公众对生态环境状况的了解程度和参与度，进一步健全法规体系，强化政策支撑，加强监管监测，打造更加完备、更加成熟、更加管用的生态文明治理体系。①

总之，东北地区在维护生态安全方面采取了一系列有效的举措。通过加强环境保护、合理利用自然资源、推动生态教育和宣传、建设生态监测和预警体系等措施，努力保护和维护生态环境的稳定和完整，为东北地区的可持续发展奠定了坚实的基础。

（四）维护能源安全的举措

东北地区是国家重要的能源基地。石油、风能等能源储量丰富。虽然煤炭资源日益减少，石油开采量也在减少，但东北各级政府适时提出了深化能源结构调整，促进煤炭替代、电力替代，鼓励清洁能源替代传统能源，减少对煤炭的依赖，降低能源结构中的碳排放的新时期发展规划，使东北地区在突出抓好传统能源稳产的基础上，加快构建能源多元化供给体系。东北地区维护能源安全的举措可以概括为以下三点。

1. 积极推进可再生能源发展

东北地区发展洁净电力，旨在推动可再生资源的有效使用，以及进一步提高资源利用效率，以期减轻人们对常规电力的依赖性，并最终达到碳排放达峰的目标。吉林省积极推进《吉林省能源领域2030年前碳达峰实施方案》，旨在将西部地区的自然资源有效整合，打造"陆上风光三峡"，为实现能源领域碳达峰奠定基础。2022年9月，辽宁省人民政府办公厅印发《辽宁省加快推进清洁能源强省建设实施方案》，以发展绿色可持续的可再生能源为辽宁省的经济社会发展贡献力量。

---

① 黄鹭：《在新起点上加快推进生态强省建设　以高品质生态环境支撑高质量发展》，《吉林日报》2023年7月24日，第1版。

2. 推进能源技术创新

东北地区提升能源技术创新水平，加大对能源技术创新的投入力度，推动新能源、新技术的应用和推广，提高能源生产和利用效率，同时发展智能电网、储能技术，提升能源系统的稳定性和安全性。根据《辽宁省科技支撑碳达峰碳中和实施方案（2023—2030年)》，辽宁省将大力推进超高效光伏电池、新型制氢技术、新一代储能技术、人工光合成、直接空气捕集二氧化碳技术以及碳基资源高效催化转化的研究，以期达到减少碳排放的目的。

3. 二次开发助力传统能源基地稳产

东北地区对原有能源基地进行二次开发，稳定传统能源产能。通过不断努力和投资，大庆油田现在拥有着全球最大的三次采油生产基地，并且在陆相砂岩油田的开发方面取得了重大突破，从而使得该油田的产量得到了保证。辽河油田运用多种技术，重新打井、找油，这种重复利用、变废为宝的模式保证了石油的稳产。

（五）维护产业安全的举措

产业是国家经济的基础，产业安全直接关系到国家经济的稳定和可持续发展。任何产业的不安全因素都可能导致生产中断、经济损失，甚至对国民经济造成严重影响。为维护我国产业安全，也是为了振兴东北各类产业，东北各地政府出台了一系列政策并积极推行，以提振本地经济，加速产业转型升级，维护国家的产业安全。这些举措包括以下四点。

1. 出台政策推动产业升级和创新集群发展

为了促进经济发展，东北地区大力实施产业升级改革，并在适当的时候采取有效的措施来指导企业的技术、设备、原辅材料生产等进入全国领先行列，以增强其市场份额。2023年，吉林省人民政府办公厅印发《支持吉西南承接产业转移示范区若干政策举措》，旨在提升承接产业能力、促进产业转型升级、推进绿色低碳发展。2022

年，黑龙江省出台了《黑龙江省进一步推进科技创新发展若干措施》，提出要启动数字经济和生物经济等科技专项，构建关键核心技术攻关机制，在优势领域创建国家级科技创新平台，组建一批由行业龙头骨干企业牵头、产业链上下游共同参与、产学研深度合作的创新联合体。

2. 政策助力科技创新，加大科研投入和支持力度

东北地区促进科技创新，加大科研投入力度，支持企业引进先进技术和设备，提高产业技术水平和创新能力。2022年，黑龙江省发布《关于激励企业加大研发投入提升技术创新能力的措施》，旨在加大高新技术企业培育力度，给科技型中小微企业提供创新补助，鼓励企业设立研发机构，支持企业承担省级各类科技项目。东北其他省份也有类似政策。2023年，中国人民银行辽宁省分行联合八部门出台《加大力度支持科技型企业融资的实施意见》引导更多金融资源向科技领域集聚，精准有效助力辽宁省科技型企业健康发展和产业结构升级转型。

3. 多措并举加强科研人才引进与培养

东北地区加强人才培养和引进，通过建立人才培养机制、提供优厚的薪酬和福利待遇，吸引优秀人才到东北地区从事产业发展工作。在该方面，辽宁省颁布《加强全方位人才外引及留住本省人才为东北振兴储备人才》，吉林省推出《关于激发人才活力支持人才创新创业的若干政策措施（3.0版）》，黑龙江省则推出《新时代龙江人才振兴60条》，以此来鼓励和支持人才培养的创新创业活动。这些文件普遍为引进、培育科研人才提供了一系列政策支持，主要包括以下几个方面。①在人才引进政策方面，实行科技特派员、海外高层次人才引进计划等，通过各种奖励和资助措施，支持引进国内外高层次创新创业人才和科技领军人才。②在人才培养政策方面，设立科研经费资助、项目资助、博士后补贴、科研成果奖励等各类经费和奖励，鼓励本地和引进的科研人才开展创新研究和成果转化。

③在人才评价政策方面，建立科研人才评价机制，对从事基础研究和应用研究的人才给予相应科研成果认定、评价和奖励。④在人才保障政策方面，为科研人员提供良好的科研条件和生活保障，优化人才发展环境，提高科研人员的获得感和归属感。⑤在人才激励政策方面，通过各种激励措施，例如高薪聘用、购房补贴、子女入学等福利，使优秀科研人才有更多实惠，并增强他们留在当地从事科技创新的意愿。总体而言，东北地区在引进、培育科研人才方面，致力于搭建政策桥梁，通过提供更多的支持和保障，吸引和留住优秀的科研人才，为本地的科技创新和产业发展注入新的活力和动力。

4. 开展国际合作

积极开展国际合作，促进东北地区产业与国际市场的对接，拓展贸易渠道，提高产业国际竞争力。东北地区以"一带一路"建设为契机，积极发展与共建"一带一路"国家的贸易。例如，东北地区的中欧班列运量正在快速增加中，与共建"一带一路"国家的贸易增长也带动了东北本地企业的发展，外贸市场的扩大提升了国家产业安全水平。吸引外资也是国际合作的重点领域。例如，沈阳积极与以德国宝马汽车为代表的汽车产业联盟对接，盘锦则引进了沙特阿美的百亿投资。这些大额投资促进了中外经济交往，提高了国家产业安全性。

第二节　东北地区维护国家"五大安全"的成效

一　维护粮食安全的成效

近年来，东北地区在维护粮食安全方面取得了显著的成效。东北地区通过技术创新和现代农业管理实践，提高了粮食产量；通过引入高效的耕作方法、新型育种技术以及科技支持，帮助提高了农产品的质量和产量，满足了日益增长的人口需求。近年来，东北地区通过智慧农业技术，对农业生产进行全线智能化管理，提高了农

业资源的利用效率；通过农业技术的不断创新，提高了粮食作物的
产量，这是保障粮食安全的首要因素；通过引入新的育种方法，高
效的农业管理技术以及水稻、小麦等主要粮食作物的改良品种，有
效地提高了农田的产量。图 10-1 是 2003~2023 年东北地区粮食产
量占全国的比重。

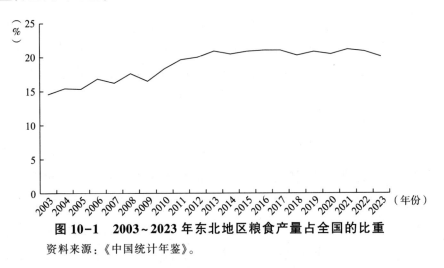

图 10-1　2003~2023 年东北地区粮食产量占全国的比重

资料来源：《中国统计年鉴》。

　　根据图 10-1，东北地区的粮食产量占全国的比重总体呈增长态
势。2013 年，这一比例已经超过了 20%。这充分说明了东北对于维
护国家粮食安全的重要性。

　　图 10-2 反映了 2022 年我国各省区市的粮食自给率。粮食自给
率高意味着这个地区在粮食生产上具有较强的自给能力，从图 10-2
可以看出，黑龙江省的粮食自给率排在全国第 1 位，并且在 2022 年
达到了 6.26%，吉林省也排在全国第 2 位（4.34%）。东北地区的粮
食自给率名列前茅。东北地区的粮食产量一直是中国农业发展的支
柱，其丰富的资源和优质的品种，为国家的粮食安全提供了强大的
支撑力量。

　　长期以来，东北地区注重农业的可持续发展，通过合理的土地
利用和生态保护措施，确保了农业生产的长期稳定性以及可持续性，
并且加大力度建立了生态友好型农业，生态友好型农业的实践有助

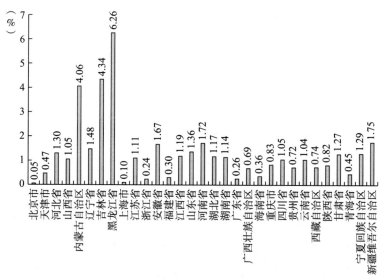

图 10-2　2022 年各省区市粮食自给率

资料来源：《中国统计年鉴》。

于减少对环境的负面影响，并促进生态系统的健康，确保了东北地区农业方面的可持续发展。

东北地区能成为中国的粮仓，并且在历年来粮食产量稳步增长，离不开强有力的政策扶持。在政策层面，东北地区制定了一系列支持农业发展的政策。这包括财政支持、技术援助、市场准入和风险管理等方面的措施，以激励农民更好地参与农业生产，提高其收入水平，从而维护粮食安全。此外，东北地区维护粮食安全的成效还体现为其各级政府加强农村基础设施建设，提高了交通、水利和能源等方面的基础设施建设水平，为农业生产提供了更好的支持。这有助于提高农产品的产销能力，减少损耗，提升整个粮食供应链的效率。东北地区的农业合作社和农业科技示范基地在促进粮食生产方面发挥了积极作用。这些合作社和示范基地通过集体合作和资源整合，提高了农业生产效益，同时为农民提供了先进的种植和管理经验，推动了现代化农业的发展。

总的来说，东北地区在维护粮食安全方面取得了一系列积极的成效，通过技术创新、政策支持和基础设施建设等手段，为保障粮食供应和提高农民生活水平做出了积极贡献。

二 维护生态安全的成效

东北地区作为我国重要的生态屏障，从 2003 年至今，在维护国家生态安全方面取得了显著的成效。

（一）工业污染治理成效

作为重工业基地，东北地区的工业污染问题不容小觑。工业污染主要来自钢铁、化工、电力、造纸等重污染行业，这些行业排放的废水、废气、固体废弃物等对环境造成了严重破坏。针对以上问题，东北地区做出了巨大努力，有效治理了工业污染废弃物造成的废水污染、废气污染、固体废弃物污染，为国家生态安全提供了有力支持。观察 2012~2022 年东北地区的治理工业污染累计投资额可见，三个省份对于治理各类工业污染物的投资在不断增加。其中，辽宁的治理工业污染累计投资额最多，黑龙江次之，吉林第三（见图 10-3）。该排序主要是由于辽宁工业实力最强，因而污染排放物较多，需要治理的项目也自然多。黑龙江资源型产业较多，诸如采

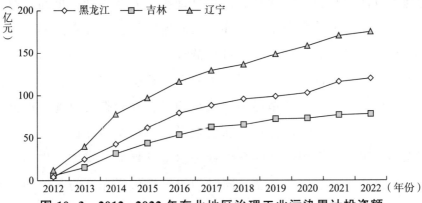

图 10-3 2012~2022 年东北地区治理工业污染累计投资额
资料来源：《中国统计年鉴》。

油、采煤、石化产业、煤化工、焦炭、冶炼产业，因而治理工业污染累计投资额比吉林多。

（二）森林资源保护成效

东北地区作为我国重要的生态屏障和森林资源主产地，其森林资源的丰富对维护我国生态安全具有至关重要的作用。因此，加强对东北地区森林资源的保护和利用，对于推动东北地区林业产业发展、促进我国生态文明建设具有重要意义。经过深入研究，本书发现三个省份的林业发展情况良好，2022年的林业发展水平明显高于2012年（见表10-1）。通过对六项重要指标的分析，我们发现这些数据均呈增长态势，其中，整体数据又以黑龙江省居于首位。以2022年林业用地面积为例，黑龙江省的林业用地面积仅少于内蒙古自治区和云南省，排在全国第3位。黑龙江省拥有丰富的自然资源，以兴安岭、长白山、完达山为代表的山脉构成了其自然环境，其森林覆盖率、森林蓄积量以及木材加工能力都处于国内领先水平，是中国国土绿化的核心，也是中国最具深远影响的木材加工培训基地。2012~2022年，黑龙江省的森林覆盖率大幅提升，这标志着东北地区的自然环境得到了显著的保障，也为实现国家的绿色发展提供了有效的支撑。

表 10-1 2012~2022 年东北地区林业发展水平

单位：%

指标	辽宁	吉林	黑龙江
	2012~2022 年增长率	2012~2022 年增长率	2012~2022 年增长率
林业用地面积	105.15	105.68	111.16
森林面积	102.61	102.75	101.44
人工林面积	102.68	109.58	98.67
森林覆盖率	102.62	102.72	101.39

续表

指标	辽宁	吉林	黑龙江
	2012~2022 年 增长率	2012~2022 年 增长率	2012~2022 年 增长率
活立木总蓄积量	118.85	109.22	112.55
森林蓄积量	118.80	109.75	112.28

资料来源：《中国统计年鉴》。

三 维护能源安全的成效

近年来，东北地区在维护国家能源安全方面取得了突破性进展。东北地区持续推动油气资源勘探开采，加大能源科技投入力度，推进能源供给革命。这一系列举措让东北地区能源安全支撑作用不断增强。2000 年以来，大庆油田 3 次开采石油资源，年均产出石油 4000 万吨；庄河 350 兆瓦海上风电场完整开放，是北方地区单位容量、纬度最高的海上风电场；吉林西部"陆上风光三峡"规划的重要能源项目成功推进，辽宁省的 6 个千万千瓦级的能源基地正在积极推进，而辽宁红沿河核电站二期的完工，将有助于东北地区的可再生能源的可靠供应。

2012~2022 年，东北地区能源清洁低碳高效生产消费体系建设成效显著。表 10-2 表明了 2012~2022 年辽宁省传统能源与新能源生产量的统计数据。从表中可以发现，近年来辽宁省的传统能源的生产量较为稳定。在工业产业快速发展及现代化城市需求不断增多的情形下，大部分传统能源的生产量并没有出现大幅度增加，这一显著成效与东北地区新能源产业的发展密切相关。

图 10-4 反映了 2012~2022 年辽宁省新能源（包括太阳能、风力、核能）发电量的增长趋势，新能源作为清洁能源提供的发电量呈现上升的趋势。其中核能发电量最高，这与辽宁省核电产业的发展有着密切的联系；其次是风力发电量也较高，而且呈现攀升的趋

表 10-2　2012~2022 年辽宁省传统能源与新能源生产量

指标		2012 年	2013 年	2014 年	2015 年	2016 年	2017 年	2018 年	2019 年	2020 年	2021 年	2022 年
传统能源	焦炭生产量（万吨）	2021.2	2147.0	2141.0	2097.0	2131.5	2215.6	2213.7	2281.4	2297.1	2293.8	2199.1
	原油生产量（万吨）	1000.0	1001.0	1021.9	1037.1	1017.3	1044.2	1036.9	1053.3	1049.4	1054.2	984.1
	汽油生产量（万吨）	1088.1	1060.0	1057.7	1128.5	1212.1	1316.5	1592.8	1789.1	1766.9	2091.8	1667.8
	煤油生产量（万吨）	293.3	355.9	380.5	429.1	495.9	504.6	612.3	768.9	409.5	363.1	292.6
	柴油生产量（万吨）	2357.9	2391.3	2331.0	2270.9	2044.3	2015.2	2176.6	2146.8	2223.1	2468.3	2772.9
	燃料油生产量（万吨）	454.2	377.6	297.3	194.8	165.8	149.2	205.2	195.1	331.1	499.1	844.9
	天然气生产量（亿立方米）	7.21	8.32	8.11	6.59	5.52	5.11	5.87	6.18	7.37	7.91	8.40
	发电量（亿千瓦·时）	1414.7	1553.9	1647.8	1665.0	1778.8	1829.3	1982.7	2072.9	2135.3	2257.6	2119.7
	水力发电量（亿千瓦·时）	36.5	37.6	19.7	8.8	16.2	25.7	27.6	27.7	33.0	36.5	37.8
	火力发电量（亿千瓦·时）	1282.3	1333.7	1364.1	1354.0	1399.6	1408.9	1453.8	1476.7	1506.8	1490.5	1383.4

续表

	指标	2012 年	2013 年	2014 年	2015 年	2016 年	2017 年	2018 年	2019 年	2020 年	2021 年	2022 年
新能源	太阳能发电量（万千瓦·时）	—	—	—	—	5420.0	20291.0	59798.0	142230.0	241666.0	277893.0	301680.0
	风力发电量（亿千瓦·时）	—	82.3	85.6	99.0	116.1	134.2	151.7	153.1	168.7	192.2	216.5
	核能发电量（亿千瓦·时）	—	53.9	119.6	144.7	199.8	236.0	301.6	327.3	327.0	400.1	451.7

资料来源：《中国统计年鉴》《中国能源统计年鉴》。

势；太阳能发电量最低，虽然太阳能发电在近年来的发展起步较晚，利用率较低，但在未来的新能源产业改革中有着较好的发展前景和巨大的市场潜力。近年来，辽宁电力体制改革向纵深推进。2012 年以来，辽宁省 8 家电厂共 16 台 672 万千瓦的大型清洁高效煤电机组正式投产，释放辽宁省在役煤电机组调峰容量 22 万千瓦。同时，辽宁省积极协调红沿河核电基地全面投产并实现满发，引导火电机组持续开展灵活性改造。截至 2022 年底，火电机组调峰能力较"十二五"初期提升 1650 万千瓦，风电、光伏利用率连续四年分别超过97% 和 98%。2022 年，辽宁省电力中长期交易电量同比增长近 40%，辽宁省的绿电交易成交规模居全国首位。①

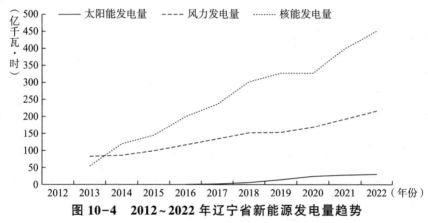

图 10-4　2012～2022 年辽宁省新能源发电量趋势

资料来源：《中国统计年鉴》《中国能源统计年鉴》。

　　表 10-3、表 10-4、图 10-5 和图 10-6 分别表示了 2012～2022 年吉林省和黑龙江省的传统能源与新能源生产量统计数据及传统能源生产量趋势。表中数据呈现与辽宁省不同的变化趋势，这两个省份传统能源生产量的变化更明显。在吉林省传统能源中，原油生产量呈现明显的下降趋势，焦炭、柴油的生产量也总体呈下降趋势。在

---

① 《郭建宇：加快构建东北能源安全新格局》，国际电力网，2023 年 9 月 20 日，https://power.in-en.com/html/power-2436137.shtml。

表10-3 2012~2022年吉林省传统能源与新能源生产量

	指标	2012年	2013年	2014年	2015年	2016年	2017年	2018年	2019年	2020年	2021年	2022年
传统能源	焦炭生产量（万吨）	524.0	489.0	448.0	372.0	314.8	313.7	297.9	337.6	368.7	399.1	377.7
	原油生产量（万吨）	810.4	703.7	663.9	665.5	610.7	420.9	387.8	385.7	404.4	406.8	420.1
	汽油生产量（万吨）	195.3	201.7	208.2	196.8	211.3	221.2	205.4	238.7	209.9	202.2	211.3
	煤油生产量（万吨）	—	—	8.8	21.6	28.2	29.5	26.9	32.5	30.8	27.3	22.1
	柴油生产量（万吨）	383.4	388.0	382.1	349.6	349.7	317.9	283.6	299.3	261.9	207.7	278.7
	燃料油生产量（万吨）	31.9	27.2	22.5	23.2	28.2	28.7	27.8	28.9	32.7	28.3	41.8
	天然气生产量（亿立方米）	22.2	23.9	22.3	20.3	19.8	18.6	18.4	10.3	19.8	21.4	20.4
	发电量（亿千瓦·时）	684.4	778.7	771.7	731.0	760.3	800.3	838.2	946.4	1018.8	1025.8	992.9
	水力发电量（亿千瓦·时）	65.7	118.5	72.5	58.4	82.4	67.1	63.3	66.8	93.8	82.4	95.6
	火力发电量（亿千瓦·时）	570.4	606.1	626.7	573.4	592.3	642.9	676.9	725.2	750.2	729.3	678.6

续表

	指标	2012 年	2013 年	2014 年	2015 年	2016 年	2017 年	2018 年	2019 年	2020 年	2021 年	2022 年
新能源	太阳能发电量（万千瓦·时）	—	—	—	—	9057.0	13765.0	84534.0	111625.0	233554.0	289790.0	387219.0
	风力发电量（亿千瓦·时）	—	45.3	52.4	72.2	81.1	82.3	84.7	91.4	97.5	118.9	180.0

资料来源：《中国统计年鉴》《中国能源统计年鉴》。

表10-4　2012～2022年黑龙江省传统能源与新能源生产量

	指标	2012年	2013年	2014年	2015年	2016年	2017年	2018年	2019年	2020年	2021年	2022年
传统能源	焦炭生产量（万吨）	957.2	821.0	803.0	687.0	674.5	761.3	875.8	1075.9	1062.7	1234.9	1112.3
	原油生产量（万吨）	4001.5	4001.0	4000.0	3838.6	3656.0	3420.3	3224.2	3110.0	3001.0	2945.5	2971.0
	汽油生产量（万吨）	463.5	480.7	429.5	480.4	501.9	519.2	512.4	521.7	533.5	556.8	514.7
	煤油生产量（万吨）	42.3	64.0	74.0	68.5	82.1	87.8	63.8	69.9	54.4	54.9	42.9
	柴油生产量（万吨）	573.0	584.5	530.5	534.4	482.3	425.9	412.5	340.4	317.7	355.9	382.5
	燃料油生产量（万吨）	46.5	42.7	53.7	44.3	26.7	17.7	19.8	20.4	29.3	55.6	53.4
	天然气生产量（亿立方米）	33.7	35.0	35.4	35.8	38.0	40.5	43.5	45.7	46.8	50.5	55.7
	发电量（亿千瓦·时）	843.1	839.3	881.3	874.0	900.4	917.3	1029.2	1111.9	1137.8	1200.5	1149.4
	水力发电量（亿千瓦·时）	13.3	30.5	19.9	16.9	16.9	18.6	26.2	27.7	32.0	28.3	30.9
	火力发电量（亿千瓦·时）	763.5	732.7	782.4	771.1	803.5	805.8	876.2	911.7	921.8	938.8	877.4

续表

指标		2012年	2013年	2014年	2015年	2016年	2017年	2018年	2019年	2020年	2021年	2022年
新能源	太阳能发电量（万千瓦·时）	—	—	—	—	—	—	13078.0	68670.0	151305.0	375912.0	518886.0
	风力发电量（亿千瓦·时）	—	63.7	61.7	64.5	78.9	90.4	110.0	117.4	121.4	140.3	189.2

资料来源：《中国统计年鉴》《中国能源统计年鉴》。

黑龙江省传统能源中，除原油、柴油的生产量总体呈下降趋势外，其余传统能源生产量均总体呈现上升趋势。

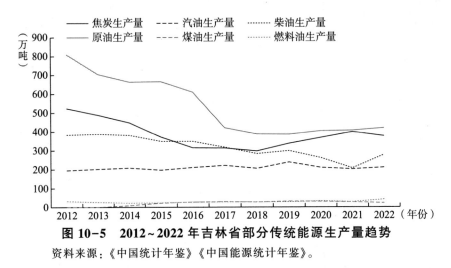

图 10-5　2012~2022 年吉林省部分传统能源生产量趋势

资料来源：《中国统计年鉴》《中国能源统计年鉴》。

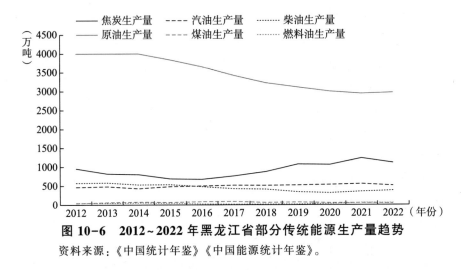

图 10-6　2012~2022 年黑龙江省部分传统能源生产量趋势

资料来源：《中国统计年鉴》《中国能源统计年鉴》。

自 2012 年起，东北地区积极推进新一代能源技术的发展，不仅拓宽了中国传统再生能源的类型，如煤矿、原油、燃气，还积极发展出清洁的可再生能源，从而有效地提升了当地的能源供应水平，并且实现了更高的能源安全水平。同时，东北各级政府普遍在提高能源利用效率、推动能源科技创新和节能减排等方面强化政策引导。这些政策为维护国家能源安全带来了多重成效。总的来说,东北在维护国家能源安全方面取得的成效为国家的稳定发展提供了坚实基础,也为可持续发展和国际合作带来了广阔前景。

四 维护产业安全的成效

(一) 评价指标体系的构建及评价方法

东北地区地下蕴藏着大量的优质自然财富,包括可再生的煤炭资源、原油、燃气、铁矿石,以及大量的其他可再生的能源及原料。因此,东北地区对于保障国家的产业安全、工业稳定和经济发展至关重要。近年来,东北地区为维护国家产业安全所做出的努力已经取得了一些显著成效。通过结合多方面的资料,我们提出了3个独立的、可衡量东北地区产业安全的一级指标,分别是:产业竞争力、产业对外依存度以及产业控制力。根据分析,本节提供了一个详细的评价指标体系(见表10-5)。

表 10-5 产业安全评价指标体系

评价对象	一级指标	二级指标	指标定义
东北三省产业安全评价指标	产业竞争力	劳动生产率	地区生产总值与全部从业人员人数的比值
		人均可支配收入	居民可支配收入与常住人口数的比值
	产业对外依存度	进口依存度	进口额与地区生产总值的比值
		出口依存度	出口额与地区生产总值的比值
	产业控制力	正向化的外资利用率	实际使用额与外资合同额的比值
		正向化的外资市场占有率	外资企业利润额与全部企业利润额的比值

利用熵权法计算产业竞争力、产业对外依存度、产业控制力

的权重，分别为产业竞争力 0.34，产业对外依存度 0.34，产业控制力 0.32。通过应用功能因子方程，可以准确地衡量每个指标的表现，从而得出总体表现的 F = 单项表现因子×该项表现因子的权重。

（二）辽宁省产业安全情况评价

本节根据相关统计年鉴得到 2012~2022 年辽宁省产业竞争力、产业对外依存度和产业控制力等产业安全指标的具体值，如表 10-6 所示。

表 10-6　2012~2022 年辽宁省产业安全指标数值

年份	产业竞争力	产业对外依存度	产业控制力
2012	29.77	17.50	34.99
2013	32.39	17.88	23.37
2014	34.37	17.08	13.13
2015	35.53	14.24	41.33
2016	36.56	12.74	50.51
2017	39.03	13.78	62.5
2018	42.18	14.63	60.7
2019	44.92	12.72	61.76
2020	45.69	11.37	51.36
2021	50.05	13.00	59.05
2022	54.32	13.51	50.74

资料来源：《辽宁统计年鉴》。

由图 10-7 可见，辽宁省产业竞争力逐年提高，产业对外依存度总体呈下降趋势。辽宁省振兴战略的提出以及颁布的一系列引入外资的优惠政策，使得 2014 年后外资大量涌入，辽宁省产业控制力迅速上升。

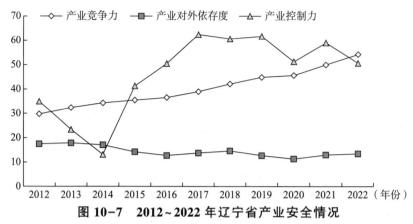

图 10-7 2012~2022 年辽宁省产业安全情况

资料来源:《辽宁统计年鉴》。

(三) 吉林省产业安全情况评价

重复上述步骤,得到吉林省产业安全指标的数值,如表 10-7 及图 10-8 所示。

表 10-7 2012~2022 年吉林省产业安全指标数值

年份	产业竞争力	产业对外依存度	产业控制力
2012	23.21	8.49	12.79
2013	25.57	8.22	10.20
2014	27.53	7.94	10.96
2015	28.41	5.65	7.88
2016	30.12	5.31	7.75
2017	32.13	5.09	9.63
2018	33.87	5.51	16.83
2019	36.06	4.84	10.96
2020	38.16	4.53	86.79
2021	41.46	5.30	47.71
2022	41.67	5.37	43.31

资料来源:《吉林统计年鉴》。

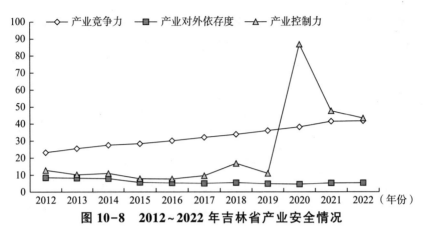

图 10-8　2012~2022 年吉林省产业安全情况

资料来源：《吉林统计年鉴》。

与辽宁省产业安全情况类似，吉林省的产业竞争力逐年提高，产业对外依存度总体呈下降态势。吉林省的产业控制力则呈现 2012~2017 年较为稳定而 2018~2022 年波动较大的走势。2018 年以来，吉林省不断完善外商投资负面清单，仔细研究其中的各项规定，以确保企业能够获得充分的投资自主权，并鼓励省内外企业积极参与投资活动。该举措十分有效，省外投资大幅增加，改善了吉林省的经营情况，也大幅提高了吉林省的产业控制力。因此，2019 年之后吉林省的产业控制力大幅度提高。

（四）黑龙江省产业安全情况评价

黑龙江省产业安全情况如表 10-8 及图 10-9 所示。

表 10-8　2012~2022 年黑龙江省产业安全指标数值

年份	产业竞争力	产业对外依存度	产业控制力
2012	21.83	10.24	46.59
2013	23.99	9.84	51.86
2014	25.43	9.59	54.50
2015	25.68	5.39	45.11

续表

年份	产业竞争力	产业对外依存度	产业控制力
2016	26.93	4.17	46.00
2017	28.55	4.62	56.16
2018	30.46	6.17	52.62
2019	32.71	6.00	71.29
2020	33.67	4.89	58.00
2021	37.18	6.23	63.06
2022	40.71	6.24	56.05

资料来源:《黑龙江统计年鉴》。

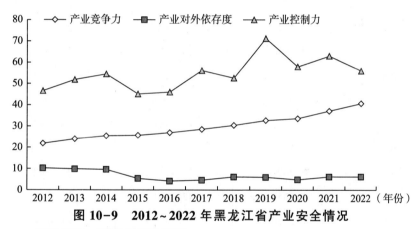

图 10-9　2012~2022 年黑龙江省产业安全情况

资料来源:《黑龙江统计年鉴》。

黑龙江省的产业竞争力逐年提高,产业对外依存度总体呈下降趋势,产业控制力总体呈现上升态势。

综合三个省份的情况,东北地区的产业竞争力逐年增强,说明产业的生产效率有所提高,产品和服务的质量好,产业的安全性很强。同时产业对外依存度总体呈下降态势,说明产业的生产和发展越来越不受外部环境的影响,经济不依赖进出口,更加稳定。东北地区的产业控制力总体呈现上升态势,这一方面反映了经济实力的增强,包括技术实力、市场份额以及资本积累等方面的提升;另一方面也反映了企业竞争力的提升，企业能够更好地影响和主导市场走向。这种实力的提升以及竞争力的增强也与政府的政策扶持力度不断加大有关。

（五）总体产业安全情况评价

通过应用功效系数公式，我们可以得出 2012~2022 年东北地区产业安全的综合评价结果，具体结果如表 10-9 及图 10-10 所示。

表 10-9　2012~2022 年东北地区产业安全评价结果

年份	辽宁省产业安全水平	吉林省产业安全水平	黑龙江省产业安全水平
2012	27.2686	14.8708	25.8126
2013	24.5702	14.7526	28.0974
2014	21.6946	15.5670	29.3468
2015	30.1474	14.1020	24.9990
2016	32.9252	14.5262	25.2940
2017	37.9554	15.7364	29.2490
2018	38.7394	18.7748	29.2926
2019	39.3608	17.4132	35.9742
2020	35.8356	42.2874	31.6704
2021	40.3330	31.1656	34.9386
2022	39.2990	29.8528	33.8990

资料来源：《辽宁统计年鉴》《吉林统计年鉴》《黑龙江统计年鉴》。

从图 10-10 可见，东北地区的产业安全水平总体呈上升态势。2022 年，辽宁省的产业安全水平最高，黑龙江省其次，吉林省虽然2020 年前落后较多，但 2020 年起，其产业安全水平大幅提高。经过多年的努力，东北地区的产业安全水平得到了显著的改善。这是因为，第一，政府不断加大对科技创新的投资力度，增强自主 R&D 能力，促进产业结构优化，从而有效地提升了产业安全水平。第二，产业扶持政策加强。近年来东北地区政府不断推进并落实扶持政策，

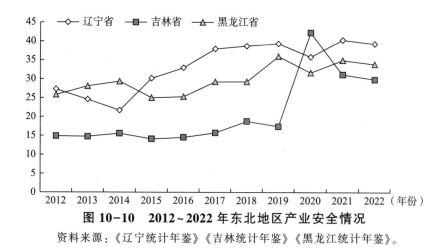

图 10-10　2012~2022 年东北地区产业安全情况

资料来源：《辽宁统计年鉴》《吉林统计年鉴》《黑龙江统计年鉴》。

诸如振兴东北、新能源产业扶持、装备制造业扶持、承接产业转移等，这些政策的实施提高了产业安全水平。综上所述，东北地区产业安全水平的提高需要政府部门和企业共同努力，加强技术创新和政策扶持，确保产业的可持续、安全和健康发展。

第三节　东北地区维护国家"五大安全"的
体制机制与政策设计

一　东北地区维护国家"五大安全"的体制机制

为了促进东北地区的经济高质量发展并维护国家"五大安全"，有必要建立有效的协调机制，以提升政府协调水平，推动东北地区共担重任、优势互补、互利共赢。这就需要由国家出面组建一个跨区域的政府协调框架，构建统一的政策协调机制。这个协调机制的目的在于减少不同地区在招商引资、税收、吸引人才方面的恶性竞争，并能根据各地优势分配各地优先发展领域。此外，该协调机制还能统一规划基础设施和产业领域的重大项目，避免重复建设，促进资源共享。该协调机制的另一个目的是建立利益补偿机制，补偿边远地区因中心城市"虹吸"项目而带来的损失。同时建立跨区域的生态补偿机制，弥补水源地、林区、草原因生态保护而牺牲掉的发展机会，从而维护国家生态安全。该协调机制还有一个使命是构建东北地区各级政府间的信息共享机制，解决区域内各方信息不对称问题。

二 东北地区维护国家"五大安全"的政策设计

东北地区有关维护国家"五大安全"的政策设计应围绕以下重点展开。

（一）加大对东北地区的基础设施投资力度

东北地区拥有健全的基础设施，能充分保障人民群众的基本生活，这是维护国家"五大安全"的物质基础。东北地区是国家的老工业基地，其基础设施建设曾经领先于全国大多数地区。但是，近年来该地区经济发展相对滞后导致基础设施较为陈旧，许多方面已落后于全国平均水平。为了让东北地区更好地维护国家安全、粮食安全、能源安全、生态安全和产业安全，政府应当大力投入基础设施建设，以满足人们对美好生活的日益增长的期待。只有加大对东北地区基础设施的投资力度，改善民生，才能提高人民的获得感，增进社会的稳定团结，为东北地区经济高质量发展以及维护国家"五大安全"奠定坚实的基础。

（二）鼓励企业投资和扩大规模

各级政府应通过给予税收优惠、资金支持、简化审批、引进人才、优化营商环境等方面的激励政策，吸引更多企业到东北地区投资兴业，并鼓励现有企业扩大规模。具体措施包括以下方面。第一，提供税收优惠。政府可以给予扩大投资的企业一定的税收减免或抵扣，比如减免企业所得税、降低增值税税率等，以增加企业的投资回报。第二，提供贷款支持。政府可以向有发展潜力的企业提供贷款支持，包括低息贷款、风险补偿等方式，帮助企业拓宽融资渠道，促进投资增加。第三，简化审批流程。简化企业的审批流程，减少烦琐的手续和降低时间成本，提高办理效率，让企业更容易扩大投资。除此之外，东北各级政府还应鼓励企业培养专业人才和技术人员，提供相关的人才补贴和福利待遇，支持企业拓展国际市场，降低贸易壁垒，提供公平竞争的环境，通过以上政策和措施来广泛吸引企业投资。这些举措的最终目的都是发展东北地区的经济，从而起到增强东北地区经济实力、维护"五大安全"的作用。

（三）争取更多央企各级总部及子公司前来落户

随着雄安新区的建设和北京疏解非首都功能各项举措的落实，不仅众多央企总部搬离北京，许多央企二级总部也纷纷在各地落户。例如国电投核电技术服务有限公司从北京迁往山东烟台，南水北调集团在郑州建立了区域总部，中国电信子公司——中电信量子信息科技集团有限公司落户合肥，中国机械工业集团有限公司的二级全资子公司国机数字科技有限公司落户南京。伴随着央企疏解行动的展开，各省市已开始主动运作，争取央企及其子公司落户本地。东北地区也应利用自身优势积极吸引央企各级总部前来落户。如果能争取到央企前来落户，不仅可以增强自身经济实力，也能获得更多的国家政策扶持。同时，有利于提升东北的产业发展能力，对维护国家的产业安全具有重大意义。

（四）提升军民融合水平

东北地区拥有众多的军工企业，比如制造战斗机的沈飞集团、建造航母的大连船舶重工等。提升军民融合水平不仅有利于这些企业的发展，还有利于提升东北维护国家"五大安全"的能力。首先，军民融合可以促进军事科技的创新和发展。利用最先进的军事技术，结合最前沿的材料、工艺，东北地区可以不断推动军事装备的改进，以期达到更好的军事实力，并且更有保障地迎接当今复杂的军事环境，从而更好地支持军队的行动。其次，军民融合还可以有效推动民用产业的升级和军工企业的转型，推动经济结构的优化和转变，同时可以促进科技创新的交流与合作，提升国家的创新能力。此外，军民融合有助于提升国家的安全保障能力。通过军民融合，东北地区在不损害国家安全和军事机密的前提下，可以建立起一套综合性的安全保障体系，提供有效的信息交流和共享方式，增强国家的综合安全能力，维护国家国防安全和稳定。

（五）强化对舆论的引导能力，树立东北正面形象

尽管国家已经将东北提升到维护国家"五大安全"的战略地位上，但是部分民众对此的认识仍然不足。东北本地媒体也没有展现出对东北振兴的足够信心，这可能会使东北民众对东北发展信心不足。因此，东北地区各级政府有必要从官方权威媒体入手，端正舆论，多发表关于东北正面形象的消息。只有从源头入手消除不良舆论的恶劣影响，才能提高东北民众的总体士气，加强东北地区民众的团结，极大提升东北民众维护国家"五大安全"的热情。

第十一章　东北地区城市群高质量
发展研究

城市群是由于城镇化的发展和城市之间关联互动性的增强，而自然形成的具有相对完整结构的城市"集合体"。东北地区作为老工业基地，拥有雄厚的老工业基础，矿产资源丰富、农林资源富集，传统工业化程度较高，农业人口相对较少，因而城镇化率较高，这为城市群的形成及其高质量发展奠定了一定的基础。在城镇化的进程中，东北地区先后形成了地方性的城市群（辽中南城市群）和区域性的城市群（哈长城市群），为东北老工业基地的全面振兴和高质量发展，提供了全新的更加广阔的区域腹地和具有要素聚集力的增长极。本章旨在研究如下三方面内容：东北地区城市群的形成背景和发展现状，东北地区城市群的空间关联结构，以及东北地区城市群的互动性与协调性分析。通过上述研究，为东北地区城市群的高质量发展提供相应的对策建议。

第一节　东北地区城市群的形成背景
和发展现状

一　城市群及其高质量发展

在城市化的发展过程中，随着人口的大规模迁移和非农产业的大规模转移，城市空间以更为集聚、高效、开放的特征，区别于农村，逐渐形成规模并发展壮大。随着人口的持续迁移和非农产业的持续转移，城市空间之间、城镇之间、城乡之间通过要素交流形成了市场，建立了具有内在相关性的经济、社会和地理的联系，并逐渐形成了内在的秩序与等级模式。城市群是指在特定的区域范围内，由具有相当数量的不同性质、类型和等级规模的城市依托一定的自然环境条件，以一个或两个超大或者特大城市作为区域经济的核心，借助于现代化的交通工具、综合运输网络的通达性，以及高度发达的信息网络，发生与发展着城市个体之间的内在联系，共同构成一个相对完整的城市"集合体"。①

从城市群的基本概念和空间特征来看，城市群的高质量发展，是指城市群发展到一定阶段和一定程度所达到的一种目标状态，意味着城市群发展质量的综合提升。在这一状态下，城市群所辖城市的发展质量有所提升，城市群的规模更为适中，城市群的空间网络结构更加合理，城市群的分工体系更有效率，城市群内外的吸引集聚和扩散辐射功能更符合城市群成长所需要的动能。城市之间的组合发展水平和效率不断提高，关联合作更加深入，经济、产业和资源的子系统在城市群的大体系中发展得更加耦合协调，从而城市群呈现包容、均衡、协调、开放的发展特征。在新型城镇化的过程中，城市群通过更为包容、均衡、协调的发展路径逐步突破人地问题、人人问题、城乡问题、城城问题，从而增强空间载体的内在关联，形成结构合理、生态持续、关系密切、互助互惠的空间载体互动模式，最终向着创新、协调、绿色、开放、共享的目标方向发展。这一发展过程，是城市群发展的高级化过程，是城市群在解决问题的同时不断提高发展水平和发展质量的耦合协调度的过程。

---

① 姚士谋等：《中国城市群新论》，科学出版社，2016。

二 东北地区城市群的形成背景

(一) 辽中南城市群的形成背景

新中国成立后, 辽中南城市群在沈阳飞机制造工业、大连造船制造工业、鞍山钢铁工业等重工业基地的发展中逐步成长。新中国成立后到改革开放前 (1949~1977 年) 是老工业基地的形成期。1949~1960 年, 这一时期东北地区建设了以鞍山为中心的重工业基地。全国 "一五" 计划的 156 个项目中, 有 26 个项目集中在辽中南地区的城市中, 这促使鞍山、抚顺、本溪等城市的人口急剧增长。1961~1977 年, 这一时期东北地区城镇发展出现大幅度波动, 城市人口大量迁出。改革开放到 20 世纪末, 是快速发展与困境的并存期。这一阶段, 城市人口进入稳步增长时期。改革开放初期, 各城市在空间布局上主要体现为各自分开发展。随着沈大高速公路建成, 城市空间布局沿公路延伸的特征显著。新旧世纪之交, 辽中南城市群开始分化为两个不同的城镇群, 也即以大连为核心的城乡结合型的城市化区域和以沈阳为核心的大城市化区域, 这两者成为东北地区最为重要的城市化地区。20 世纪 90 年代, 相比于同时期的珠三角、长三角城市群, 辽中南城市群的经济发展速度出现了明显的下降, 被称为 "东北现象"。21 世纪以来, 在东北振兴战略的支持下, 辽中南城市群的城镇化进程强调优先发展沈大经济带, 统筹城乡协调发展。近年来, 2022 年辽中南城市群 GDP 为 25200 亿元, 占辽宁省 GDP 的 87%,[①] 但仍然存在产业结构不合理、新兴产业和高新技术产业占比不足、体制机制不完善、城市收缩、市场水平不足, 以及城镇化的质量偏低等突出问题, 这些方面都是未来城市群高质量发展的重要着力点。

[①] 《辽中南城市群》, 今日头条, 2023 年 3 月 30 日, https://www.toutiao.com/article/721291 9946341450275/。

（二）哈长城市群的形成背景

东北地区解放后至"文革"前（1948～1965 年），黑龙江作为国家重点建设的地区，得到了大规模的建设和开发，其中哈大齐地区得到了重点的建设和发展。20 世纪 50 年代，国家将重型机械工业布局于哈尔滨和齐齐哈尔两市，使哈尔滨成为东北地区仅次于沈阳的第二特大城市，齐齐哈尔市由小城市成长为大城市。20 世纪 60 年代，国家对大庆油田进行大规模的规划，将人口和产业大量向这三个城市集中，初步形成了哈大齐三个城市的先行发展格局。1966～1977 年，该地区进入了停滞发展的时期，尽管大庆因大规模开发石油资源而成为中等城市，但哈尔滨和齐齐哈尔两个城市并未出现大幅度的发展，郊区卫星城镇发展得也较为缓慢。随着改革开放不断深入，哈大齐三个城市都得到了较大发展，哈尔滨成为 I 型大城市，齐齐哈尔和大庆成为 II 型大城市。与此同时，该地区农村经济实力不断壮大，农村剩余劳动力转移和城乡一体化战略同时推进，一批中小城市随之兴起。人口集聚迅速，初步形成了哈大齐城市群。根据 2014 年 3 月 16 日中共中央、国务院正式印发的《国家新型城镇化规划（2014—2020年)》，国家将加快培育成渝、中原、长江中游、哈长等城市群，使之成为推动国土空间均衡开发、引领区域经济发展的重要增长极。

三　东北地区城市群的发展现状

（一）总体发展概况

哈长城市群和辽中南城市群是东北地区重要的城市群，其中辽中南城市群是东北地区最大的城市群。两个城市群均经历了漫长的演化过程，形成了各具特色的形态。然而，根据泽平宏观发布的《中国城市发展潜力排名（2022)》，哈长城市群和辽中南城市群，均在培育发展之列。在城市群发展的潜力指数方面，辽中南城市群在参评的长三角、珠三角、京津冀、长江中游、成渝、山东半岛、粤闽浙沿海、中原、呼包鄂榆、关中平原、北部湾、天山北坡、滇中、山西中部、兰州西宁、黔中、宁夏沿黄、哈长等19个城市群中，排在第11位，而哈长城市群的潜力指数排在最后一位。与此同时，哈长城市群和辽中南城市群在2020～2022年的GDP年均增速也为负增长。这说明两大城市群的发展潜力与经济发展方面的现状与相对成熟的发达城市群之间仍然存在一定的差距。

（二）辽中南城市群的发展现状

辽中南城市群位于中国东北地区南部，濒临黄海和渤海，处于东北经济区与环渤海经济圈的交会处。辽中南城市群所在的区位拥有丰富的资源，是以钢铁、机械、煤炭、电力、石化和建材等工业为主的全国最大的综合性重工业基地，是东北和内蒙古东部的经济、交通、文化和信息中心，也是我国对接东北亚、沟通欧亚大陆桥的前沿阵地，还是东北地区对外开放的重要门户。辽中南城市群具有突出的区位优势，集中了众多的工业城市和制造业中心。城市分布密集，以沈阳和大连为中心，共包括10个地级市（沈阳、大连、鞍山、抚顺、本溪、营口、辽阳、铁岭、丹东、盘锦）、12个县级市、18个县，总面积为96000多平方公里。

在经济发展方面，辽中南城市群工业体系较为完善。2022年，辽中南城市群GDP为25200亿元，占全国GDP的2%，其中第一产业、第二产业、第三产业占比分别为7.3%、41.8%、50.9%。辽中南城市群经济密度为2626.15万元/公里²。① 辽中南城市群是全国最大的重工业基地，也是中国重要的商品粮生产基地和能源原材料基地，已形成以装备制造、汽车、能源、医药、电子信息为主体的工业体系。第三产业从业人员比重较高，对外贸易、国际物流等服务

---

① 《辽中南城市群》，今日头条，2023年3月30日，https://www.toutiao.com/article/721291
9946341450275/。

业快速发展推动开放型经济体系初步形成，但仍需要进一步转型升级。沈阳和大连人口就业比重较为相似。营口和丹东第三产业职能较为突出，鞍山的第二产业职能较为突出。

在对外开放方面，辽中南城市群开放水平逐步提高。2015~2022年，辽中南城市群入境旅游人数增长平稳。外贸依存度在2015~2022年呈现先增长后减缓的态势，其中，辽中南城市群2022年进出口总额达1151.2亿美元，与2021年进出口总额基本持平；实际外资依存度近年来不断提高，2020~2022年，沈阳、大连实际使用外资额增长幅度分别达448.9%、213.7%。与此同时，虽然辽中南城市群部分指标有所波动，但仍在辽宁省和东北地区中占有较大比重。其中，沈阳以211.3亿美元的进出口总额和39.18亿美元的实际使用外资额，占辽中南城市群的比重为18.4%和64.7%，而大连以718.9亿美元的进出口总额和20.33亿美元的实际使用外资额，占辽中南城市群的比重为62.4%和33.57%，这两座城市拥有较高的占比，充分体现了其作为核心城市的重要作用和沿海开放城市的龙头优势。总体来看，辽中南城市群的整体对外开放力度越来越大，已成为区域内对外经济贸易的重要增长点和主要开放门户，并为区域内经济发展提供了强有力的支持。

在城镇化方面，辽中南城市群城镇化水平较高、城市体系均衡、城市规模等级较高。辽中南城市群作为我国最早的老工业基地，工业化基础雄厚，城镇化水平普遍较高。1985年，辽中南城市群的城镇化率为45.8%，高于同时期辽宁和全国的城镇化率，即40.8%和23.7%。2023年，沈阳和大连的城镇化率分别为85.12%和82.93%，是辽中南城市群城市化率最高的两个城市。同年，本溪的城镇化率为70.37%，抚顺为68.95%，均高于同期全国平均水平。辽中南城市群的城市规模等级较高，共有10个大城市，其中沈阳和大连为特大城市。2022年，辽中南城市群城市常住人口规模为3078万人，占辽宁省总人口的74.37%，其中沈阳和大连占比最高，分别占辽中南城市群人口的 24.85% 和 19.79%。

在城市群结构方面，辽中南城市群形成双核空间结构。沈阳和大连两个中心城市规模和实力相当，能级相同，各具特色。在辽中南城市群形成之前，主要城市集聚的空间形态为辽中城市圈和辽南沿海城市带，分别以沈阳和大连为中心，城市圈和城市带内的城市之间相较于外部的城市之间的经济关联更为密切。随着高铁交通网络的建立和市场的完善，辽中南城市群城市之间的联系逐步增强。如表 11-1 所示，2022 年辽中南城市群中沈阳和大连集中了 44.64% 的常住人口，城市群人口在特大城市的集中度较高。与此同时，其余大城市数量占比 80%，较为分散地分布了剩下 55.35% 的常住人口。由此可见，辽中南城市群的规模等级结构呈现高度集中和局部分散并存的现象。

表 11-1　2022 年辽中南城市群规模等级结构

规模（万人）	城市数量（个）	占比（%）	城市常住人口规模（万人）	占比（%）	城市名称
500~1000	2	20	765	24.85	沈阳
			609	19.79	大连
300~500	1	10	331	10.75	鞍山
100~300	7	70	199	6.47	抚顺
			140	4.55	本溪
			227	7.37	营口
			170	5.52	辽阳
			129	4.19	盘锦
			281	9.13	铁岭
			227	7.37	丹东
<100	0	0	0	0	—

注：根据《国务院关于调整城市规模划分标准的通知》，人口规模 500 万~1000 万人为特大城市，100 万~500 万人为大城市，50 万~100 万人为中等城市，50 万人以下为小城市。

资料来源：《中国城市统计年鉴 2023》。

（三）哈长城市群的发展现状

哈长城市群所辖城市有黑龙江省哈尔滨市、大庆市、齐齐哈尔市、绥化市、牡丹江市，吉林省长春市、吉林市、四平市、辽源市、松原市、延边朝鲜族自治州（以下简称"延边"）。2022年，哈长城市群GDP为23468.3亿元，占全国GDP的1.9%，其中第一产业、第二产业、第三产业占比分别为15%、33%、52%，哈长城市群经济密度为890.29万元/公里²，低于辽中南城市群。

在城市规模等级结构方面，哈长城市群呈现为由单中心城市群向双核心城市群转型的阶段。城市规模等级结构较高，特大城市、大城市偏多。在人口分布上，2022年，哈长城市群城市常住人口规模为4498万人。其中，哈尔滨市与长春市占比最高，分别占哈长城市群总常住人口的20.90%和18.92%，哈长城市群城市人口占各省份人口比重逐步上升，城市群协同发展逐步推进。2022年，哈尔滨市城市常住人口规模为940万人、长春市851万人、齐齐哈尔市513万人、大庆市263万人、绥化市508万人、牡丹江市241万人、吉林市400万人、四平市209万人、辽源市113万人、松原市271万人、延边州189万人，呈现特大城市与大城市之间的人口差距。大城市人口分布相对集中，城市人口分布密度较高。哈长城市群在发展中构建"双核一轴两带"的空间格局。"双核"即哈尔滨市、长春市发展核；"一轴"即依托贯通南北的哈大交通轴线，以拓展哈长发展主轴；"两带"即哈大齐牡发展带、长吉图发展带。2022年哈长城市群规模等级结构如表11-2所示。哈长城市群大城市与特大城市人口集中，大城市与特大城市相比，拥有的常住人口规模存在一定差距。

表 11-2　2022 年哈长城市群规模等级结构

规模（万人）	城市数量（个）	占比（%）	城市常住人口规模（万人）	占比（%）	城市名称
500~1000	4	36.36	851	18.92	长春市
			940	20.90	哈尔滨市
			513	11.41	齐齐哈尔市
			508	11.29	绥化市
300~500	1	9.09	400	8.89	吉林市
100~300	6	54.55	209	4.65	四平市
			263	5.85	大庆市
			241	5.36	牡丹江市
			271	6.02	松原市
			189	4.20	延边
			113	2.51	辽源市
<100	0	0	0	0	—

注：根据《国务院关于调整城市规模划分标准的通知》，人口规模 500 万~1000 万人为特大城市，100 万~500 万人为大城市，50 万~100 万人为中等城市，50 万人以下为小城市。

资料来源：《中国城市统计年鉴 2023》。

近年来，哈长城市群产业结构得到了一定程度的优化。2013年，哈长城市群第二产业和第三产业占 GDP 的比重分别为 50.2% 和 37.7%；2016 年，第三产业占比上升到 45.7%，第二产业占比下降为 41.3%，第三产业占比首次超过第二产业。随后，第三产业占比逐年上升，第二产业占比持续下降，三次产业结构由"二、三、一"转变为"三、二、一"，产业结构显著优化。哈长城市群内各城市产业结构的优化趋势基本一致，其中，大庆市作为资源型城市产业转型效果尤为显著，2013 年，大庆市第二产业占 GDP 的比重为 79.4%，2022 年下降到 59.5%，同期第三产业占 GDP 的比重由 16.4% 上升到 31.8%。从不同城市产业结构的对比分析来看，哈长城市群内产业结构差距较大，2022年哈尔滨市第三产业占比最高达到64.3%，延边、吉林市、松原市、牡丹江市、齐齐哈尔市和四平市的第三产业占比均在45%左右，而大庆市第二产业占比较高，第二产业对经济增长的贡献率达到59.53%，经济结构以工业为主；绥化市第一产业占比达到47.5%，齐齐哈尔市和四平市第一产业占比也在30%左右，农业在其经济中的占比依然较高。

在城镇化水平上，哈长城市群的城镇化水平近年来不断提高，但其发展程度仍处于中低水平阶段。城市群内部各城市的城镇化水平分为三个层次。其中，哈尔滨市与长春市位于第一层次，处于中高质量发展水平阶段；吉林市、齐齐哈尔市、大庆市、牡丹江市、延边位于第二层次，处于中低质量发展水平阶段；四平市、辽源市、松原市、绥化市位于第三层次，处于低质量发展水平阶段。

第二节　东北地区城市群的空间关联结构

一　城市群网络特征及其高质量发展的空间特征

城市群是一个由空间、自然要素和经济社会等要素形成的有机体，是一个宏观大系统中具有较强活力的子系统。城市群无论是在区域的层次上，还是在相互联系的空间的层次上，都具有网络性的基本特征。其主要体现在以下四个方面。

第一，城市群具有明显的规模效应特征，并且随着城市群规模和群内城市之间市场组成结构的变化而动态变化。城市群是地区经济集聚发展的产物，工业项目、人口、技术力量、资金以及基础设施等在此集中并产生规模效应。这种规模效应的规模和结构在不断地动态变化中。与此同时，城市群内的城市在规模、结构、空间布局、形态方面也在不断变化。城市群规模效应的变化与城市群内城市上述方面的变化互为因果。首位度相对较高的城市，更容易获得政策、人才和资金的流入，因此更加容易在发展中获得水平较高的规模效应。而首位度较低或者处于相对边缘位序的城市，往往在经济和社会的资源获得方面不占有优势，因此规模效应的水平相对较低。随着首位度高的城市向首位度低的城市扩散和辐射资源、要素的进程的推进，双方的规模效应都在发生变化。在大城市方面，资源和要素的过度集中可能会超过城市化的承载能力，而出现规模递减效应；在中小城市方面，可能因资源和要素的集中程度在城市化的承载能力之内，而出现规模递增效应。由此，城市群的规模效应会呈现动态变化的特征。第二，城市群具有区域城市的空间网络结构特征，包括网络的大小、网络的密度以及网络的结构性。这反映了城市之间和跨城市的基础设施的空间分布特征。规模和聚集度不同的城市群，空间网络结构特征不尽相同。第三，城市群具有区域内外的连接性和开放性特征。城市之间和城乡之间不仅在城市群内部存在联系，还要在城市群外部建立联系，实现开放共享。这一过程便于群内所辖的城市发现自身的优劣势，发挥自身的比较优势，从而形成跨区域的产业链，推进城市群整体的发展，缩小城市之间和城乡之间的发展差距。与此同时，城市群也能够根据各城市的比较优势，在群内形成区域产业链分工，从而形成以城市为单位的分工体系，这种分工体系能兼顾区域比较优势和各城市相对完整的产业结构，能够提升区域分工协作的效率和质量。第四，城市群内的城市具有相互之间的吸引集聚和扩散辐射的功能。在城市群内，首位城市起着核心作用，具有较强的吸引功能。随着交通运输网的进一步完善，物资、人员、技术、资金、信息、产业部门等通过市场体系、经济协作网络、运输通信体系进一步集聚和扩散，形成一定模式，为城市群的发展带来不同方向和不同类型的影响效果。因此，提升城市群整体功能，需要在城市群生命周期的不同阶段，充分协调城市群内的集聚力和扩散力，以形成最优的势能差。

城市群的形成与发展，是一个由复杂的经济、自然以及各种内在因素相互作用而形成的经济社会过程，也是一种多个城市聚集在一个地区内的城市化现象。城市群发展质量的提升，既需要关注各种复杂的内在关联的建立，又需要推进更高水平的城市化进程。高质量发展的城市群具有以下三个方面空间特征。第一，高强度聚合力。城市群是组织有序的城市整体，城市群质量的提升是群内城市整体质量的提升。这不仅仅需要各城市发展质量的提升，更需要通过现代化的交通、信息、市场工具，增强城市之间的关联。相对理想的情况是，在城市群内形成具有规模的跨城市的产业集群，通过跨区域产业链带动人力、财力、物力的集聚，从而增强城市之间的经济关联。城市群要加快城市之间的户籍制度改革和基础设施与公共服务体系的建设，借助于新型城镇化的人口转移，增强城市之间的人口流转，从而增进城市之间的关联力。第二，强大的辐射力。瑞典经济学家、诺贝尔奖获得者缪尔达尔提出"扩散效应"和"回波效应"。他认为，最初的变动会导致具有强化作用的引申变动，并使社会过程按照最初的那个方向进一步发展。这也就意味着，在特定的城市群的空间地域内，由于地区经济的增长与城市规模的不断扩大，城市群的辐射力不断增强。表现为第一阶段单个城市的扩散，即由市区向郊区不断延伸扩散，主要是由于工业项目增加、投资扩大、基础设施水平提高等。第二阶段核心城市的规模迅速扩大，中心城市作用更加突出，城市群内形成很多增长点，并且各种联系的密度加大。第三阶段，城市群内超大城市和特大城市成为经济发展、信息技术以及金融贸易等活动的集聚与扩散的中心。第三，网络功能和近邻联系。城市群内城市的功能集聚以及城市现代化的过程，一般都是从城市中心向城市边缘地区扩散，然后边缘地区建成新市区，并逐步与其他城市区域交织在一起，组成规模更大的城市群。在这一过程中，大中小城市发挥了不同的作用。总的来说，城市群高质量发展意味着城市之间的经济联系逐步加深、各层级城市质量有所提升、城市化系统耦合协调、城市集群有相应适合的产业集群支撑。

二　东北地区城市群的空间经济关联结构

东北地区城市群高质量发展的一个重要的基础是在城市之间建立密切的经济关联，形成城市群内部和城市群之间的经济市场和经济互动，以增加中心城市对周边城市的辐射，缩小城市之间的经济发展差距，从而在协调发展的维度推进城市群的高质量发展。

（一）模型选择

本章采用引力模型度量辽中南城市群和哈长城市群代表城市之间的空间相互作用强度。在引力模型中，两个物质之间的相互作用力与其质量呈正相关，与距离的平方呈负相关。运用引力模型对辽中南城市群和哈长城市群代表城市之间的空间相互作用进行测度和分析，并用断裂点公式精准判断两个城市之间的引力关系与方向。两个公式如下：

$$T_{ij} = kQ_i^{\alpha} Q_j^{\beta}/d_{ij}^{\lambda} \tag{11-1}$$

$$d_{ik} = d_{ij}/\left[1+(Q_j/Q_i)^{1/2}\right] \tag{11-2}$$

其中，T_{ij} 表示城市 i 与城市 j 之间的双边空间相互作用值，也即引力值，代表的是城市之间的经济关联强度；d_{ik} 表示从城市 i 到城市 j 的断裂点；d_{ij} 表示从城市 i 到城市 j 之间的综合距离；Q_i 和 Q_j 分别表示城市 i 和城市 j 的城市质量；k、α、β、λ 均为系数，其中 k、α、β 等于 1，λ 等于 2。因此引力模型公式（11-1）可简化为 $T_{ij} = Q_i Q_j/d_{ij}^2$。

（二）测度指标处理

1. 城市质量指标

城市质量指标表示一个城市的综合竞争实力。本章在参考相关研究的基础上，结合研究对象的实际情况，在经济、社会、人口三个方面采用城市 GDP、社会消费品零售总额、城市常住人口数三者的几何平均值来表示城市质量。城市 GDP、社会消费品零售总额、城市常住人口数的数据均来自 2020 年各城市的统计年鉴与各城市的《国民经济和社会发展统计公报》。城市质量的公式如下：

$$Q = (G \cdot P \cdot C)^{1/3} \qquad (11-3)$$

其中，Q 代表城市质量；G 代表城市 GDP；P 代表城市常住人口数；C 代表社会消费品零售总额。

2. 距离指标

为了较为准确、全面地度量城市间综合距离，本章以两个城市之间的公路里程和时间成本的算术平方根作为距离指标。公式如下：

$$d_{ij} = (H_{ij} \cdot T_{ij})^{1/2} \qquad (11-4)$$

其中，d_{ij} 指 i 城市和 j 城市之间的综合距离；H_{ij} 指从 i 城市到 j 城市的公路里程；T_{ij} 指从 i 城市到 j 城市所需的时间成本。

（三）基本结论与分析

根据公式（11-3），统计辽中南城市群和哈长城市群各个城市的 2020 年城市常住人口数、社会消费品零售总额、城市 GDP，计算可得辽中南城市群和哈长城市群各个城市的城市质量，结果如表 11-3、表 11-4 所示。

表 11-3　2020 年辽中南城市群城市质量与排名

地区	城市质量	排名
沈阳	2947.5	1
大连	2123.5	2
鞍山	740.9	3
营口	494.4	4
盘锦	389.5	5

续表

地区	城市质量	排名
丹东	364.4	6
辽阳	331.1	7
抚顺	312.2	8
本溪	254.4	9

注：考虑到数据代表性，本部分只计算对比城市群中地级及以上城市。下同。
资料来源：《中国城市统计年鉴2021》。

表11-4 2020年哈长城市群城市质量与排名

地区	城市质量	排名
哈尔滨	2660	1
长春	2293.2	2
齐齐哈尔	796.7	3
大庆	773.5	4
吉林	632.2	5
绥化	577.3	6
松原	492.2	7
牡丹江	393.7	8
四平	390.7	9
延边	355.7	10
辽源	166.8	11

资料来源：《中国城市统计年鉴2021》。

如表11-3和表11-4所示，2020年，辽中南城市群城市质量最高的城市为沈阳，大连其次，双核心城市的质量远远大于其他地级市。鞍山的城市质量排在第三位，除此之外的其他城市的城市质量相差不大。可以看出，辽中南城市群的城市质量极化现象明显，较低质量的城市之间水平相差不大。哈长城市群城市质量最高的城市为哈尔滨，其次为长春。与辽中南城市群相比，城市群内的其他城市的城市质量水平形成一定程度的梯度排列。

根据公式（11-4），计算辽中南城市群与哈长城市群城市之间的综合距离。代入引力模型，得出辽中南城市群与哈长城市群的城市间引力值如表 11-5 和表 11-6 所示。

表 11-5　2020 年辽中南城市群城市间引力值

城市	沈阳	大连	鞍山	抚顺	辽阳	盘锦	营口	丹东	本溪
沈阳									
大连	4234.5								
鞍山	14481.3	1595.0							
抚顺	12682.1	328.3	679.8						
辽阳	15876.0	612.5	8993.7	487.5					
盘锦	2411.2	1284.2	1532.3	151.6	441.2				
营口	3551.5	1927.6	2257.8	219.9	673.8	51349.0			
丹东	1534.8	757.6	324.0	123.1	189.5	145.1	209.2		
本溪	35522.5	342.8	119.6	846.9	1274.8	189.3	285.0	175.3	

资料来源：根据《中国城市统计年鉴 2021》计算获得。

表 11-6　2020 年哈长城市群城市间引力值

地区	哈尔滨	长春	齐齐哈尔	大庆	吉林	绥化	松原	牡丹江	四平	延边	辽源
哈尔滨											
长春	36.12										
齐齐哈尔	31.67	50.49									
大庆	16.96	35.44	17.74								
吉林	32.96	13.06	59.90	42.98							
绥化	12.99	46.59	37.76	26.45	43.13						
松原	20.44	19.08	34.86	19.30	28.50	28.50					
牡丹江	34.87	46.10	64.65	49.55	37.51	37.17	53.35				
四平	46.00	13.14	55.64	44.89	24.42	24.42	30.11	57.00			

续表

地区	哈尔滨	长春	齐齐哈尔	大庆	吉林	绥化	松原	牡丹江	四平	延边	辽源
延边	59.26	42.50	90.25	73.65	33.88	33.93	55.33	30.54	52.75		
辽源	46.30	12.72	50.93	45.30	24.20	24.20	31.36	56.65	10.77	49.40	0

资料来源：根据《中国城市统计年鉴2021》计算获得。

如表 11-5 所示，2020 年，辽中南城市群中沈阳与本溪、辽阳、鞍山、抚顺之间的引力值较大。这几个城市也是沈阳经济圈的主要城市。其中，沈阳与本溪之间的引力值最大。大连与沈阳之间的引力值最大，与营口、鞍山、盘锦之间的引力值较大，与本溪之间的引力值相对较小。这也体现出辽宁沿海经济带与辽中南城市群不再是相对孤立的单核心城市群体，而是出现了辽中南城市群内部城市之间的融合。鞍山与辽阳之间的引力值最大。总体来看，沈阳与各城市之间的引力值大于其他城市，也即沈阳与其他城市之间的经济关联强度显著大于其他城市，说明了辽中南城市群发展的协同性有待进一步提升。

如表 11-6 所示，哈长城市群内部城市之间的引力值普遍小于辽中南城市群。哈尔滨与延边、辽源、四平之间的引力值较高，长春与齐齐哈尔、绥化、牡丹江、延边之间的引力值较高。齐齐哈尔与延边、牡丹江、吉林、四平、辽源之间的引力值较高。这说明哈长城市群两个核心城市哈尔滨和长春之间的引力值相对较低，各自与城市群其他城市之间的引力值较高，也说明哈长城市群双核心城市之间的联动性有待增强。

进一步借助于公式（11-2），代入表 11-5 和表 11-6 数据，计算辽中南城市群 9 个城市和哈长城市群 11 个城市之间断裂点距离，结果如表 11-7、表 11-8 所示。分析结果前需要明确两个城市间的引力方向，一般情况，A、B 两个城市之间的断裂点在两个城市的距离中点，断裂点越接近 A 城市，则说明 A 城市的吸引力强于 B 城市，即 A 城市的空间作用力强于 B 城市。比如沈阳与大连之间引力值为 4234.5，且两者之间的断裂点在距离沈阳市 22.7 km 处，距离大连市 28.3km 处，这说明沈阳市对大连市的吸引力强于大连市对沈阳市的吸引力。

表 11-7　2020 年辽中南城市群城市间断点距离

单位：km

地区	沈阳	大连	鞍山	抚顺	辽阳	盘锦	营口	丹东	本溪
沈阳		28.3	10.9	8.1	7.4	20.5	18.7	24.9	38.1
大连	22.7		38.3	41.9	31.4	23.2	20.9	29.4	37.5
鞍山	4.1	12.9		15.2	4.3	10.9	9.6	23.2	11.0
抚顺	1.5	10.2	8.7		9.5	17.4	14.8	19.2	6.9
辽阳	1.4	8.1	2.5	9.9		10.77	8.93	16.28	5.9
盘锦	4.6	6.8	7.0	20.2	12.0		1.18	21.31	17.2
营口	5.1	7.4	7.3	20.1	11.7	1.4		21.4	16.7
丹东	5.2	8.2	14.3	21.3	17.4	20.4	17.5		17
本溪	0.7	7.7	5.2	6.0	4.9	14.9	10.7	13.4	

资料来源：根据百度公路距离搜索计算获得。

表 11-8　2020 年哈长城市群城市间断点距离

单位：km

地区	哈尔滨	长春	齐齐哈尔	大庆	吉林	绥化	松原	牡丹江	四平	延边	辽源
哈尔滨		25.2	27.5	14.8	29.5	11.7	18.7	32.5	42.9	55.5	44.9
长春	22.9		43.0	30.3	11.5	41.4	31.5	42.5	12.1	39.4	12.3
齐齐哈尔	11.9	20.7		11.9	42.9	27.7	26.6	51.8	44.7	73.8	46.1
大庆	6.2	14.3	11.7		30.5	19.3	14.6	39.5	35.8	59.9	44.0
吉林	10.6	4.6	36.7	26.7		29.6	20.5	28.6	18.7	26.4	21.4
绥化	3.9	15.6	22.3	15.8	27.9		20.0	27.7	18.2	25.9	21.1
松原	5.5	5.7	19.3	10.8	17.4	18.0		38.1	21.6	40.6	26.8
牡丹江	8.0	11.8	32.1	25.0	20.8	21.4	32.8		38.1	21.0	46.7

续表

地区	哈尔滨	长春	齐齐哈尔	大庆	吉林	绥化	松原	牡丹江	四平	延边	辽源
四平	10.4	3.3	27.6	22.6	13.5	14.0	18.5	37.9		36.2	8.9
延边	12.5	10.1	42.6	35.3	17.9	18.7	32.7	19.7	34.0		40.0
辽源	5.2	1.6	15.0	13.6	8.4	8.9	12.7	26.0	5.0	23.9	

资料来源：根据百度公路距离搜索计算获得。

如表 11-7 所示，沈阳对辽中南城市群内其他城市的吸引力，比其他城市对沈阳的吸引力都强。这突出了沈阳在城市群的核心地位，也说明了沈阳在城市群发展的过程中发挥一定程度的虹吸效应。除了沈阳，大连对其他城市的吸引力也大于其他城市对大连的吸引力。除沈阳、大连外，鞍山对其他城市的吸引力基本大于其他城市对鞍山的吸引力。营口、丹东、本溪的吸引力较低。其中，沈阳对本溪、抚顺、辽阳的吸引力较大；大连对盘锦、营口、丹东、本溪的吸引力较大。说明辽中南城市群内的核心城市分别与沈阳经济圈和辽宁沿海经济带的联动性较强。沈阳、鞍山、抚顺、辽阳、本溪形成沈阳经济圈，其中沈阳的虹吸能力最强，其他城市处于被虹吸的作用阶段。大连对盘锦、营口、丹东的吸引力较强，而对沈阳经济圈内的城市吸引力较弱。总体来看，沈阳对沈阳经济圈城市的吸引力强度，高于大连对辽宁沿海经济带主要城市的吸引力强度。同时也说明，辽中南城市群的双核心城市之间的互动性，沈阳的辐射范围，以及城市群整体的协调发展程度有待于进一步优化。盘锦、丹东、本溪等城市对核心城市的吸引力与核心城市对它们的吸引力差距较为悬殊，说明这些城市的发展潜力相对较低并且有待提升。如表 11-8 所示，在哈长城市群中，哈尔滨和长春对其他城市的吸引力较强。哈尔滨对齐齐哈尔、大庆、绥化的吸引力较强。长春对吉林、四平、松原、辽源的吸引力较强，且相比于这四个城市对长春的吸引力而言高出一截。松原、牡丹江、四平、延边、辽源对其他城市的吸引力较弱，处于边缘位置。由此可见，在哈长城市群中，也存在双核心城市吸引力较强的城市空间结构特征，核心城市的主体地位突出，与中小城市的协同发展程度有待提升。

（四）东北地区城市群经济关联存在的问题

通过上述分析可知，在城市群经济关联强度上，辽中南城市群代表城市之间呈现较大的差距。经济关联紧密的城市之间的经济关联强度远大于经济关联松散的城市之间的经济关联强度，城市群呈现经济关联强度的分层次特征。这也体现出城市群内部经济关联的分割。结合间断点距离发现，辽中南城市群的城市经济关联以沈阳和大连为中心，形成了沈阳对沈阳经济圈内其他城市的强吸引关联，与大连对辽宁沿海经济带部分城市的强吸引关联。城市群内的城市之间的经济关联呈现双核心、双圈层的经济关联结构特征，而双圈层之间的经济关联强度相对较低。与此同时，非核心城市对中心城市的吸引力远低于中心城市对非核心城市的吸引力。因此，辽中南城市群现阶段影响高质量发展的一个重要问题是城市群经济关联并未形成群内的双向吸引的结构，尚未形成同等效力的回流和协同发展的动力。对此，推进辽中南城市群的高质量发展，应充分顺畅中心城市的经济辐射渠道，增强在中心城市辐射带动作用下的周边城市的经济互动与回流。

哈长城市群的城市经济关联状态与辽中南城市群略有不同。主要表现为城市群内城市之间的经济关联强度相差不大。哈尔滨对吉林省内的所辖城市，与长春对黑龙江省内的所辖城市的经济影响相差也不大。在经济关联强度上，哈尔滨和长春的城市中心性没有沈阳和大连那么强。在数值上，哈长城市群的城市之间的经济关联强度也要远低于辽中南城市群的经济关联强度。这说明，哈长城市群的高质量发展，需要提升城市群的整体经济综合发展实力，在一定程度上突出中心城市的辐射功能和重要性，增强中心城市的带动力。

进一步，从间断点距离上分析可见，中心城市对其他城市的吸引力较强，但是这种强度比起辽中南城市群要小得多。哈长城市群之间的经济关联强度差距相对不大，城市之间有一定的经济渗透和联动，但是程度比起辽中南城市群要低、结构要松散一些。因此，推进哈长城市群的高质量发展，有待于提升中心城市的吸引力与辐射力，使城市之间联系更为紧密。

三　东北地区城市群人口收缩分析

东北地区城市群的空间经济关联结构在一定程度上会引发人口的变化；与此同时，人口的变化也因受到经济、社会、环境、制度等多方面的影响，会反作用于城市群的空间经济关联结构。近年来，东北地区城市群一个独特的现象就是人口收缩。根据住建部发布的历年《中国城市建设统计年鉴》，对东北 86 个城市 2009~2018 年的城区常住人口变化进行了统计（这期间，一些县级市撤县设区，一些地方新设县级市，这些城市没有纳入统计），东北地区共有 37 个城市出现城区常住人口减少情况，占统计城市的 43%。其中减少幅度较大的城市有鹤岗、肇东、鸡西、公主岭、龙井、鞍山、抚顺、海城、本溪等地市。由于 2013 年以来能源经济下行，东北地区经济增速放缓，人口外流更加严重。若比较 2013~2018 年的人口数据，则更为明显：有 54 个城市出现城区常住人口减少情况，占统计城市的 63%。东北地区的收缩型城市中，有相当一部分是资源枯竭型城市，比如七台河、伊春、鹤岗、双鸭山等。此外，东北地区的工业化和城镇化较早，计划生育执行比较严格，人口出生率较低，老龄化程度较高，加上近年来能源经济下行、经济增速放缓，人口又进一步外流，这些因素都加速了很多中小城市的收缩。[1]

---

[1]　吴康、戚伟：《收缩型城市：认知误区、统计甄别与测算反思》，《地理研究》2021 年第 1 期。

（一）研究方法与指标体系构建

城市收缩不仅会带来城市人口减少，同时也会影响城市经济和社会发展。采用人口、经济、社会、综合四个维度指标，对辽宁省地级市的收缩情况进行测度，能够更准确展现辽宁省地级市的收缩状况。关于城市收缩测度的时间跨度选择，学者们并无统一的意见，本节参考收缩城市网络对城市收缩的定义，将时间跨度定义为 3 年。关于城市收缩的测度方法，参考赵儒煜、范家辉的做法，定义年均增长率 R 的值小于 0 的城市为收缩城市。[①] 选取两个时间点进行年均增长率的计算，公式如下：

$$R = \left[\left(\frac{X_2}{X_1} \right)^{\frac{1}{n}} - 1 \right] \times 100\% \tag{11-5}$$

其中，R 为年均增长率，其表达式为 $X_2 = X_1 \times (1+R)^n$，X_1 和 X_2 分别是基期和当期的指标综合得分（由熵值法计算得出），n 为时间跨度，年均增长率 R 可分成六类：强增长（$R \geq 1\%$）、中增长（$0.5\% \leq R < 1\%$）、弱增长（$0 \leq R < 0.5\%$）、弱收缩（$-0.5\% \leq R < 0$）、中收缩（$-1\% \leq R < -0.5\%$）、强收缩（$R < -1\%$）。具体来说，人口维度年均增长率计算公式为 $R_1 = \left[\left(\frac{P_2}{P_1} \right)^{\frac{1}{n}} - 1 \right] \times 100\%$，其中 P_1 和 P_2 分别为基期和当期人口维度综合得分。经济维度年均增长率计算公式为 $R_2 = \left[\left(\frac{E_2}{E_1} \right)^{\frac{1}{n}} - 1 \right] \times 100\%$，其中 E_1 和 E_2 分别为基期和当期经济维度综合得分。社会维度年均增长率计算公式为 $R_3 = \left[\left(\frac{S_2}{S_1} \right)^{\frac{1}{n}} - 1 \right] \times 100\%$，其中 S_1 和 S_2 分别为基期和当期社会维度综合得

---

① 赵儒煜、范家辉：《东北地区高新技术产业发展现状及其集聚效应》，《东北亚经济研究》2019 年第 2 期。

分。综合维度年均增长率计算公式为 $R_4 = \left[\left(\dfrac{C_2}{C_1}\right)^{\frac{1}{n}} - 1\right] \times 100\%$，其中 C_1 和 C_2 分别为基期和当期人口、经济和社会三个维度的综合得分。进一步构建指标体系如表 11-9 所示。

表 11-9　城市收缩评估指标体系

一级指标	二级指标	三级指标	说明	单位
人口维度	人口规模	城区常住人口数量	市辖区常住人口	万人
	人口结构	少年人口抚养比	青少年人口/劳动力人口	%
		老年人口抚养比	老年人口/劳动力人口	%
	人口密度	城区常住人口密度	市辖区常住人口密度	人/公里^2
经济维度	经济水平	人均 GDP	市辖区人均 GDP	元
		人均财政收入	地方财政一般预算内收入/总人口	元
	经济增速	GDP 增速	市辖区 GDP 增速	%
	经济结构	就业结构	第二产业从业人员数/年末单位从业人员×100%	%
		产业结构	第三产业产值/第二产业产值×100%	%
社会维度	基础设施	交通	人均道路面积	平方米
		生活服务	用水普及率	%
			燃气普及率	%
	生活环境	生活环境	建成区绿化覆盖率	%
		城市空间	城市建成区面积	平方公里
		居住环境	人均住房居住面积（城市居住用地面积/总人口）	平方米

（二）辽中南城市群城市收缩结果

相关结果见表 11-10 所示。

表 11-10　辽中南城市群收缩城市占比变化情况

单位：%

阶段	人口收缩	经济收缩	社会收缩	综合收缩
2009~2011 年	55.56	11.11	44.44	11.11
2011~2013 年	33.33	88.89	33.33	77.78
2013~2015 年	22.22	88.89	88.89	77.78
2015~2017 年	55.56	11.11	55.56	22.22
2017~2018 年	22.22	55.56	66.67	55.56

资料来源：历年《中国城市建设统计年鉴》。

如表 11-10 所示，2009~2011 年，辽中南城市群中人口收缩现象最为严重，收缩城市占比达到 55.56%，经济和综合收缩城市占比维持在一个较低的水平。2011~2013 年，人口收缩和社会收缩较上一阶段得到有效缓解，但是出现了严重的经济收缩和综合收缩现象。2013~2015 年，人口收缩和上一阶段相比继续下降，但是经济收缩、社会收缩和综合收缩现象较为严重，收缩城市占比均高于 75.00%。2015~2017 年，人口收缩和社会收缩现象较为严重，经济收缩和综合收缩得到有效缓解。2017~2018 年，人口收缩较上一阶段得到有效缓解，经济收缩、社会收缩和综合收缩现象较为严重，收缩城市占比都超过 55.00%。

第三节　东北地区城市群的互动性和协调性分析

一　产业集聚与城市集聚互动性分析

城市群高质量发展有赖于集聚效应的充分发挥。城市集聚效应的提升，在某种程度上，需要城市集聚度的提升。在城市之间互动性不断增强的过程中，城市质量得到提升，与此同时，城市集聚度逐步提升。而产业在城市之间的分工、在城市群内的集聚状态，是影响城市集聚度的重要因素。因此，提升城市群的发展质量，依赖于构建跨城市的高质量产业分工和集群。[①]

（一）产业集聚度和城市集聚度

区位熵是衡量城市集聚度的重要有效指标，本节借助区位熵衡量产业集群和城市群的集聚度。当区位熵等于 1、大于 1、小于 1 时，产业集群或城市群将分别处于均匀分布、集聚、分散的空间状态。令 I、U 分别表示产业集群和城市群的区位熵，则 I_n 和 U_m 分别表示各产业部门和各城市群的集聚度。选取中国相对具有集群规模和竞争力的 10 个城市群，计算各城市群 19 个产业部门的就业人数区位熵，则 $n = 1, 2, \cdots, 19$；$m = 1, 2, \cdots, 10$。根据区位熵的定义，在产业部门集聚度的测度公式 $I = \dfrac{I_i / Y_i}{A_i / B}$ 中，I_i、Y_i、A_i、B 分别表示某一城市群所辖地市级及以上城市的某产业部门的总就业人数、该城市群所辖地市级及以上城市所有产业部门的总就业人数、所有 10 个城市群所辖地市级及以上城市的该产业部门的总就业人数，以及 10 个城市群的所有产业部门的总就业人数。在城市集聚度的计算公式 $CS_{it} = (S_{it} / S_t) / (Z_{it} / Z_t)$ 中，S_{it}、S_t、Z_{it}、Z_t，分别表示 t 时期 i 城市群所辖的地市级及以上城市的市辖区人口总和、所有 10 个样本城市群所辖地市级及以上城市的市辖区人口总和、全国地市级及以上城市的总人口、全国总人口，则各城市群的各产业部门的集聚度的年平均值如表 11-11 所示。

表 11-11　2011～2020 年 10 个城市群各产业部门的集聚度年均值

产业部门	长三角	珠三角	京津冀	中原	长江中游
农、林、牧、渔业	0.265	0.154	0.408	0.373	1.140
采矿业	0.078	0.030	0.563	2.126	0.530

① 陈雁云、朱丽萌、习明明：《产业集群和城市群的耦合与经济增长的关系》，《经济地理》2016 年第 10 期。

续表

产业部门	长三角	珠三角	京津冀	中原	长江中游
制造业	1.299	1.761	0.563	0.780	0.853
电力、热力、燃气及水生产和供应业	0.661	0.898	1.683	1.336	1.698
建筑业	1.289	0.536	0.743	1.067	1.434
交通运输、仓储和邮政业	1.223	1.187	1.804	0.801	1.005
信息传输、软件和信息技术服务业	0.943	1.208	2.352	0.555	0.987
批发和零售业	1.110	1.000	2.172	1.153	1.058
住宿和餐饮业	1.307	1.609	2.692	0.770	1.117
金融业	1.076	0.941	1.630	0.933	0.836
房地产业	0.950	1.646	2.278	0.615	0.841
租赁和商务服务业	1.184	1.264	2.921	0.572	0.600
科学研究和技术服务业	0.963	0.724	2.665	0.646	0.835
水利、环境和公共设施管理业	0.804	0.611	2.016	1.021	0.891
居民服务、修理和其他服务业	0.574	1.211	3.619	0.339	1.505
教育	0.686	0.588	0.933	1.368	0.978
卫生和社会工作	0.850	0.771	1.147	1.172	0.986
文化、体育和娱乐业	0.844	0.794	3.495	0.894	1.005
公共管理、社会保障和社会组织	0.640	0.683	0.988	1.381	1.072
产业部门	成渝	辽中南	山东半岛	哈长	关中
农、林、牧、渔业	0.809	2.171	0.302	0.553	0.470
采矿业	0.635	0.991	1.027	0.287	0.932
制造业	0.772	0.932	1.341	1.342	0.881
电力、热力、燃气及水生产和供应业	1.026	1.115	0.932	1.040	1.111
建筑业	1.794	0.844	0.988	1.294	0.902
交通运输、仓储和邮政业	1.237	1.287	1.060	0.728	1.277

续表

产业部门	成渝	辽中南	山东半岛	哈长	关中
信息传输、软件和信息技术服务业	0.786	0.842	0.634	0.634	1.321
批发和零售业	1.445	0.777	1.041	0.768	1.214
住宿和餐饮业	1.268	0.941	1.111	0.814	1.229
金融业	0.857	0.993	0.925	0.854	1.004
房地产业	0.951	0.942	0.935	0.827	0.869
租赁和商务服务业	0.701	0.823	0.707	0.622	0.560
科学研究和技术服务业	0.955	1.012	0.680	0.479	1.760
水利、环境和公共设施管理业	0.822	1.378	0.839	0.667	1.164
居民服务、修理和其他服务业	2.508	0.643	0.724	0.389	0.891
教育	1.000	0.773	0.836	1.002	1.243
卫生和社会工作	0.959	0.947	0.903	0.882	1.036
文化、体育和娱乐业	0.814	0.883	0.787	0.747	1.224
公共管理、社会保障和社会组织	0.884	0.758	0.806	0.887	1.094

资料来源：根据 2012~2021 年《中国城市统计年鉴》计算，统计口径为全市。

由表 11-11 可以看出，2011~2020 年，10 个城市群的各产业部门的产业集聚度年均值各有差异，主要表现为长三角、珠三角和京津冀三大城市群在交通运输、仓储和邮政业，批发和零售业，住宿和餐饮业，金融业，租赁和商务服务业等产业部门的集中程度较高，即产业发展的重心相对集中于第三产业；辽中南城市群的产业集聚则更集中分布于农、林、牧、渔业，电力、热力、燃气及水生产和供应业，科学研究和技术服务业，水利、环境和公共设施管理业，交通运输、仓储和邮政业等产业部门，即集中于第二产业；哈长城市群在制造业，电力、热力、燃气及水生产和供应业，建筑业，教育等方面的产业部门集聚度较高。这一结果与现实发展基本相符。在各城市群的年平均集聚度方面，长三角、珠三角、京津冀、辽中南、山东半岛、关中等城市群的群内城市集聚度相对较高，即这些城市群内的人口更多地集中于市辖区范围内。

（二）产业集聚和城市集聚的耦合度测度

物理学中的耦合度测度公式如下：

$$C_n = \left[\frac{U_1 \times U_2 \times \cdots \times U_n}{\prod (U_i + U_j)} \right]^{\frac{1}{n}} \qquad (11-6)$$

与物理学中的耦合度公式不同，本节涉及产业集聚度和城市集聚度的两个系统，故将原模型修正为双系统耦合度测度模型，如公式（11-7）所示：

$$C_2 = \left\{ (u_1 \times u_2) / \left[(u_1 + u_2) \times (u_1 + u_2) \right] \right\}^{1/2} \qquad (11-7)$$

其中，C_2 表示产业部门的产业集聚度与城市群的城市集聚度的耦合发展程度，u_1 表示城市群的城市集聚度，u_2 表示各产业部门的集聚度，二者各自依据前文公式计算出 2011~2020 年的数值，则 C_2 的值越大，反映出各产业部门的集聚度与其所在城市群的城市集聚度之间的协调发展趋势越强，反之则越弱。C 的取值范围在 0~0.5。当且仅当 $u_1 = u_2$ 时，耦合度达到最大值 0.5，即某产业部门的集聚度与所在城市群的城市集聚度越相等，这两个子系统的发展趋势越相关；反之数值越小，说明这两个子系统的集聚趋势相关性越小。若 $C = 0$，则两个子系统的集聚度不存在任何关联，即某产业部门的集聚化趋势与所在城市群的集聚化趋势完全无关；若 $0 < C \leq 0.3$，则两个子系统之间的集聚度处于低耦合阶段，即某产业部门的集聚化趋势与所在城市群的城市集聚化趋势具有一定的关联性；若 $0.3 < C < 0.5$，则说明两个子系统之间的集聚度处于高耦合度阶段，即某产业部门的集聚化趋势与所在城市群的城市集聚化趋势极为相似；若 $C = $

0.5，则说明两个子系统的集聚趋势完全一致。根据上文的城市集聚度和产业部门集聚度的测度结果，进一步计算 10 个城市群中各产业部门的集聚度与城市群集聚度之间耦合度数值，在此基础上，将各年数值加总，得出年均值，结果如表 11-12 所示。

表 11-12　2011~2020 年 10 个城市群各产业集聚度与城市群集聚度的耦合度年均值结果

产业部门	长三角	珠三角	京津冀	中原	长江中游
农、林、牧、渔业	0.368	0.285	0.425	0.486	0.496
采矿业	0.226	0.135	0.458	0.416	0.484
制造业	0.500	0.499	0.458	0.496	0.500
电力、热力、燃气及水生产和供应业	0.468	0.481	0.496	0.463	0.475
建筑业	0.500	0.435	0.480	0.481	0.486
交通运输、仓储和邮政业	0.499	0.495	0.494	0.495	0.499
信息传输、软件和信息技术服务业	0.491	0.496	0.480	0.500	0.499
批发和零售业	0.497	0.487	0.485	0.475	0.498
住宿和餐饮业	0.500	0.500	0.470	0.496	0.497
金融业	0.496	0.484	0.497	0.489	0.500
房地产业	0.492	0.500	0.482	0.500	0.500
租赁和商务服务业	0.499	0.497	0.463	0.500	0.491
科学研究和技术服务业	0.492	0.464	0.471	0.500	0.500
水利、环境和公共设施管理业	0.483	0.449	0.489	0.484	0.500
居民服务、修理和其他服务业	0.456	0.496	0.442	0.479	0.483
教育	0.471	0.445	0.493	0.461	0.499
卫生和社会工作	0.486	0.470	0.499	0.474	0.499
文化、体育和娱乐业	0.486	0.472	0.446	0.491	0.499

续表

产业部门	长三角	珠三角	京津冀	中原	长江中游
公共管理、社会保障和社会组织	0.466	0.459	0.495	0.461	0.498
产业部门	成渝	辽中南	山东半岛	哈长	关中
农、林、牧、渔业	0.489	0.499	0.379	0.490	0.437
采矿业	0.473	0.475	0.493	0.438	0.491
制造业	0.486	0.470	0.500	0.485	0.489
电力、热力、燃气及水生产和供应业	0.498	0.483	0.489	0.497	0.498
建筑业	0.492	0.462	0.492	0.487	0.490
交通运输、仓储和邮政业	0.500	0.491	0.494	0.499	0.500
信息传输、软件和信息技术服务业	0.487	0.462	0.461	0.496	0.500
批发和零售业	0.499	0.454	0.494	0.500	0.499
住宿和餐饮业	0.500	0.471	0.496	0.500	0.499
金融业	0.492	0.475	0.488	0.500	0.494
房地产业	0.496	0.471	0.489	0.500	0.488
租赁和商务服务业	0.480	0.460	0.470	0.495	0.455
科学研究和技术服务业	0.496	0.477	0.467	0.482	0.496
水利、环境和公共设施管理业	0.490	0.494	0.483	0.497	0.499
居民服务、修理和其他服务业	0.470	0.435	0.472	0.467	0.489
教育	0.497	0.454	0.482	0.498	0.500
卫生和社会工作	0.496	0.471	0.487	0.500	0.496
文化、体育和娱乐业	0.489	0.466	0.478	0.499	0.499
公共管理、社会保障和社会组织	0.493	0.452	0.480	0.500	0.497

资料来源：根据历年《中国城市统计年鉴》计算所得。

结果显示，2011~2020 年，10 个城市群的各产业部门的集聚度与城市群的城市集聚度的耦合度年均值基本处于 0.1~0.5，只有长三角城市群和珠三角城市群的采矿业及珠三角城市群的农、林、牧、渔业的集聚度，与所在城市群的城市集聚度之间处于低耦合阶段。在与城市集聚的互动发展趋势方面，长三角城市群的制造业、建筑业、住宿和餐饮业的集聚度与城市集聚度的耦合度年均值为0.500；珠三角城市群的住宿和餐饮业、房地产业的耦合度年均值为0.500；京津冀城市群的电力、热力、燃气及水生产和供应业，交通运输、仓储和邮政业，金融业，卫生和社会工作，公共管理、社会保障和社会组织等的耦合度较强；中原城市群的信息传输、软件和信息技术服务业，房地产业，租赁和商务服务业，科学研究和技术服务业的耦合度年均值为0.500；长江中游城市群的制造业，金融业，房地产业，科学研究和技术服务业，水利、环境和公共设施管理业的耦合度年均值为0.500；成渝城市群的交通运输、仓储和邮政业与住宿和餐饮业的耦合度年均值为0.500；山东半岛城市群的制造业、住宿和餐饮业，以及批发和零售业等的耦合度较强；关中城市群的交通运输、仓储和邮政业，信息传输、软件和信息技术服务业，教育的耦合度年均值为0.500。与之对比可以发现，辽中南城市群的农、林、牧、渔业，交通运输、仓储和邮政业等的耦合度较强；哈长城市群的批发和零售业，住宿和餐饮业，金融业，房地产业，卫生和社会工作，公共管理、社会保障和社会组织的耦合度年均值为0.500。从总体上来看，各城市群的产业集聚度与城市集聚度处于中高水平的耦合发展阶段，东部地区的城市群的第三产业部门集聚度与城市集聚度的耦合度更强，而中西部地区和东北地区的第一、第二产业部门集聚度与城市集聚度的耦合度更强。这说明随着城市化过程中人口不断地向城市集中，上述城市群中的这些产业部门也在不断地向城市内集中布局，但各产业部门集中布局的程度各异。与此同时，也可以说明，在东北地区城市群未来高质量发展的进程中，增强第二、第三产业部门集聚度与城市集聚度的耦合度是必然的趋势。

二　东北地区城市群的城市化发展协调性分析

城市群的高质量发展的一个至关重要的动力是城市化。城市化在人口、土地、经济、社会四个方面发展的协调性逐步提升，意味着城市群发展在系统维度的协调性有所提升，从而城市群的发展更为有序和可持续。因此，发展并提升城市化的系统协调性对推进城市群的高质量发展至关重要。

人口城市化、土地城市化、经济城市化、社会城市化，分别为城市化给人口、土地、经济、社会所带来的影响。城市化速度加快，城市边界扩张，会引发城市人口增加、城市土地面积扩大；城市化质量提升，会促进城市经济发展和社会福利的共享。本部分将从城市化对人口-土地-经济-社会影响的协调性的维度展开研究。

（一）测度方法

首先，采用熵值法对辽宁省人口-土地-经济-社会城市化进行综合测度。计算步骤如下。

（1）构建原指标数据矩阵

有 m 个城市，n 项评价指标，形成原始指标数据矩阵 $X = \{X_{ij}\}_{m \times n}$（$0 \leqslant i \leqslant m$，$0 \leqslant j \leqslant n$），$X_{ij}$ 为第 i 个城市第 j 个指标的指标值。

（2）进行标准化处理

正向指标：

$$X'_{ij} = (X_{ij} - \min\{X_{ij}\}) / (\max\{X_{ij}\} - \min\{X_{ij}\}) \tag{11-8}$$

负向指标：

$$X'_{ij} = (\max\{X_{ij}\} - X_{ij}) / (\max\{X_{ij}\} - \min\{X_{ij}\}) \tag{11-9}$$

（3）指标权重的确定

$$W_j = (1 - C_j) / \sum_{j=1}^{n} (1 - C_j) \tag{11-10}$$

其中，$C_j = -N \sum\limits_{i=1}^{m} (P_{ij} \times \ln P_{ij})$ ，$N = 1/\ln m$ ，$P_{ij} = \dfrac{X'_{ij}}{\sum\limits_{i=1}^{m} X'_{ij}}$

（4）求综合得分

$$F_i = \sum_{j=1}^{n} (W_j \times X_{ij}') \qquad (11-11)$$

其中，m 为城市数量，n 为指标，$\max \{X_{ij}\}$、$\min \{X_{ij}\}$ 分别为所有年份中第 i 个城市第 j 项评价指标的最大值和最小值，X_{ij}' 为第 i 个城市第 j 项评价指标的数值，W_j 表示指标权重，P_{ij} 表示正负指标占比，F_i 表示综合得分，N 表示城市数量对数的倒数，C_j 表示指标比例运算式。

其次，测度耦合协调度。耦合协调源自物理学概念，是指两个或两个以上体系或运动形式通过各种相互作用而彼此影响的现象。东北地区城市群地级市的城市人口－土地－经济－社会四者之间相互依存、相互关联，因此，运用该模型对四者进行协调性分析以探究其交互作用。具体模型如下所示。

$$C = \left\{ \frac{U_1 \times U_2 \times U_3 \times U_4}{(U_1 + U_2 + U_3 + U_4)^4} \right\}^{\frac{1}{4}} \qquad (11-12)$$

$$D = \sqrt{C \times T} \qquad T = \sqrt{\alpha U_1 + \beta U_2 + \gamma U_3 + \delta U_4} \qquad \alpha + \beta + \gamma + \delta = 1 \qquad (11-13)$$

其中，C 为耦合度，T 为"人口－土地－经济－社会"城市化综合评价指数，D 为耦合协调度。α、β、γ、δ 为特定权重，本节假定人口、土地、经济、社会城市化同样重要，因此赋权重为：$\alpha = \beta = \gamma = \delta = 0.25$。$D$ 值越高，说明"人口－土地－经济－社会"城市化发展越协调，反之，则越不协调。将耦合协调度分为 5 个等级，分别是严重不协调、基本不协调、基本协调、中度协调、高度协调。

（二）指标体系构建与相关结果

构建东北地区城市群的城市化发展耦合协调度指标体系，如

表 11-13 所示。

表 11-13　东北地区城市群城市化发展耦合协调度指标体系

评价内容	评价指标	权重	指标属性
人口	城市化率（%）	0.3953	正向指标
	城镇登记失业率（%）	0.4610	负向指标
	第二、第三产业从业人员比重（%）	0.1437	正向指标
土地	建成区面积（平方公里）	0.3451	正向指标
	人均道路面积（平方米）	0.3647	正向指标
	人均公园绿地面积（平方米）	0.1175	正向指标
	城市建设用地面积占市辖区面积比重（%）	0.1727	正向指标
经济	人均 GDP（元）	0.1621	正向指标
	第三产业产值占比（%）	0.0929	正向指标
	人均财政预算收入（元）	0.1582	正向指标
	实际使用外商投资额（万美元）	0.4790	正向指标
	在岗职工平均工资（元）	0.1078	正向指标
社会	每万人拥有医疗机构床位数（张）	0.0988	正向指标
	每万人拥有普通高校专任教师人数（人）	0.2705	正向指标
	人均社会消费品零售总额（元）	0.2159	正向指标
	教育支出（万元）	0.4147	正向指标

根据表 11-13 和公式（11-8）至公式（11-13）计算可得结果如表 11-14 和图 11-1 所示。

表 11-14　辽中南城市群城市化耦合协调度结果

城市	2018 年	耦合协调度等级	2020 年	耦合协调度等级
沈阳	0.8852	高度协调	0.9007	高度协调
大连	0.9065	高度协调	0.9009	高度协调
鞍山	0.5444	基本协调	0.5607	基本协调

续表

城市	2018 年	耦合协调度等级	2020 年	耦合协调度等级
抚顺	0.4927	基本协调	0.4787	基本协调
本溪	0.4576	基本协调	0.4394	基本协调
营口	0.5304	基本协调	0.5677	基本协调
辽阳	0.4498	基本协调	0.4595	基本协调
盘锦	0.5070	基本协调	0.5481	基本协调
铁岭	0.3511	基本不协调	0.3159	基本不协调
丹东	0.4851	基本协调	0.4244	基本协调

资料来源：根据历年《中国城市统计年鉴》计算所得。

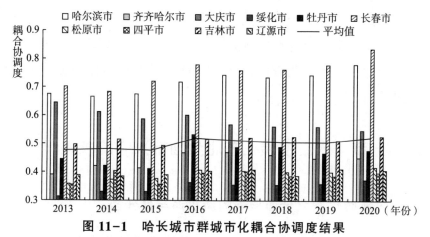

图 11-1　哈长城市群城市化耦合协调度结果

资料来源：根据历年《中国城市统计年鉴》计算所得。

由表 11-14 和图 11-1 可知，2018 年和 2020 年，辽中南城市群的城市化耦合协调度的平均值明显高于哈长城市群。哈长城市群 2018 年、2020 年分别有 4 个和 2 个城市的城市化是基本不协调的，辽中南城市群只有 1 个城市。哈长城市群的大多数城市的耦合协调度数值是 0.5 以下，属于低水平的基本协调；而辽中南城市群则具备相对高水平的基本协调状态。因此，提升东北地区城市群的发展质量，需要提升两大城市群整体的城市化发展耦合协调度，特别是哈长城市群的耦合协调度。

第十二章　东北地区人口高质量发展研究

2023 年 9 月 7 日，在东北振兴战略实施 20 周年重要节点，习近平总书记主持召开新时代推动东北全面振兴座谈会，深刻阐述了新时代事关东北全面振兴的一系列根本性、方向性、全局性问题，具有重大政治意义、理论意义和实践意义，是新时代推动东北全面振兴的行动指南。习近平总书记指出："要提高人口整体素质，以人口高质量发展支撑东北全面振兴。"[①] 这为东北全面振兴提出了一个崭新思路。

第一节　人口发展在东北全面振兴中的关键作用

一　新时代东北全面振兴的新机遇与新任务

习近平总书记在黑龙江省主持召开新时代推动东北全面振兴座谈会上指出，"东北资源条件较好，产业基础比较雄厚，区位优势独特，发展潜力巨大"。[②] 新时代东北全面振兴面临新的重大机遇，抓住新机遇可以推动东北地区高质量发展，如实现高水平科技自立自

[①]《习近平主持召开新时代推动东北全面振兴座谈会强调：牢牢把握东北的重要使命　奋力谱写东北全面振兴新篇章》，中国政府网，2023 年 9 月 9 日，https://www.gov.cn/yao-wen/liebiao/202309/content_6903072.htm。

[②]《习近平主持召开新时代推动东北全面振兴座谈会强调：牢牢把握东北的重要使命　奋力谱写东北全面振兴新篇章》，中国政府网，2023 年 9 月 9 日，https://www.gov.cn/yao-wen/liebiao/202309/content_6903072.htm。

强，有利于东北把科教和产业优势转化为发展优势；构建新发展格局，可以进一步凸显东北的重要战略地位。推进中国式现代化，需要强化东北的战略支撑作用。

一方面，从东北自身条件来看，东北地区科教、产业资源的优越给予它巨大的发展优势，而现如今，东北正站在科技自立自强的重要节点上，实现高水平科技自立自强是东北发展的关键所在。如何破解矛盾、激发内生动力，如何锻长板、补短板，把优势条件转化为发展新优势新动能，成为东北全面振兴要解决的关键问题。另一方面，从东北地区与其他区域板块的互动来看，东北地区的重要战略地位在新发展格局中进一步凸显出来，东北在国家发展战略中承担着重要的角色。在新时代东北全面振兴征程中，更好融入全国统一大市场，与其他区域板块和区域实现重大战略对接和交流，推动南北互动、东西交融，是东北地区需要重点谋划的发力点。

从发展全局看，东北全面振兴的战略意义在于维护国家"五大安全"，东北地区要从牢牢把握高质量发展这个首要任务和构建新发展格局这个战略任务的高度来把握。习近平总书记为新时代推动东北全面振兴谋定方向、指明重点，围绕五个领域系统谋划，全面布局。第一，要以科技创新推动产业创新，加快构建具有东北特色优势的现代化产业体系；第二，要以发展现代化大农业为主攻方向，加快推进农业农村现代化；第三，要加快建设现代化基础设施体系，提升对内对外开放合作水平；第四，要提高人口整体素质，以人口高质量发展支撑东北全面振兴；第五，要进一步优化政治生态，营造良好营商环境。① 习近平总书记从党和国家事业发展全局的战略高度，深刻阐述东北地区肩负的重要使命，深入分析东北振兴面临新的重大机遇，对新时代新征程推动东北全面振兴做出部署，为东北

---

① 《习近平主持召开新时代推动东北全面振兴座谈会强调：牢牢把握东北的重要使命　奋力谱写东北全面振兴新篇章》，中国政府网，2023 年 9 月 9 日，https：//www.gov.cn/yaowen/liebiao/202309/content_6903072.htm。

走出一条高质量发展、可持续振兴的新路子指明了前进方向、提供了根本遵循。

推进中国式现代化是当前国家发展的重要任务，对东北地区也是一次重大机遇。东北地区需要发挥自身的战略支撑作用，为中国式现代化提供有力支撑。这对东北是一次重大历史机遇，它将为东北地区的振兴提供新的契机。然而，新时代东北全面振兴也面临一系列新的挑战。如何确保经济社会的可持续发展、如何应对环境保护的压力、如何提高人民的生活水平等问题都需要全社会共同努力和探索。

二 人口因素是东北全面振兴中的关键变量

人口是国家和地区发展的基石，也是推动经济社会发展的基本力量。东北地区拥有丰富的劳动力资源，为我国的工业化和现代化做出了巨大贡献。然而，近年来，东北地区的人口发展面临一些严峻的挑战，如人口负增长、人口老龄化等问题。这些问题对东北地区的经济社会发展产生了一定的影响。因此，在新时代背景下，东北地区要实现全面振兴，必须充分重视人口在经济社会发展中的基础性地位，把人口作为东北全面振兴的关键变量来考虑。

东北地区经济发展表现出增长失速、产业升级速度慢等特征，但深层次矛盾是人口问题。要破解当前和今后一段时期东北地区经济发展面临的这些难题或困境，首先需要对人口这一基础性因素进行深入探讨。东北地区的人口问题主要体现在人口净迁出规模不断扩大、老龄化日趋严峻、出生率过低以及边境地区人口流失严重等方面。目前，东北地区人口少子化、老龄化，人口外流的问题不仅同时出现，而且交织在一起，使矛盾格外复杂。超低生育水平使东北常住人口增量逐年下降，在全国排名倒数，人口出生率也是全国倒数，而且东北受到自身经济增速放缓对劳动力需求降低，与日韩及国内经济发达地区对劳动力需求增加之间的"推力"和"拉力"

双重作用的影响，导致青壮年劳动力人口持续流出，老龄化程度显著高于全国平均水平。2020 年第七次全国人口普查数据显示，东北地区的老龄化程度较深，65 岁及以上人口的占比为 16.39%，与 2010 年第六次全国人口普查相比，提高了 7.26 个百分点，高于全国平均水平。从全国 31 个省区市老龄化程度排名来看，东北三省排名均靠前，尤其辽宁省居首位。由此可见，东北地区人口少子化、老龄化程度进一步加深，未来一段时期将面临人口长期均衡发展的压力。

东北地区人口和劳动力流失、经济发展后继无人以及由此引发的一系列社会经济问题，不仅是地区人口良性发展的重大障碍，也对社会经济发展产生深刻影响。从经济方面来看，东北地区经济增长速度的下降与人口变动密切相关，一方面，随着中国人口转变进入新阶段，东北地区以劳动密集型为特征的制造业比较优势迅速弱化；另一方面，人力资本发挥作用不足，不能转化为生产率的提高，特别是企业研发活动较少。有研究表明，劳动年龄人口比重与东北地区经济增长呈正相关，而人口老龄化与人口净迁出均对东北地区经济增长产生负面影响；与一般性人口流动相比，户籍人口的净迁出对经济增长的负面影响更突出。[①] 东北地区高学历人口持续流失导致人力资本积累速度下降和创新不足，严重制约着东北地区的经济发展。另外，从需求管理角度来看，地区产业结构的变动通常与地区需求密切相关，人口数量和结构的改变不仅直接作用于地区经济发展，而且会通过消费、投资以及政府支出行为的传导机制构成对经济发展的影响。

因此，人口是东北地区经济社会发展的基础，目前东北地区面临的人口问题对东北全面振兴而言是重要的制约因素，促进东北地区的人口发展，成为实现东北全面振兴的关键变量。

---

① 　杨玲、张新平：《人口年龄结构、人口迁移与东北经济增长》，《中国人口·资源与环境》2016 年第 9 期。

第二节　人口高质量发展：东北全面振兴的新支点

人口是经济发展的引擎，是社会进步的动力，是国家和地区兴盛的能动因素。东北地区人口的高质量发展不仅关系到区域经济的振兴，也关系到边境的稳定和长治久安，具有重要的战略意义。

一　人口高质量发展的提出

党的二十大报告指出，"中国式现代化是人口规模巨大的现代化"，并明确提出要优化人口发展战略，实施积极应对人口老龄化国家战略。2023 年 5 月，习近平总书记在党的二十届中央财经委员会第一次会议进一步强调："人口发展是关系中华民族伟大复兴的大事，必须着力提高人口整体素质，以人口高质量发展支撑中国式现代化。"[①] 人口高质量发展是以习近平同志为核心的党中央高度重视人口发展问题、站在实现中国式现代化的宏伟视角下，对我国人口未来发展趋势、发展模式、发展方式和发展目标做出的深刻判断和方向指引。

当前，我国人口已经呈现少子化、老龄化和区域增减分化三个趋势性变化，这些趋势性变化的发生期恰好与中国式现代化推进的时间点相重合，又由于人口的变化将直接影响到经济社会的中长期发展趋势，甚至成为影响经济社会发展的最大结构性变量，所以如何处理好人口问题将直接关系到中国式现代化的推进效果，进而直接关系到中华民族伟大复兴。正是在这样的背景下，我国提出要"优化人口发展战略"，其核心导向是促进人口高质量发展。人口高质量发展的内涵是指人口总量充裕、人口整体素质不断提高、人口

[①] 《习近平主持召开二十届中央财经委员会第一次会议强调　加快建设以实体经济为支撑的现代化产业体系　以人口高质量发展支撑中国式现代化》，中国法院网，2023 年 5 月 5 日，https://www.chinacourt.org/article/detail/2023/05/id/7275750.shtml。

结构优化、现代化人力资源分布合理、人口长期均衡发展，是与经济社会高质量发展相适应的人口发展。人口高质量发展的重点在于"高质量"，其外延包括贯彻新发展理念、加大改革创新力度、提升人民生活品质、促进人的全面发展和全体人民共同富裕、服务于国家总体战略安排的人口发展路径。

东北地区人口转变进程早于全国其他地区，对比全国其他地区有着更为鲜明的人口特征，整体而言，东北地区人口生育率较低、人口老龄化和人口净迁出率较高，人口负增长进程早于全国其他地区。人口问题已经成为东北全面振兴的重要制约因素。"人口高质量发展"的理念为重新审视东北地区发展的战略选择，全方位认识东北地区新人口机会，充分发挥现阶段东北地区人口总量与结构优势提供了新的思路。在人口高质量发展的要求下，今后东北地区应对标"稳数量、优结构、提素质"，以全面提升人口素质为重点，塑造素质优良、总量充裕、结构优化、分布合理的现代化人力资源，这将是东北地区建立现代化产业体系最基本的支撑。

二　东北地区人口高质量发展的优势条件

人口发展的本质是人的全面发展，人的全面发展又是与政治、经济、社会、文化、资源、环境等要素紧密相关的，东北地区人口高质量发展也必然离不开这些基础要素的支撑。东北地区人口高质量发展具有产业基础雄厚、教育资源丰富、城镇化水平较高、生态环境良好、集体创业精神浓厚等方面的优势。

（一）产业基础雄厚蕴含人口发展新动能

东北地区工业化起步较早，基础雄厚，而前期工业化积累的良好的产业基础和人力资本等都推动了规模经济效应的产生。从现有统计资料可以发现，21世纪以来第二产业仍在黑吉辽三省产业结构中占据关键地位，这在吉林和辽宁两省尤为明显。长期活跃的工业企业为东北未来实现制造业升级和进一步嵌入全球产业网络奠定了良好基础。同时，先发工业化特征为东北人口高质量发展创造了良好条件。

从产业发展的角度来看，东北地区产业基础较好，为人口发展提供了丰富的就业机会。过去几十年里，东北地区依托其丰富的矿产资源、森林资源和农业资源，发展了一系列优势产业，如钢铁、煤炭、石油、化工等。此外，东北地区还拥有丰富的农业资源，如黑土地、优质水稻等，农业生产规模化、机械化基础良好，东北农业现代化水平远高于全国其他地区。先发工业化特征为当下东北现代服务业发展创造了良好条件。以大连、沈阳、长春等城市为代表的东北地区服务业发展迅速，金融、物流、旅游等产业不断壮大，为地区的经济增长提供了新的动力。这些产业为大量的农村劳动力提供了稳定的就业岗位，使得东北地区的人口得以迅速增长。同时，随着产业结构的优化升级，新兴产业如高端装备制造、新能源、新材料等逐渐成为东北地区的支柱产业，为人口发展提供了更多的选择。

从人口发展的角度来看，东北地区产业基础较好，有利于提高人口素质和促进人口结构优化。一方面，产业发展为人口提供了更多的教育、培训和技能提升的机会。许多企业和地方政府联合开展职业培训、技能竞赛等活动，帮助劳动者提高自身素质，适应产业结构调整的需要。另一方面，产业发展带动了城市化进程的加快，吸引了大量农村劳动力向城市转移。这使得东北地区的人口结构得到优化，城市化水平不断提高，为人口发展创造了良好的条件。

（二）教育资源丰富积蓄人力资源优势

东北地区教育资源丰富，人均受教育程度要高于全国平均水平。2020年第七次全国人口普查数据显示，东北地区总人口为9851万人，拥有大专及以上文化程度的人口占总人口的16.75%，15岁及以上人口平均受教育年限为10.16年。其中黑吉辽三省15岁及以上人口平均受教育年限分别为 9.93 年、10.17 年和 10.34 年，居全国第 14 位、第 9 位和第 6 位。黑吉辽三省每 10 万人中有大学学历的（大专及以上）人数占比分别为 14.79%、16.74% 和 18.22%，排在全国第 17 位、第 11 位和第 7 位。总体而言，这两个反映人口受教育程度的指标，都是高于全国平均水平的。

东北地区教育发展可以追溯到新中国成立初期，随着重要工业项目布局在东北，一大批专家力量被抽调而来，一些大专院校和科研机构作为配套设施纷纷在东北建立，东北地区也随之建立了相当完善的基础教育体系，为东北地区工业发展提供了源源不断的技术人才。直到现在，东北地区的教育资源依然有着不俗的实力，从高等教育到中等教育、基础教育以及职业教育都有着较高的水平。东北地区拥有众多高水平大学和研究机构，例如哈尔滨工业大学、吉林大学、大连理工大学、东北大学等。这些学校在国内外享有很高的声誉，拥有一批优秀的师资队伍和先进的教学设施，为东北地区提供了广泛的学科领域和优质的教育资源。近年来，东北地区加大了科技创新的投入力度，大力发展高新技术产业，培育了一批具有核心竞争力的创新型企业。同时，东北地区还加强了与国内外高校和科研机构的合作，引进了一批高层次人才和技术团队，为地区的科技创新提供了有力支持。

（三）城镇化水平高和公共服务配套的宜居宜业环境

东北地区成熟的工业化带来了高水平的城镇化。国家统计局数据显示，2020 年吉林城镇化率为 62.64%、黑龙江为 65.61%、辽宁为 72.14%，后两者均高于全国平均水平（63.89%）。城镇化水平较高使东北城镇的住房、交通、医疗、餐饮等公共服务设施较为完善，这些公共服务设施为居民提供了更加便捷和舒适的生活环境。东北地区的物价水平相对较低，尤其是食品价格。这是由于东北地区拥有丰富的农产品资源，且粮食作物和蔬菜水果等农产品总产量高，再加上东北便利的物流交通和食品加工业，这使得其农副产品供应充足，价格相对较低。另外，相较于全国同等级别城市，东北地区城市房价相对较低，这对于刚刚步入社会的年轻人来说具有很大的吸引力。

东北地区的低生活成本和轻松的社会氛围有助于吸引青年人才。相关研究表明，青年人多面临沉重的生活压力和生存竞争，特别是在北上广等特大城市，"躺平"一词的流行反映了当代青年群体不堪重负的焦虑感。[①] 相较之下，东北生活成本相对较低，生存压力较小，个人发展空间充足，且城镇化水平较高，公共服务供给相对健全。尽管资源枯竭与经济增速放缓使部分城市收缩，但这不意味着城市衰退和废弃，而是城市发展定位从"增长机器"到"人居之所"转变的契机。如是言之，未来东北可通过精简城市规模、优化营商环境、提升服务水平，满足青年人多样、现代的生活需求，以低成本、高质量为青年人才营造舒适宽松的生活发展空间，充分展现东北引留人才的天然优势。

（四）良好的生态环境为人们高品质生活提供保障

东北生态环境良好，自然资源优越，生态类型多样，"绿水青山就是金山银山、冰天雪地更是金山银山"的自然风景得天独厚。习近平总书记指出："良好生态环境是最公平的公共产品，是最普惠的民生福祉。"[②] 东北良好的生态环境为人们高品质生活提供了保障，这也是东北地区独特的优势之一。

东北森林覆盖率高，森林资源丰富。这些森林不仅能够调节气候、保持水土，还能够提供大量的木材和林下产品，为人们的生活提供重要的物质基础。东北拥有优美的自然景观和独特的生态环境。

---

① 张宇慧、程才秀：《"摆烂"和"躺平"背后大学生社会生存焦虑现状及其干预措施》，《品位·经典》2024 年第 12 期；林梅：《当代中国年轻人的压力与焦虑》，《人民论坛》2019 年第 33 期。

② 《习近平：加快国际旅游岛建设 谱写美丽中国海南篇》，中国政府网，2013 年 4 月 10 日，https://www.gov.cn/ldhd/2013-04/10/content_2374840.htm。

这些景观不仅具有"高颜值"的优势，也厚植着发展"高价值"的沃土。比如长白山的雪山、松花江的冰雪、锦州湾的沙滩等都成为著名的旅游景点吸引了大量的游客前来观光旅游，带动了当地的旅游业发展，为当地居民提供了就业机会和经济收入。此外，东北的生态环境对人们的生活质量和健康有着积极的影响，东北地区的夏季凉爽宜人、空气清新、水质优良，这种气候条件有利于调节人们的身心状态，促进健康。东北各地依托各自资源优势，开发出了"森林康养""冰雪康养""温泉康养""中医药康养"等多种模式提升东北生态旅游吸引力。总之，东北地区的森林资源、水资源、自然景观和生态环境都为人们的生活和发展提供了重要的支持和保障。

（五）集体创业精神厚植人才发展的文化根基

集体创业精神是东北地区持续发展的文化根基。在新中国成立初期，东北地区的工业基础薄弱，但是一代又一代的创业者在这里创造了一个又一个的奇迹。他们不仅在经济建设方面做出了巨大贡献，而且在文化建设方面也留下了宝贵的遗产。比如，东北抗联精神、北大荒精神、大庆精神、铁人精神等，都是黑土地孕育出的强大精神力量。

东北地区特殊的发展经历使其保有一批具有浓厚爱国主义传统和劳模精神的工人群体以及富有"闯关东"精神的农民群体，他们身上的创业文化和开拓精神是东北转型发展的隐性动力。譬如，计划经济时代，东北快速工业化过程铸就了"铁人"王进喜等一批劳动模范，并形成了"爱岗敬业、争创一流、艰苦奋斗、勇于创新、淡泊名利、甘于奉献"的劳模精神。他们对国家集体的忠诚与对工业生产的热诚构建了工业化迅速发展的基础。劳模精神的代际传递和文化资本的累积还共同造就出一批既有情怀又重实干、技能优与学历高兼备的青年人才，成为未来经济高质量发展的关键力量。如今，面对国内外日益复杂的局势，强化集体主义的创业文化对促进东北产业升级、维护国家安全意义重大。新时期，创业激情、开放意识、务实品格等理念，必将成为东北走出全面振兴发展新路子的强大动力。

第三节　以人口高质量发展支撑东北全面振兴的实践路径

一　以适度人口规模筑牢东北地区经济发展基础

人口规模是衡量一个国家或地区经济发展水平的重要指标之一。适度的人口规模有利于资源的合理配置，提高劳动力市场的灵活性，从而促进经济的发展。在东北地区，适度的人口规模有助于解决资源紧张、缓解环境压力，为经济发展创造良好的外部条件。实现东北地区适度人口规模需要从保持适度生育率和努力留住现有人口等多个方面入手。

东北地区普遍生育率较低，要制定出台普惠性政策举措，降低生育、养育、教育成本，保持适度生育率和人口规模，提高人口素质。从政府来看，要加强人口管理体系和服务能力建设，加快调整社会政策，构建"生育友好型社会"，优化公共服务供给和公共资源配置，补短板、强弱项、提质量，切实解决家庭生养子女的后顾之忧，要以"生得出""有人带""养得起"为目标，完善生殖健康服务、生育保险、儿童教育、就业促进等方面的支持政策，优化优生优育全程服务，提高优生优育服务水平，尤其要大力发展0~3岁婴幼儿照护服务。要落实生育休假措施，发展普惠托育服务，强化生育保险对覆盖参保女职工生育医疗费用、提供生育津贴待遇等的保障作用，消除职场生育歧视，切实维护劳动就业合法权益，为青年群体营造安心工作的社会环境。从社会来看，应通过多种渠道宣传正确的婚育观念，支持大学生和研究生的合理婚育安排，为生育的大学生和研究生提供时间、经济和服务支持，营造重视生育、鼓励生育、支持生育的社会舆论氛围。从家庭来看，应当鼓励家庭内部的代际支持，对正处于育儿阶段的家庭给予税收减免，多方降低家庭的生育、养育成本。

二　以发展教育提升人口素质保障东北地区现代化产业体系建设

教育是提升人口素质和保障现代化产业体系建设的重要途径之一。东北全面振兴需要适应现代化产业体系发展要求，不断进行教育体制改革，持续提升人口的科学文化素质，使之为东北全面振兴与未来发展提供基本动力。

在高质量教育体系建设中，基点是基础教育，龙头是高等教育。在基础教育中，要推动义务教育优质化发展，缩小优秀师资力量和教育资金投入的城乡、区域、校际、群体差距，加快构建优质均衡的基本公共教育服务体系，加大对高校办学的支持力度，提升全民特别是年轻人受教育水平，不断提高人口素质。在高等教育中，要不断深化人才培养模式改革创新，加强教育与就业的对接，强化终身教育的理念和体制机制建设。确定职业教育类型定位，主动对接结构升级和人才需求，优化中职学校和高职院校专业布局，深化产教融合、校企合作，积极构建教育与产业统筹融合发展新格局，进一步完善具有特色的职业教育体系。加强继续教育、社区教育和职业技能培训，满足终身学习需求。加强对驻地高校的统筹协调和服务，支持高校"双一流"建设，深化推进省校协同发展、协同育人，促进人才培养方向和地方发展同向同行，以人才高质量发展、人才高素质培养服务支撑东北全面振兴，在人才培养建设中贡献教育力量，交出教育满意答卷。

三　以培养引进高技能人才引领东北地区产业环境创新

东北地区的一般生产要素（自然资源、能源等）较为充裕但高端要素（新兴技术、高端人才、高科技资本等）较为缺乏，由此形成科教资源丰富但科技成果转化不足的现象。在推进新时代东北全面振兴的发展初期，以制度创新吸引、聚集高端生产要素，对于发展战略性新兴产业非常关键。现代化产业体系发展要求以现代化人才队伍作为支撑，东北地区应进一步优化人才激励服务保障措施，支持人才创新创业，为新时代推动东北全面振兴提供人才保障。

一方面，东北应当采取多种措施积极留住人才、引进人才，在稳定本地人才主体，提升适应新兴产业要求的人才的能力的同时，大量吸纳外来人才，推动创新创业。具体措施包括合理制定薪资标准，提供具有竞争力的薪酬待遇；加强职业培训和技能提升，为人才提供更多的学习机会和更大的发展空间；加大公共服务设施的建设力度，提高医疗、教育、交通等方面的服务水平，同时改善城市环境和居住条件。另外，还应加强政策支持和服务保障。东北地区可以出台一系列优惠政策和服务保障措施，如税收优惠、住房补贴、子女入学等，提高人才政策的精准性、便利度、含金量，吸引更多的人才留在当地发展。另一方面，东北地区应该不断改善人才创新环境，加快建设国家重要的人才中心。东北地区要根据现代科技发展趋势和国家战略需求，动态调整学科设置，聚焦数字技术、生物工程、量子通信等前沿领域，形成全球顶级的创新生态体系，打造一批能够辐射全国的创新驱动发展引领区，确保东北地区在新一轮科技革命中的人才储备。

四 推动东北地区人口空间分布与现代化基础设施体系建设相适应

东北地区的人口空间分布与现代化基础设施体系建设之间存在密切的关系。研究表明，东北地区人口集聚明显滞后于经济集聚，人口与经济要素呈现明显的"南密北疏、内高外低"的不均衡分布格局。^① 新时代东北全面振兴需要适应现代化基础设施体系建设要求，调整人口空间分布格局，积极引导应对人口的流动迁移，提升东北现代化基础设施体系建设带动人口与劳动力集聚的能力。^②

目前东北地区基础设施体系建设最突出的问题是城市群总体发展水平较低，为此，应从以下两方面着手，以促进人口空间分布与现代化基础设施体系建设的协调发展。一方面，东北城市群中，黑龙江东部城市群以外的四个城市群分别以四个副省级城市为核心，单核心城市群结构促使人口向核心城市快速集聚，可能会超过城市实际的可承载能力，让核心城市受到"大城市病"的困扰。应充分考虑城市间的联系，合理布局产业结构，形成多核心城市群体系，引导人口合理有序集聚，避免极化效应带来的负面影响，使人口与经济社会发展相适应，与资源环境相协调。另一方面，要加强城市群之间的协调联动，进一步优化人口空间分布格局。以四个副省级城市为"黄金中轴线"，形成连接东北三省"四大"城市群的重要通道。同时，继续深挖哈大齐牡发展轴和长吉图发展轴两个横向轴带的潜力，配合对黑龙江东部城市群的培育，联通延边、白山、通化等城市，直至辽宁东南部城市群，打通东部沿边发展轴。最终形成两横两纵的"井"字形轴带空间，以此推动沿线的城镇、产业和人口的优化配置和集聚。

五　以更有力的护边支持政策增强边境人民的幸福感和获得感

人民的高品质生活是人口高质量发展的内在追求，增强东北边境人民的幸福感和获得感突出体现在更高水平的生活质量和更广范围的制度保障。习近平总书记指出，"加强边境村屯公共服务设施建

---

① 廉晓梅、吴金华：《东北地区人口与经济空间格局演变分析》，《人口学刊》2018年第1期。
② 崔景华、肖笑瑶：《日本城乡融合发展的财政扶持政策及其效应研究》，《现代日本经济》2023年第4期。

设，全面推进乡村振兴，努力留住现有人口"。① 因此，东北地区应加快边境地区基础设施建设，提升产业承载能力和人口聚集能力。应在设施提升、服务优化上下更大功夫，不断增强边境地区的发展活力，通过边境地区基础设施建设提升城市活力，完善保障性住房、针对年轻人发放生活补贴等政策，扎实推进兴边富民、稳边固边。

第一，国家和地方政府应加大对东北地区的财政支持力度，增加基础设施建设、教育、医疗、住房等方面的投入，提高边境人民的生活水平。第二，应该鼓励东北地区发展特色产业，有效发挥冰雪、森林、草原、湖泊、湿地、边境、民俗等自然人文资源和独特气候条件优势，加快发展旅游、养老、健康、文体、休闲等产业，提高东北地区经济发展水平，增加就业机会，提高边境人民的收入水平。第三，提高东北地区的教育水平，加大对边境学校、师资的投入力度，实施免费教育政策，提高边境人民的受教育程度，为他们提供更多的发展机会。第四，加大对东北地区医疗卫生和社会保障事业的支持力度，提高基层医疗卫生服务水平，降低边境居民的医疗负担，提高低保、养老保险等社会保障水平，保障边境居民的基本生活。第五，全面加强边境建设，加强东北地区的民族团结工作和法治建设，支持开展文化、体育、科技等方面的活动，丰富边境人民的精神文化生活，共同维护边境地区的稳定和发展。

---

① 《习近平主持召开新时代推动东北全面振兴座谈会强调：牢牢把握东北的重要使命 奋力谱写东北全面振兴新篇章》，中国政府网，2023 年 9 月 9 日，https://www.gov.cn/yao-wen/liebiao/202309/content_6903072.htm。

第十三章　东北地区高水平对外开放研究

2003 年 10 月，中共中央、国务院发布《关于实施东北地区等老工业基地振兴战略的若干意见》，开始实施东北地区等老工业基地振兴战略，至今已有 20 余年。在此期间，中共中央、国务院以及相关部门多次出台关于东北振兴的意见、政策和规定，习近平总书记也多次到东北地区实地考察并发表重要讲话。2023 年 9 月，习近平总书记在黑龙江考察时强调，东北地区"要构筑我国向北开放新高地。更好统筹贸易、投资、通道和平台建设，在市场准入、要素流动、制度型开放等方面大胆探索、先行先试，形成全方位对外开放新格局"。① 东北地区高水平对外开放要从紧紧围绕维护国家"五大安全"的战略意义以及牢牢把握高质量发展这个首要任务、构建新发展格局这个战略任务的高度出发。为此，新时代东北地区高水平对外开放被赋予了新的意义和任务，从而也要采取新的举措。

第一节　推动东北地区高水平对外开放的意义

一　新发展格局下的必然选择

党的二十大提出了构建新发展格局的发展道路。这是我们党根

---

① 《习近平在黑龙江考察时强调　牢牢把握在国家发展大局中的战略定位　奋力开创黑龙江高质量发展新局面》，环球网，2023 年 9 月 8 日，https://china.huanqiu.com/article/4ESar4gXhAg。

据我国发展阶段、环境、条件变化，特别是基于我国比较优势变化，审时度势做出的重大决策，明确了我国经济现代化的路径选择。

新发展格局是更加开放的国内国际双循环体系。我国经济已经深度融入世界经济，同全球很多国家的产业关联和相互依赖程度都比较高，内外需市场本身是相互依存、相互促进的。习近平总书记在 2020 年 7 月的企业家座谈会上，一方面指出，"在当前保护主义上升、世界经济低迷、全球市场萎缩的外部环境下，我们必须充分发挥国内超大规模市场优势，通过繁荣国内经济、畅通国内大循环为我国经济发展增添动力，带动世界经济复苏"；另一方面又指出，"以国内大循环为主体，绝不是关起门来封闭运行，而是通过发挥内需潜力，使国内市场和国际市场更好联通，更好利用国际国内两个市场、两种资源，实现更加强劲可持续的发展"。①这就要求我们在实践中要正确处理国内大循环和国内国际双循环的关系，要在畅通国内大循环的基础上，建设高水平开放型经济新体制，实施更大范围、更宽领域、更深层次的对外开放，塑造我国参与国际合作和竞争新优势，重视以国际循环提升国内大循环效率和水平，提升我国生产要素质量和配置水平，推动我国产业转型升级。

构建新发展格局，进一步凸显东北地区的重要战略地位。东北地区以其得天独厚的地理位置、丰富的资源禀赋以及合理的产业布局，展现出了良好的发展基础。随着经济的持续增长，东北地区的市场规模和消费能力也得到了显著提升，这为扩大内需、实现新发展格局提供了良好的基础条件和有利环境。东北地区拥有独特的区位优势，靠近世界经济大国俄罗斯，连接着欧洲和亚太地区，成为一个重要的经济枢纽。此外，东北地区拥有丰富的自然资源，包括煤炭、石油、天然气等，为产业发展提供了坚实的后盾。在产业布

---

① 《习近平：在企业家座谈会上的讲话》，中国政府网，2020 年 7 月 21 日，https://www.gov.cn/xinwen/2020-07/21/content_ 5528791. htm。

局方面，东北地区积极推动传统产业转型升级，发展战略性新兴产业和现代服务业，实现了产业结构的优化升级。因此，进一步凸显东北地区的重要战略地位，有助于推动新发展格局的构建，促进东北地区经济的全面发展。在百年未有之大变局背景下，大国战略竞争、新冠疫情以及俄乌冲突等因素叠加对世界经济产生了深远的影响，逆全球化、经济安全泛化、脱钩断链、技术封锁等做法大行其道。在40多年持续对外开放的过程中，我国已经形成了一定程度外部依赖的局面，这就意味着我国在对外开放上正在面临巨大挑战，需要进一步构建开放型经济新体制。而东北地区无疑是构建新一轮对外开放体制的最主要承接地。

二　高质量发展的内在需求

党的十八大以来，我国经济转向高质量发展阶段。以习近平同志为核心的党中央直面我国经济发展的深层次矛盾和问题，提出创新、协调、绿色、开放、共享的新发展理念，新发展理念为高质量发展指明了方向并提供了动力。总的来说，高质量发展就是能够很好满足人民日益增长的美好生活需要的发展，是体现新发展理念的发展，是创新成为第一动力、协调成为内生特点、绿色成为普遍形态、开放成为必由之路、共享成为根本目的的发展。

近几年，全球政治经济环境发生深刻变化，逆全球化趋势加剧，有的国家大搞单边主义、保护主义，传统国际循环明显弱化。疫情后逆全球化的趋势进一步加剧。在这种情况下，必须进一步把发展立足点放在国内，更多依靠国内市场实现经济高质量发展。这使得经济区域化发展面临难得的历史机遇，同时也对我国调整重大产业布局提出了新要求。

东北地区的重化工业在我国的工业体系中占据重要地位，为推动我国自主发展发挥着重要的作用。我国拥有41个工业大类和666个工业小类，涵盖了联合国产业分类的全部工业门类，其中东北地区是全国工业产业链最完整的地区之一，拥有一汽集团、吉化集团、中车长春轨道客车、沈飞集团、大连船舶重工、鞍钢集团、中国一重、大庆油田等一大批知名企业。除重化工业之外，东北地区的农业在我国也占据重要的战略地位。

改革开放以后尤其是实行市场经济体制以来，东北地区具有的良好实体经济优势并未得到有效发挥，主要原因不仅仅是市场化改革和对外开放的水平较低，更是因为没有在市场化改革与对外开放之间形成有效互动关系。新时代东北地区实现实体经济的科技创新和产业升级，需要探索出一条以高水平对外开放带动深层次市场化改革、实现高质量发展的新路子。从东北地区经济发展的动力与活力不足与经济开放度不高直接相关的事实来看，东北全面振兴的短期经济政策调整固然重要，但就其对经济增长的影响而言，以高水平开放促进结构性改革更能起到全局性、长期性的作用。①

三 统筹发展与安全下的务实担当

总体国家安全观是习近平新时代中国特色社会主义思想形成的重要一环，总体国家安全观首先强调要统筹发展与安全两件大事。习近平总书记指出："我们党要巩固执政地位，要团结带领人民坚持和发展中国特色社会主义，保证国家安全是头等大事"。这充分表明了维护国家安全、统筹发展与安全在推进中国特色社会主义事业建设全局中的重要地位。习近平总书记强调，发展和安全是一体之两面、相辅相成，发展是安全的基础，安全是发展的条件。关于发展与安全的关系，一段时间以来的讨论大多将二者割裂开来，如经济建设是工作重心，安全要为发展让路；保证国家安全是国家头等大事，发展要为安全做出让步；等等。在工作实践中，也存在"重发展、轻安全"的倾向：抓发展，目标容易明确，抓起来有干劲；抓

---

① 迟福林：《以高水平开放形成东北全面振兴的良好预期》，中工网，2023 年 9 月 19 日，https://www.workercn.cn/c/2023-09-19/7986833.shtml。

安全，不易看到显绩。①

2018 年 9 月，习近平总书记在东北考察时指出东北地区维护国家"五大安全"的战略地位十分重要，从中可以看出在新时代的东北全面振兴中，党中央对东北地区发展做出了新的战略定位，东北振兴的理念发生了变化，这将对东北地区经济社会发展产生深远的影响。其中一个最大的变化是，由单纯地追求 GDP 增长转向维护国家"五大安全"，并且把维护国家"五大安全"放在主要目标里的第一条。

东北振兴要保持经济的总量和增速，但绝非仅仅是 GDP 和其他经济指标的振兴。经济增长固然是东北振兴的基础和关键，但服务国家统筹发展与安全也不容忽视。高水平对外开放对东北地区实现统筹发展与安全的战略目标具有重要的意义。高水平对外开放与高质量发展的关系在前面已经述及，在此不再赘述，这里重点分析其在区域均衡发展、周边国家关系上的重要意义。

从空间分布来看，我国区域大体分为西部、东北、中部、东部四大板块；从自然条件来看，又可分为沿海、沿江、沿边、内陆等区域。改革开放以后，我国区域经济发展逐渐形成了东部沿海地区较为发达、东北和西部的内陆和沿边地区相对落后的局面，因此，为了实现区域均衡发展，我国实施了西部大开发战略和东北振兴战略，加快了西部和东北地区对外开放的步伐。东北地区经济社会发展相对滞后与其较低的对外开放水平和能力有着密切关系，因此，新时代推动东北全面振兴一定离不开发展高水平的对外开放。立足东北地区发展实际，不断提升对外开放能力和水平，会有助于我国各区域均衡发展和提升国家对外开放总体实力。

东北地区的周边聚集了对我国乃至全世界来说都具有重要影响

---

① 全国干部培训教材编审指导委员会组织编《全面践行总体国家安全观》，人民出版社、党建读物出版社，2019。

的国家，因此，把东北地区打造成向北开放的新高地对我国形成良好的周边国家关系以及大国关系具有重要意义。新时代推动东北高水平对外开放，实现东北全面振兴，将会大大增强我国在东北亚地区的竞争力和影响力，使我国在区域地缘政治经济格局中占据主动权，从而实现经济发展与国防安全的统筹。

第二节　推动东北地区高水平对外开放的主要任务

一　构筑向北开放新高地

从空间布局来看，中国的对外开放经历了从沿海局部地区试点优先开放逐渐扩大到沿边和内陆地区的全面开放的过程；从制度创新程度来看，中国的对外开放经历了从提供特殊政策优惠的特区、开发区等"政策洼地"向建设与国际高标准和规则等看齐的自由贸易试验区的"营商高地"发展的过程。改革开放初期，中国整体不具备同时对外开放的条件，所以，选择具备条件的沿海局部地区对外开放，形成适合国际化发展的政策特区。随着经济特区和沿海开放城市在对外开放中不断积累宝贵经验和发挥越来越大的先锋带头作用，1992 年开始，国家选择具有代表性的部分长江沿岸城市、沿边的边境市（县）、内陆的省会城市实行特殊的对外开放政策。2013年以来，国家根据发展战略需要，分批在沿海、沿边、内陆核心区设立了 21 个自由贸易试验区。自由贸易试验区在多种形式对外开放区域实行各种特殊优惠政策的经验教训积累的基础上，大胆探索开放道路，推进市场取向的改革，构建符合国际惯例的规则体系，完善法治环境，提高行政效率，率先打造更好的营商环境，实行贸易、投资便利化措施，成为开展对外贸易、承接全球产业转移和吸收外资、参与国际经济合作的前沿，打造成国内外资本、人才、技术、信息等资源的集聚区，发展为区域经济中心和经济发展极，对其他地区产生显著的辐射和带动作用。

以开放促改革、以区域优先开放带动全方位开放的对外开放战略在我国经济社会快速发展中发挥了重要的作用。但同时，由于开放的历史进程与制度创新程度的不同，与最早进行对外开放的沿海发达地区相比，东北地区的开放程度和能力相对落后。新发展格局需要建设更高层次的开放型经济新体制，东北地区必须适应内外部形势变化，主动调整并顺畅其内部循环，协调好与国内国外两个市场的关系。这也表明东北地区或许不再需要复制珠三角、长三角、京津冀等地区所采取的发展路径和经验。相反，它将依靠新的发展模式，实现内陆沿边地区和区域中心城市由开放的"末梢"向开放的前沿的转变，而且东北地区还要打造对外开放新高地。在国内发达地区相继形成对外开放格局之后，东北地区将作为高水平对外开放的新区域成为我国对外开放的新门户和新高地。东北地区新时期的对外开放需要国家从全局的角度对其进行重新定位。

二 实现由商品和要素流动型开放向规则等制度型开放转变

随着我国对外开放进一步深化，仅有商品和要素流动型开放已经明显不够。2018 年 11 月，中央经济工作会议提出："要适应新形势、把握新特点，推动由商品和要素流动型开放向规则等制度型开放转变。"① 这是中央较早正式公开提出"制度型开放"的一次。党的二十大报告指出："稳步扩大规则、规制、管理、标准等制度型开放。"制度型开放涉及的是规则、规制、管理、标准等，相对商品和要素来说，开放的层次更高、难度更大，是深化改革开放的重要举措。

受各种因素影响，东北地区在商品和要素流动型开放上的水平和能力还相对落后，但是在新时代背景下，已经没有时间允许东北

---

① 《中央经济工作会议在北京举行 习近平李克强作重要讲话》，中国政府网，2018 年 12 月 21 日，https://www.gov.cn/xinwen/2018-12/21/content_5350934.htm。

地区按照先做好商品和要素流动型开放再推进制度型开放的单线思维来开展实践了，东北地区应该在商品和要素流动型开放和制度型开放的双线上同时做好对外开放的工作，并适时推动由商品和要素流动型开放向规则等制度型开放转变。在这方面，东北地区面临很大的挑战，但是，新时代也为东北地区提供了很好的机遇。

推进高水平制度型开放重点是发挥自由贸易试验区的创新和引领作用，以主动且深度对接高标准国际经贸规则为切入点，稳步扩大规则、规制、管理、标准等制度型开放。为此，一方面，要深化对内的制度改革。受地理区位、区域差别、经济水平等因素的影响，东北地区在先行开放地区进行制度改革所带来的辐射带动效应会受到一定局限，但这也是多数内陆地区所存在的共性问题。近年来，东北地区致力于制度改革，科学定位政府与市场的关系，持续优化营商环境，不断增强创新发展动能。在此基础上，东北地区利用丰富的科教资源，储备着优厚的产业技术人才及科技实力等。以上这些积极因素，更加夯实了东北地区承载国家政策先行先试、建设开放型经济体制机制创新平台的基础。[①] 因此，东北地区基本具备了成为国家设立政策试验区的条件，东北地区应该继续努力补充和完善这些条件并抓住机遇，率先推动开放型经济体制机制创新。

另一方面，要推动对外的制度型开放。东北地区在对外的制度型开放方面已经奠定了良好的基础。2009 年，国家发布了《中国图们江区域合作开发规划纲要——以长吉图为开发开放先导区》，首次把图们江区域开发合作上升到国家战略，政策意义深远。2017 年和2019 年国家分别批准了辽宁、黑龙江自由贸易试验区。此外，东北地区还有多个综合保税区、国家级新区、国际合作示范区等，在一定程度上具有推动对外的制度型开放的优势。但是，东北地区对外的制度型开放水平仍然较低，为此，东北地区要深化对外开放的制度创新，

---

① 庞德良等：《新发展格局下东北地区推进高水平对外开放研究》，《当代经济研究》2022
年第 11 期。

加快对外的制度型开放步伐。赋予辽宁和黑龙江的自贸试验区更大改革自主权，推动东北其他地区复制推广自贸试验区形成的制度创新成果。协调对外开放制度创新与国际规则，提供更多制度型公共产品，争取东北亚区域经济合作制度建立的主导权，塑造有利于自身发展的区域经济新秩序和新规则，在参与东北亚区域经济治理中发挥更加积极的作用。

三　深度融入"一带一路"建设

"一带一路"倡议的提出至今已有 10 余年，这段时间里"一带一路"建设取得了显著的成绩。受地理区位以及对外开放水平和能力的影响，目前，东北地区尚未深度融入共建"一带一路"的大格局当中。东北地区是"一带一路"建设的重要组成节点、连接欧亚大陆的重要交通门户，位于我国东北亚地理位置中心。随着"一带一路"建设的推进发展，东北亚主要国家的重要性不断得到提升。所以，东北地区需要把加强东北亚区域合作与深度融入"一带一路"建设有机结合。

一方面，用进一步深化东北亚区域合作来推动"一带一路"建设，把中蒙俄经济走廊、中俄"滨海"国际交通走廊、东北海陆大通道等跨境大通道建设融入"一带一路"建设当中，使东北地区成为东北亚物流集散地与国际中转新枢纽，实现基础设施等"硬联通"。同时，推进对外开放的制度创新，实现制度、规则等"软联通"。

另一方面，要抓住俄罗斯地缘政治经济政策变化的有利时机，深度参与"冰上丝绸之路"建设，以此进一步深化东北亚区域合作，进而提高东北地区的对外开放程度和水平。

四　形成以开放推进改革的局面

通过开放来推进国内体制改革，成为对外开放重要的作用之一。东北地区打造向北开放新高地，对于深化体制改革和加速经济结构调整，具有重要的意义。①

对东北地区来说，以开放推进改革主要有两个任务。一是通过对外开放推进制度改革。当前，东北地区还存在体制机制不够灵活、思想观念较为僵化等短板，这些都需要通过制度改革来进行改变。东北地区要坚定不移推进高水平对外开放，要进一步深化制度型开放，对照国际最高标准、准则，扎实推进自由贸易试验区的制度探索与创新，发挥其示范引领作用。进一步改变工作作风与思想观念，形成风清气正的新型政商关系，打造公平透明的国际化一流营商环境。二是在对外开放中促进制造业转型升级。制造业是实体经济的基础，是国家的支柱性产业。东北地区是我国的老工业基地，具备稳固的制造业基础。然而，在新时代下，东北地区面临来自技术创新和产业升级的挑战。因此，以适应新的发展格局为方向，东北地区应当充分抓住新一轮技术革命和全球产业调整所带来的机遇。应当推动实现工业革命和技术革命的深度融合，同时在全球新一轮分工中集聚资源优势。借助于"双循环"战略，东北地区应将"引进来"和"走出去"相结合，创造新的路径来促进东北亚经济的互联互通。为了实现这一目标，东北地区需要加强自身的科技创新能力，不断提升自身的技术水平和产业竞争力。同时，东北地区需要与国内外的高新技术企业开展合作，吸引外资和引进先进技术和管理经验，以加速技术创新和产业发展。在推动工业革命和技术革命的深度融合过程中，应当加强与其他地区的合作，形成联动效应。尤其是在"一带一路"倡议的推动下，应当积极参与国际合作，加强与东北亚国家的经济合作，促进资源共享和利益互惠。同时，东北地区也应当开放自身市场，走向国际市场，主动扩大对外贸易，加强与其他国家和地区的合作。总之，在新发展格局下，东北地区应当紧紧抓住机遇，推动工业革命和技术革命的深度融合，利用好东北亚区域经济一体化的

① 崔岩等：《东北地区打造对外开放新前沿的重要意义与主要举措》，《日本研究》2023年第2期。

机遇，为东北亚经济的互联互通开辟新的路径。只有这样，东北地区才能在新时代中焕发出新的活力，实现更加高质量的可持续发展。

第三节　推动东北地区高水平对外开放的重要举措

一　加强东北亚区域合作

东北地区打造向北开放新高地，主要是指面向东北亚的高水平开放。东北地区与俄罗斯、朝鲜接壤，与日本、韩国隔海相望，处于东北亚地理几何中心。大国战略竞争、新冠疫情以及俄乌冲突给全球经济和产业链调整带来深刻的影响，同时使得我国调整重大产业布局面临难得的历史机遇。在新发展格局下，东北地区具有建设面向东北亚开放合作高地的天然责任。

东北地区在东北亚区域合作中已经取得了很大的成绩并奠定了坚实的基础。长吉图开发开放先导区建设已经开展10多年了，中国图们江区域（珲春）国际合作示范区、珲春海洋（国际合作）示范区、中韩（长春）国际合作示范区加快发展；辽宁和黑龙江先后获批建设自由贸易试验区。这些平台建设有力推动了东北地区的经贸合作对象更加多元，进一步提升了东北地区在东北亚区域开放合作中的重要窗口和平台作用，形成了内外联动的大开放格局。

新时代为东北地区加强东北亚区域合作提供了新的机遇和动力。RCEP 的签署为东北加快开放步伐带来了新的机遇，RCEP 生效实施后与东北地区正在推进的中蒙俄经济走廊、中欧班列等平台形成叠加效果，将激活日韩、东盟等 RCEP 成员经我国东北地区连通蒙俄以及欧洲国家的贸易通道，进一步放大东北地区的交通枢纽优势。[①]为了深化与日韩等国经贸合作，加强高端设备、冰雪产业、节能环

---

① 袁波等：《RCEP 生效实施背景下东北地区深化与日韩经贸合作的思考建议》，《东北亚经济研究》2022 年第 2 期。

保、数字经济、老龄化社会治理等领域合作，切实贴合东北的实际情况，东北地区应加快推进中韩（长春）国际合作示范区、中日（大连）地方发展合作示范区、中蒙俄经济走廊建设，积极接受日韩产业转移，承揽大型成套设备的出口项目。

受俄乌冲突的影响，俄罗斯的对外政策正在发生变化。2023 年5 月中国海关总署宣布，同意增加俄罗斯符拉迪沃斯托克港为内贸货物跨境运输中转口岸，由此，符拉迪沃斯托克港成为我国东北地区的内贸货物中转口岸，可以直接将吉林和黑龙江地区的商品与货物导入海运系统。同年 9 月，在第八届东方经济论坛全会开幕式的讲话中，俄罗斯总统普京强调远东是俄罗斯在整个 21 世纪的战略优先事项。① 俄罗斯远东地区地处东北亚区域，与我国东北地区接壤，俄罗斯的这一政策变化无疑会给我国东北地区的东北亚区域合作带来巨大的机遇。为此，东北地区要积极参与构建东北亚经济圈，深度参与东北亚区域合作的价值链整合。

二 加快建设有利于对外开放的现代化基础设施体系

虽然东北地区具有相对完善的基础设施体系，但是新时代需要基础设施体系更加现代化。为此，东北地区要加快建设油气管道、高铁网和铁路网、新型电网和电力外送通道、新一代移动通信和数据网等互联互通的现代化基础设施，助力东北与其他区域发展战略更好对接，在畅通国内大循环，联通国内国际双循环，融入全国统一大市场，稳步扩大制度型开放中发挥更大作用。

公开信息显示，吉林省已经着力全面建设新型电力系统，加快推进电力外送通道建设。《吉林省能源领域 2030 年前碳达峰实施方案》提出，在实现鲁固直流全额外送基础上，"十四五"期间积极推进"吉电入京"特高压外送通道建设，将吉林省清洁电力送往华

---

① 《普京在第八届东方经济论坛上的讲话全文：重申远东是俄 21 世纪的战略重点》，腾讯网，2023 年 9 月 13 日，https://news.qq.com/rain/a/20230913A00HX800。

北地区负荷中心，深度参与全国能源资源优化配置。新增通道可再生能源电量比例不低于50%。新型储能产业发展方面，吉林省将力争到"十四五"中期建成一批不同技术类型、不同应用场景的试点示范项目，推进储能进入商业化发展阶段；到"十四五"末期形成较为完整的储能产业体系，使其成为能源领域经济新增长点，进入规模化发展阶段。

同时，东北地区还要通过建设现代化基础设施体系来拓宽和延伸面向东北亚的跨境大通道。东北地区的地缘优势使其建设国际大通道、打造面向东北亚的开放门户具有天然基础。近年来，黑龙江省积极参与中蒙俄经济走廊建设，推动中俄黑河—布拉戈维申斯克界河公路大桥、同江中俄黑龙江铁路大桥通车运营，全面打通向北开放新通道。近海而不临海的吉林省，开通了珲春"借港"至宁波、上海、青岛等地航线，使其成为连接东北地区与京津冀、长三角、珠三角的重要沟通协作通道，"长满欧""长珲欧"班列常态化运营，架起亚欧经贸合作"直通桥"。辽宁是东北地区唯一沿海省份，其港口对腹地经济和产业发展起到重要支撑作用。辽宁港口以服务东北腹地为己任，全力加快"两中心、一通道"（大连东北亚国际航运中心、大连东北亚国际物流中心、东北海陆大通道）建设，服务东北对外开放目标。

新时代东北地区要加快中蒙俄经济走廊建设，推动中蒙、中俄、中朝地理邻近优势转变为通道优势，加快推动中日韩大通道建设。加快沿边城市到区域中心城市的快速交通体系建设，完善跨国通道的快速运输体系，进一步拓宽东北地区向蒙、俄、朝等国的开放通道，推动东北腹地进入东北亚各国的综合运输体系加速成型。提升中欧班列（哈欧班列、沈铁中欧班列）常态化运营水平和集货、散货能力，加快在境外设立物流中心节点，扩大境外集货范围。加快推动东北地区主要城市间的快速综合运输体系建设，以强化东北区域中心城市联动促进东北腹地城市对沿边城市扩大开放的支撑。

三 强化东北地区对外开放的协调配合

受地理区位、资源禀赋、产业基础、民族文化等因素影响，东北地区面向东北亚对外开放的区位布局呈现鲜明特色，辽宁省主要面向日本、韩国，吉林省主要面向韩国、俄罗斯和朝鲜，黑龙江省主要面向俄罗斯。为此，分布在东北地区的自由贸易试验区、国家级新区、国际合作示范区、边境经济合作区等也都承担了各具特色的功能。新时代推动东北地区高水平对外开放，除了要继续发挥东北各省份及其相关对外开放功能区的既有特色之外，更要加强它们之间的协调配合，深入挖掘规模优势和合作效应。

东北地区推进高水平对外开放，要在宏观层面统筹规划，要从东北全局角度出发，建立东北地区互动合作机制，打造东北协同发展的城市群，推动东北各省份依据比较优势在东北亚区域合作方面形成差异化定位，促进相互支撑、相互补充与错位发展，增强东北整体对外开放的竞争优势。推动东北地区经济一体化，能实现港口、口岸等开放资源的跨区域共享共用，合理优化空间布局，在对外开放中就能有效整合资源和优势，进而推动东北亚经济一体化，提高东北地区在东北亚区域国际分工的地位。

四 勇于制度创新

首先，充分发挥自由贸易试验区的制度创新功能，有效推广、复制自由贸易试验区的探索经验。中国对外开放的政策高地主要集中在自由贸易试验区上，只有自由贸易试验区不断发挥对外开放制度探索、创新的作用，才能形成可复制、可推广的新体制机制。东北地区应依托现有的辽宁和黑龙江两个自由贸易试验区，在优化营商环境、扩大对外开放等方面形成制度创新成果，加强对自由贸易试验区制度创新成果的总结，并向东北地区推广复制，充分彰显自由贸易试验区先行先试的示范和引领作用，使广大东北地区能更好地分享改革红利，推进全域开放。

其次，加快沿边地区口岸经济和跨境合作机制探索。东北的沿边地区分布着多个口岸和边境经济合作区、跨境经济合作区，这是东北地区面向东北亚区域合作的前沿阵地，其效率高低影响着东北亚区域合作效果。因此，东北地区应该以推进高水平对外开放和加强东北亚区域合作为目标，在口岸通关、跨境合作等制度机制上进行大胆探索。以跨境经济合作制度机制创新为契机，推动边境地区扩大合作区域，建立地方政府争议协调机制，加强双边人才交流合作，并以此推动边境地区次区域合作。

最后，完善特定产业对外合作的制度建设。例如，东北地区服务业水平相对滞后，但是，随着 RCEP 框架下服务贸易市场的开放，东北地区与日韩等国家开展服务业合作迎来了难得机遇，有助于推动东北地区服务业的高水平对外开放。为此，东北地区要抓住历史机遇，以 2022 年 12 月沈阳市获批服务业扩大开放综合试点为切入点，深入探索在生活性服务业、旅游服务业、文化服务业等具有一定基础的领域的对外开放制度创新，然后再进行经验复制和推广。

后　记

本书是辽宁大学经济学院围绕东北振兴进行的有组织、深入研究的系列成果之一，历时两年多。2025年春节前后，习近平总书记在一个月时间内，再次走遍东北三省，并发表重要讲话，做出一系列重要指示批示。可见，习近平总书记和党中央对东北地区振兴发展十分关心并寄予厚望。这也使我们更加深刻地感受到这一研究的意义重大。当前，我国进入新发展阶段，世界百年未有之大变局加速演进，新一轮科技革命和产业革命方兴未艾，这正是东北地区深入贯彻新发展理念、加快构建新发展格局、以高质量发展全面推进中国式现代化的大好时机。东北三省这片曾经在中国工业化进程中扮演了特殊重要角色的广袤土地，正站在新的历史起点上，面临前所未有的机遇，被赋予新的使命，焕发出勃勃生机。

通过对东北地区经济高质量发展进行科学评价和深入剖析，我们发现了东北地区在新时代所展现出的韧性与活力。东北地区拥有丰富的自然资源、雄厚的工业基础和深厚的文化底蕴，这些都为其经济高质量发展提供了坚实基础。然而，我们也清醒地认识到，东北地区在经济高质量发展过程中还面临诸多困难与挑战，存在产业结构不优、新产业新业态新动能不足、企业创新能力和竞争力不强、人才引育困难等诸多问题。这些问题若不能得到有效解决，东北全面振兴取得新突破和经济高质量发展就仍然任重道远、难言成功。"路虽远，行则将至；事虽难，做则必成。"在本书中，我们深入探讨了推动东北全面振兴和经济高质量发展的路径与策略，从优化产业结构、推动科技创新，到维护国家"五大安全"，再到深化改革开放，我们试图为新时代东北全面振兴取得新突破寻找一条切实可行的道路。我们深信，只要坚持解放思想、改变旧的思想观念和思维方式，深入学习和贯彻落实习近平总书记关于东北振兴重要讲话和指示批示精神，锐意进取，咬定青山不放松，久久为功，东北地区经济高质量发展和全面振兴取得新突破就一定能够如期实现，并为中国式现代化贡献东北的磅礴力量。

为高质量完成本书的研究，我们组建了一个跨校、跨学科研究团队。辽宁大学李政教授负责本书总体框架与章节的设计，统筹协调研究团队，全面审校本书文稿，并撰写了前言与后记。辽宁大学白云飞负责本书的统稿、校对等工作。参与本书撰写的其他专家和学者分工如下：第一章，黑龙江大学乔榛；第二章，辽宁大学白云飞；第三章，辽宁大学付云鹏，朝阳市人民代表大会常务委员会李宝玲、孙岩；第四章，辽宁大学宋琪；第五章，辽宁大学宋琪、黑龙江省人民政府经济研究中心张剑飞；第六章，中共吉林省委党校李军国；第七章，辽宁大学宋琪；第八章，辽宁大学王敏；第九章，辽宁大学梁鑫、湖南湘江研究院有限责任公司周希禛；第十章，辽宁大学白云飞；第十一章，辽宁大学齐昕；第十二章，吉林大学王晓峰、刘华伟；第十三章，吉林大学崔健。宁波工程学院赵儒煜教授、辽宁大学张广辉教授和冯星副教授参与了部分内容的撰写，并对本书修改完善提出了宝贵意见。此外，辽宁大学硕士研究生李仪、宋明霞、王宁、颜如玉、李瑞环、王晓文、李萌、贾冬雪、宋佳颖、王三丰、田也、孟豪、李道帅等同学也参与了本书的撰写工作。

研究过程中，我们得到了相关领域一些资深专家和学者的大力支持与指导。武汉大学叶初生教授、华侨大学赵昕东教授、中国人民大学范欣教授、西北大学钞小静教授、东北大学张志元教授、辽宁大学梁启东教授等为本书中东北地区经济高质量发展指标体系的构建等内容提出了富有建设性的意见和建议，让我们受益匪浅，在此一并表示衷心感谢。在书稿撰写过程中，我们广泛借鉴国内外相关领域的研究成果，力求使研究结论和观点更具科学性、前瞻性、指导性。在此，我们向所有为本书提供素材和启发的专家及学者们致以衷心的感谢，也对未能一一列举其相关参考文献的作者表示深深的歉意。

由于作者团队研究水平及数据资料获取能力有限，本书难免存在观点失之偏颇、表述不当甚至错误之处，敬请广大读者批评指正。最后，我们要感谢所有为本书付出辛苦努力的同仁，是你们的辛勤付出和精益求精，才使得这部著作得以顺利完成。感谢全国政协十四届经济委员会委员、全国政协十三届经济委员会副主任、辽宁省政协原主席夏德仁教授为本书作序。同时，我们也要感谢那些默默奋斗、倾情奉献、为东北地区振兴发展做出贡献的人们，是你们的坚守与坚持，让东北这片神奇的黑土地与时俱进，充满生机与活力。

李　政

2025 年 3 月

图书在版编目（CIP）数据

东北地区经济高质量发展：振兴与突破 / 李政等著 . --
北京：社会科学文献出版社，2025.5. --ISBN 978-7
-5228-5117-4

Ⅰ . F127.3

中国国家版本馆 CIP 数据核字第 202517GC74 号

东北地区经济高质量发展：振兴与突破

著　　者 / 李　政 等

出 版 人 / 冀祥德
组稿编辑 / 恽　薇
责任编辑 / 冯咏梅
文稿编辑 / 李瑶娜
责任印制 / 岳　阳

出　　版 / 社会科学文献出版社·经济与管理分社（010）59367226
　　　　　　地址：北京市北三环中路甲 29 号院华龙大厦　邮编：100029
　　　　　　网址：www.ssap.com.cn
发　　行 / 社会科学文献出版社（010）59367028
印　　装 / 三河市龙林印务有限公司

规　　格 / 开　本：787mm×1092mm　1/16
　　　　　　印　张：20.25　字　数：264 千字
版　　次 / 2025 年 5 月第 1 版　2025 年 5 月第 1 次印刷
书　　号 / ISBN 978-7-5228-5117-4
定　　价 / 128.00 元

读者服务电话：4008918866